共融性保护：国际视野下
社会工作在少年司法工作中的应用

席小华 何 挺 主编

中国人民公安大学出版社

·北 京·

图书在版编目（CIP）数据

共融性保护：国际视野下社会工作在少年司法工作
中的应用／席小华，何挺主编. -- 北京：中国人民公
安大学出版社，2022. 1
　ISBN 978-7-5653-4426-8

　Ⅰ. ①共… Ⅱ. ①席… ②何… Ⅲ. ①青少年犯罪-
司法制度-研究-世界 Ⅳ. ①D916
中国版本图书馆 CIP 数据核字（2021）第 246116 号

共融性保护：国际视野下社会工作在少年司法工作中的应用

席小华　何　挺　主编

出版发行：中国人民公安大学出版社
地　　址：北京市西城区木樨地南里
邮政编码：100038
经　　销：新华书店
印　　刷：涿州市新华印刷有限公司

版　　次：2022 年 1 月第 1 版
印　　次：2022 年 1 月第 1 次
印　　张：15. 25
开　　本：787 毫米×1092 毫米　1/16
字　　数：282 千字

书　　号：ISBN 978-7-5653-4426-8
定　　价：58. 00 元

网　　址：www. cppsup. com. cn　www. porclub. com. cn
电子邮箱：zbs@ cppsup. com　　zbs@ cppsu. edu. cn

营销中心电话：010-83903991
读者服务部电话（门市）：010-83903257
警官读者俱乐部电话（网购、邮购）：010-83901775
公安业务分社电话：010-83905672

编者信息

主　编　席小华　何挺

副主编　王璐倩

作　者（以撰写章节先后为序）

巴里·戈德森（Barry Goldson，英国）、林恩·布舍尔（Lynn Bushell，加拿大）、阿贾·多布里（Anja Dobri，加拿大）、玛丽·伯德赛尔（Mary Birdsell，加拿大）、珍妮·斯图尔特（Jane Stewart，加拿大）、罗伯特·G. 施瓦茨（Robert G. Schwartz，美国）、简·麦克弗森（Jane McPherson，美国）、斯蒂芬妮·拉普（Stephanie Rap，荷兰）、科斯廷·诺德洛夫（Kerstin Nordlöf，瑞典）、茱莉亚·斯洛思-尼尔森（Julia Sloth-Nielsen，南非）、布莱辛·穆索维（Blessing Mushohwe，津巴布韦）、席小华（中国大陆）、李冠美（中国香港特别行政区）、陈慈幸（中国台湾地区）

译　者（按姓氏笔画排序）

王璐倩、李海龙、何挺、张丽霞、陈艺方、周锦章、席小华、陶静、黄霞

中文版序

中国自开启少年司法制度改革以来，就开始出现社会专业力量与司法机关工作人员合作开展少年司法保护服务的实践探索。进入本世纪以来，伴随着高校中社会工作专业教育的快速发展，社会工作逐渐成为少年司法服务体系建设的主要专业力量。尤其是 2010 年后，因为有了相关法律的支持和国家机关的大力推动，少年司法社会工作服务快速发展，社会工作者的服务对象不仅包括涉罪的未成年人，也包括具有不良行为、严重不良行为以及被害的未成年人等。而社会工作者的合作伙伴更是涉及公安司法机关、学校、社区等众多单位，少年司法社会工作服务体系不断完善，社会工作者在少年司法保护服务实践中发挥的作用越来越重要。

在我国少年司法社会工作服务蓬勃发展的背景下，及时学习境外和国外的有益经验，进一步提升我国少年司法社会工作水平的必要性日益凸显。2011 年，北京青少年社会工作研究院最早的合作伙伴，即北京市海淀区人民检察院与瑞典的罗尔·瓦伦堡研究所，我们一同合作开展未成年人司法保护项目，我们也因此结识了罗尔·瓦伦堡研究所的两位中国项目官员王欣和陈艺方，随着交流的逐渐深入，她们非常重视社会工作在少年司法保护服务中的作用，并推动设置了专门项目支持少年司法社会工作的研究与实践，其中召开国际会议、学习相关经验成为我们的共识。在讨论会议的主题时，我们觉得为了促进中国少年司法社会工作发展，有几个核心议题急需了解国际经验，这些议题分别是：开展少年司法社会工作的法律基础和司法改革制度有哪些？各个国家开展少年司法社会工作服务的历程如何？服务内容有哪些？作为开展少年司法保护服务的社会工作者应该具有何种资质？其应该接受何种培训？以及其服务评估应该如何展开？另外，各国少年司法社会工作的服务实践取得了哪些经验，同时又存在何种挑战？

2018年，在陈艺方女士的多方沟通与协调下，北京青少年社会工作研究院邀请了来自不同国家和地区的专家学者齐聚首都师范大学，大家以"社会工作在少年司法中的应用"为核心议题做了主题发言。同时，我们也邀请了我国其他一些相关领域的专家学者及实务工作者分享相关经验。这是我国首次以"少年司法社会工作"为议题召开的国际学术研讨会，此次会议引起了国内外同行的高度关注。

学术研讨会上发言的各位嘉宾都是其所在国（地区）具有影响力的专家学者，为了参与本次会议，他们做了认真准备，并在会议上做了精彩发言，让参会者对英国、美国、加拿大、荷兰、瑞典、南非、津巴布韦及我国的少年司法社会工作的开展情况有了深入的了解，无论从学术上还是实践上都拓展了参会者的视野。会议过后各位专家又进一步整理了相关文献，撰写了文稿，形成了著作《国际视野下社会工作在少年司法中的应用》，并在欧洲推出。

著作在欧洲推出的过程中，我们同时开始翻译并推动其在我国的出版。历时三年，本成果终于得以正式出版，供各位读者学习。在中文版著作出版之际，我们在学习各位专家文章观点的基础上，提炼了"共融性保护"这一核心概念，并作为中文版著作书名的关键词。共融性保护是指社会工作者在开展少年司法保护服务过程中，需要与立法部门、司法机关以及各种社会支持资源协同发力，互相影响、互相渗透，相互融合，唯有此，才能有效实现少年犯罪预防和司法保护的根本目标。融合性保护既是少年司法保护的基本理念，也是实现途径。

在此书出版的过程中，陈艺方女士再次提供重要支持，并亲自参与了部分章节的翻译工作，何挺教授、王璐倩主任承担了大量翻译校对工作，王萌则为本书出版承担了诸多行政工作，中国人民公安大学出版社的各位编辑付出了艰辛工作才促成了本书出版，在此一并感谢！

席小华
首都师范大学教授　北京青少年社会工作研究院执行院长

英文版序译文

《儿童权利公约》第40条指出,少年司法体系的目的是促进"儿童尊严和价值感,并增强其对他人的人权和基本自由的尊重""促进其重返社会并在社会中发挥积极作用"。为达此目的,需要为处于少年司法各阶段的每一位儿童提供适当、有效的支持。

瑞典罗尔·瓦伦堡人权与人道法研究所(The Raoul Wallenberg Institute of Human Rights and Humanitarian Law,以下简称罗尔·瓦伦堡研究所)自2011年开始致力于推动中国的少年司法议题,以促进司法部门的利益相关方完善实施对社会性别敏感的少年司法机制。罗尔·瓦伦堡研究所在这一领域与我国的合作始于2011年,当时与北京市海淀区人民检察院开展了相关项目;随着越来越多的司法机关认识到少年司法的独特性,以及由社工为儿童提供专业支持的必要性,合作于2014年扩展至首都师范大学、北京超越青少年社工事务所。近年来,中国的少年司法社会工作快速发展,这使得机遇和挑战并存。在这一领域,世界上其他国家和地区的经验和探索值得了解与借鉴。

有鉴于此,罗尔·瓦伦堡研究所于2018年开始了这项研究,以介绍和引进世界上十个地区的社会工作在少年司法中的作用。它会为仍在建设或需要进一步完善少年司法体系(包括少年司法社会工作)的任何国家和地区提供有益的借鉴。

我想要诚挚地感谢本书的以下作者,他们不吝分享其所在国家和地区的经验:巴里·戈德森(Barry Goldson,英国)、林恩·布舍尔(Lynn

Bushell，加拿大）、阿贾·多布里（Anja Dobri，加拿大）、玛丽·伯德赛尔（Mary Birdsell，加拿大）、珍妮·斯图尔特（Jane Stewart，加拿大）、罗伯特·G·施瓦茨（Robert G. Schwartz，美国）、简·麦克弗森（Jane McPherson，美国）、斯蒂芬妮·拉普（Stephanie Rap，荷兰）、科斯廷·诺德洛夫（Kerstin Nordlöf，瑞典）、茱莉亚·斯洛思-尼尔森（Julia Sloth-Nielsen，南非）、布莱辛·穆索维（Blessing Mushohwe，津巴布韦）、席小华（中国大陆）、李冠美（中国香港特别行政区）、陈慈幸（中国台湾地区）。我也想感谢本书的文字编辑奥玛·李（Oma Lee），以及我的同事陈艺方（罗尔·瓦伦堡研究所中国项目项目官员）、林奈尔·埃克格伦（Linnea Ekegren，罗尔·瓦伦堡研究所传播官员）和德希瑞·汤普森（Desirai Tompson，罗尔·瓦伦堡研究所传播实习生）。

最后，瑞典国际发展合作署为这项研究提供了资助，我在此深表感谢。

莫顿·凯伦（Morten Kjaerum）所长
罗尔·瓦伦堡人权与人道法研究所

目　录

导　论

青少年不是成熟的成年人，他们敢于冒险，且容易受到同伴的影响，而他们也有能力在短时间内焕然一新。这些与成年人的差异是"有机的"：青少年的"活力"（wired）与成年人截然不同。

不少青少年在成长过程中的某个阶段出现不端行为。一些不端行为引起了警察和法院的关注。我们如何通过与青少年发展相适应的方式去问责他们的不端行为？什么时候把青少年从少年司法系统中转出去才恰如其分？当我们启用司法体系的强制权力时，我们如何做才不会适得其反呢？

这些问题的答案部分取决于作出处理决定者的技能和所接受的培训。俗语有云：如果一个人唯一的工具是锤子，那么每个问题看起来都像钉子。本书便是一个与众不同的"工具箱"。它表明，我们在 21 世纪对青少年的看法，使社会工作者在塑造现代少年司法体系的过程中发挥着越来越重要的作用。我们呈现了 10 个国家和地区的概况，介绍了在社会工作专业人员的助力下，政策和实践的变化如何激发青少年的潜力，使他们成为有所作为的社会成员。

自 19 世纪后期以来，各司法管辖区将罪错青少年与成年人区别对待，通过两个互补的部分建立了有效的少年司法体系：一是配套服务体系，二是覆盖对罪错青少年从分流转处到定罪量刑的法庭系统。

观护（probation）① 作用横跨这两个部分。观护是少年法庭法官可能会处以的一种家庭外安置的替代措施。这些法庭指令往往附带一些条件，青少年必须遵守相应条件才能使少年法庭结束对其的监督。观护官也是一种具有多种功能的职业，其功能包括向法院提出案件是否分流的建议、采取何种处置方式（可能包括观护令）的建议，以及为青少年提供配套服务、监管青少年并对他们的观护情况和对服务的反应进行监督。

本书的重点是观护的专业性，即观护官应该做什么，以及如何通过社会工作培训提升他们的专业能力，并在此基础上阐明青少年如何在少年法庭的监督下茁壮成长。

少年观护制度的演变反映了少年法庭自成立以来的变迁。有时少年法庭强调复归社会，有时它又重视惩罚。每当法庭经历一个循环，少年观护就必须重新调整，以保持帮助青少年成长和监管或惩罚青少年之间固有的平衡（有的说是张力）。当观护旨在促进青少年成长时，它为青少年寻找各种发展的机会，将他们与成长的导师联系起来，并意识到偶尔的"不服从"是青少年正常的过错。另外，观护的监管属性越强，面临的问题也就越多。这反过来又导致观护给许多青少年贴上失败的标签，让他们毫无必要地深陷于司法体系之中。

---

① 在国内，"probation"通常被翻译为"缓刑"，"probation officer"通常被翻译为"缓刑官"。但"probation"的含义在不同的语境中其实各有不同，并非与我国刑法的"缓刑"完全对应。在英美法系国家，"probation"的基本含义为：设置一个以观后效的考验期，进行观察和帮助以作出进一步的决定。英美法系国家的缓刑其实也是一种广义的界定，通常包括刑罚暂缓宣告、刑罚暂缓执行和缓予起诉三种。根据学者的研究，美国的审前考察监督（pretrial probation）也属于一种特殊的缓刑，即由检察官在认定被告人有罪的情况下作出，被告人经过一定时间的考察，表现良好的，可免予起诉（参见储槐植、江溯：《美国刑法》（第四版），北京大学出版社 2012 年版，第 276 页）。在少年司法中，"probation"围绕"设置考验期以观后效"这一基本含义可能具有更为多样的形式，"probation officer"承担的职责也更为丰富，包括开展社会背景调查，对司法机关的处遇建议，对青少年遵守和履行处遇决定的保护、监督、考察与支持等。为体现少年司法的特殊性，除明确指向为判处刑罚的暂缓执行外，本书的"probation"均统一翻译为"观护"，"probation officer"统一翻译为"观护官"。"观护"这一译法与术语也被国内有关少年司法研究的文献所采用，并能够更好地与国内少年司法实践中开展的观护实践相对接。

因此，观护反映了每个时代为协调社会福利和社会控制所做的努力。所有国家决策的目标，说到底都与时代秉持的对儿童和青少年的基本认识相契合。少年法庭之所以成立，是因为它的创始人（其中许多是社会工作者）认为青少年与成年人是不同的。从20世纪60年代开始，青少年开始获得成年人的程序性权利。20世纪80年代和90年代初，随着全球范围内犯罪活动的猖獗，越来越多的人认为青少年罪犯应该像成年人罪犯一样受到惩罚。在美国，倡导惩罚性的立法者呼吁将青少年犯罪当作"在成年时期施行的成年犯罪"（adult time for adult crime）来处理。

有鉴于行为科学和神经科学的深入研究，当下的政策制定者、服务提供者和法院主要从发展的视角看待青少年。法律及执行者必须承认，在生理、社会和心理方面，青少年与成年人存在本质差异。一些青少年可能会造成很大的伤害——尽管绝大多数人不会——但作为一个群体，他们比成年人更不应该受到指责，可塑性也更强。

科学研究承认10岁、15岁与20岁的青少年之间存在天壤之别，这促成了当代的少年司法范式，这种范式与普通法关于刑事责任的认识和19世纪末的青少年社会工作观也具有细微的差别。前者将7岁以下的儿童与7~14岁的儿童加以区分，而7~14岁的儿童受到的处遇与14岁以上的儿童也不同。后者，参与建立独立少年司法体系的社会工作创始人认识到儿童与成年人截然不同。然而，他们缺乏与发展相适应的服务、评估工具以及对参与到法庭审判的青少年如何积极参与塑造自己未来的认识。

在现代，更加复杂精细的观点认为：青少年处于变动不羁的时期。这使人们越发认识到，明智的社会工作服务，有助于发挥观护功能。好风凭借力，过去30年的发展提升了社会工作专业训练和技术对少年司法体系的重要性。

1989年，联合国通过了《儿童权利公约》。除了美国，世界上的其他国家都批准了《儿童权利公约》，该公约强调各国必须认识到儿童和青少年的与众不同之处。这些权利包括青少年参与的权利、受到公平对待的权利、受到与其身心相称的惩罚的权利以及他们有机会成长为具有生产力的成年人的权利（美国在宪法和法律中有许多类似的保护措施）。

20世纪90年代中期，总部位于芝加哥的麦克阿瑟基金会（MacArthur Foundation）启动了一个关于青少年发展和少年司法的研究网络。该研究团队由青少年发展专家劳伦斯·斯坦伯格博士（Dr. Laurence Steinberg）领衔，由来自不同学科的研究人员和实务工作者组成，在10年的时间里产生了一批改变了美国少年司法的研究成果。随着神经科学领域的蓬勃发展，该团队的发现成了少年司法新范式的催化剂。

这一范式通过发展的视角来看待青少年的冒险行为、同辈压力的易感性及其改变的能力。我们知道青少年与众不同，但现在我们有了证据。值得注意的是，斯坦伯格和一个研究小组在瑞士雅各布斯基金会（Jacobs Foundation）的资助下，在世界各地不同的司法管辖区复制了美国的研究。他们发现，世界各地的青少年基本上都以同样的方式成长。

除了《儿童权利公约》和蓬勃发展的一系列研究，自20世纪90年代初以来，由于全球犯罪率下降，世界各国对犯罪成本的关注，以及保守派和自由派都强调有必要投资于"有效"的控制犯罪的措施，关于少年司法体系的观点已经日渐成型。

因此，编者认为，我们正处于少年司法的"发展阶段"（Developmental Phase），而巴里·戈德森（Barry Goldson）教授称之为"实用主义时代"。

所有这些因素使得社会工作成为关注的焦点，使得社会工作专业及其众多从业者，成为助力21世纪的少年司法沿着发展为本、公平、合理和具有成本效益的道路持续发展的关键。

接下来的章节，将充分呈现不同的司法管辖区所面临的机遇和挑战，如何让社会工作者更深入地参与到监督少年司法系统中的青少年的活动中并支持青少年的发展。

当各国试图从发展的角度看待罪错青少年，并将其与那些负责帮助他们的人的技能相匹配时，机遇就产生了。如今，雇用那些仅仅接受了如何监督和惩罚培训的观护官意义不大。另外，社会工作者在解决贫困问题、改善家庭困难、将青少年与有爱心的成年人和适当的服务联系起来等方面，受到尤其良好的训练。社会工作者善于帮助青少年发掘他们的优势，使青少年能对自己，以及他们在同龄人、学校和社区中的角色形成积极的看法。社会工作者了解青春期的挑战，了解如何帮助青少年发现自我以及创造未来的自我。

　　然而，出于以下原因，社会工作还难以作为青少年司法系统的核心组成部分。

　　司法管辖区要重新训练他们的员工并非易事。一个社会如何才能更好地将社会工作原则引入一个几十年来基本上都是惩罚性的体系呢？大学里刑事司法专业的毕业生比社会工作专业的毕业生要多，而且他们在司法系统之外几乎没有工作机会。大量的刑事司法专业的毕业生，以及他们想在这个系统中工作的愿望，使得他们更容易被雇用。

　　相比之下，社会工作专业的毕业生可以在司法系统之外的许多领域找到工作。他们可以做老年社会工作，做医务社会工作，担任治疗师，或在学校为学生提供心理咨询。让社会工作专业的毕业生和难缠的儿童一起工作是一个挑战，尤其是在工资低、工作量大的情况下。

　　一旦社会工作者进入司法系统，他们可能会发现自己面临两难的选择，因为他们服务于机构而不是儿童本身。

　　根据编者的经验，当社会工作者唯一的任务就是帮助儿童成功时，他们的效率是非常高的。当编者还是未成年人法律中心的儿童辩护律师时，我们的社工只有一个目标：协助编者为我们的委托人辩护。社工帮助编者与编者的委托人沟通，为他们提供咨询，了解他们的生活经历，为他们做计划，链接服务资源，对他们进行测评和评估，并对他们是否需要定罪和如何量刑作出有说服力的法律论证。

　　另外，大多数社会工作者在少年司法系统中有多个服务对象。虽然他们可能为青少年服务，但他们也必须向法院汇报：在许多情况下，他们必须在帮助青少年和向相关部门报告之间做出选择。还有些社工则既向受害人，也向罪错青少年提供服务。

　　在提供治疗的机构中，社会工作者可能为许多青少年服务，但他们几乎没有时间——或者缺乏技能——向最棘手的对象提供服务。一些服务机构甚至鼓励他们的员工摆脱最具挑战性的儿童，这样他们就可以专注于那些更容易见效的儿童。

因此，尽管青少年及其所处的整个体系将受益于一个强大的社会工作机构，但建立这样一个机构是复杂的。本书所代表的国家和地区就面临着许多挑战。

本书从历史最悠久的拥有正式少年司法体系的国家开始谈起，以最近的相关工作为结尾。

巴里·戈德森考察了英格兰和威尔士的社会工作和少年司法，捕捉到了早期少年司法系统面临的紧张局势，当时他们试图增进儿童福利，保护他们的权利，让他们为自己的行为负责，并确保正义得到伸张。戈德森描述了少年司法的发展历程——从以福利为导向的模式，到惩罚阶段，再到后来被修正为成本效益的实用主义。最后这一阶段产生了"儿童优先"的原则，要求社会工作和少年司法机构"优先考虑儿童的最大利益，识别他们的需求、能力、权利和潜力"。这些原则促进了法院的转处，改进了法庭的实践，并形成了适应青少年发展的处置措施，这些措施比早期措施施加的限制少得多，效益也高得多。

我们从林恩·布舍尔（Lynn Bushell）、阿贾·多布里（Anja Dobri）、玛丽·伯德赛尔（Mary Birdsell）和珍妮·斯图尔特（Jane Stewart）的文章里了解到加拿大的少年司法体系是如何从19世纪后期发展起来的。作者描述了加拿大社会工作的起源，以及社会工作者在照顾儿童和青少年方面的早期角色。加拿大是最早建立社会工作学院的国家和地区之一，全国有超过40个被认可的大学项目。在加拿大社会工作变迁之际，司法体系在一个世纪以来也经历了变革，在其最近的青少年司法立法中纳入了《儿童权利公约》。新的法律要求对青少年采取一种以发展为基础的、多学科的方法。作者描述了社会工作者为推动实现法律目标所承担的许多职能，并指出"在青少年与刑事司法体系接触的几乎每一个阶段，从起诉前到作出最终处置决定，都存在社会工作干预的作用和需求"。

简·麦克弗森（Jane McPherson）描述了美国社会工作从19世纪末的新

兴领域成为当下蓬勃发展之职业的历程。然而，麦克弗森也指出，在20世纪的最后几十年里，社会工作在少年法庭中的强势参与开始减弱。"20世纪70年代，随着惩罚性量刑和大规模监禁时代的到来，以及社会工作本身关注的领域转向精神健康和私人领域的实践，社会工作开始从刑事司法领域撤离"。近年来，社会工作重新获得了重要地位，因为社会工作者在将青少年从少年司法体系中转处出去、将青少年与循证（经过充分研究的）干预措施联系起来等方面发挥了重要作用。麦克弗森指出，由于联邦政府在青少年司法方面发挥的作用有限，因此在州和地方层面少年司法社会工作的成效各不相同。我们也了解到——就像我们在加拿大那一章中讨论土著居民及其社区的处遇一样——美国的制度是如何努力克服种族和民族差异的。

斯蒂芬妮·拉普（Stephanie Rap）告诉我们，在荷兰，几个世纪以来，司法体系都采用福利的方式。第一所社会工作学校成立于1899年，但直到第二次世界大战后，荷兰才使社会工作专业化，从而提升了其在少年司法体系中的重要性。如今，儿童保护机构提供社会调查报告。少年司法程序的每一个阶段都有社会工作者参与。少年司法制度非常关注青少年的背景和发展性，即使这个制度越来越强调惩罚。社会工作在为青少年提供照管的组织中特别重要，这些组织必须获得政府的认证。我们了解到，2014年荷兰的一项法律规定，23岁以下的青少年都可以被视作未成年人进行审判。这增加了裁判和服务满足少年个体需求的机会。

科斯廷·诺德洛夫（Kerstin Nordlof）向我们介绍了社会工作在瑞典少年司法中的作用。1921年，瑞典建立了第一个社会工作教育项目。如今，社会工作是一种循证实践，它在大学中颇受欢迎。瑞典的少年司法体系自20世纪初以来一直在发展。社会工作发挥的作用因罪错青少年的年龄而异，并受到若干社会服务法律的规制。社会工作者，而不是警察，对12岁以下的儿童负有主要责任。诺德洛夫指出，瑞典的数个警察局都有社会工作者，他们既要帮助儿童，也要在讯问时在场。瑞典的社会工作者与少年司法领域的其他相关方合作，包括政策层面和个案方面。当2020年《儿童权利公约》成为瑞典法律时，这种合作将变得更加重要。

20世纪20年代，社会工作在南非成为一种职业，但朱莉娅·斯劳特-尼尔森（Julia Sloth-Nielsen）明确指出，社会工作是为贫穷的白人设计的。直到20世纪90年代中期，非国大党（ANC）掌权后，福利部才推动该系统为所有种族的人服务。也就是在那个时候，南非引入了独立的少年司法体系，社会工作者在其中扮演着重要的角色。通过几项立法的实施，少年司法体系的一贯特点是转处。社会发展部管理转处服务提供者的认证体系。与世界上大多数国家一样，南非在向农村地区提供转处服务方面面临挑战。即便如此，南非被监禁儿童的数量还是大幅减少了。

布莱辛·穆索维（Blessing Mushohwe）讲述了与南非类似的津巴布韦社会工作和少年司法发展的故事。社会工作发展于20世纪30年代的罗德西亚（津巴布韦的旧称，译者注），旨在解决白种人的罪错问题。第一个黑人观护官直到1949年才被任命。随着社会福利服务需求的增加，津巴布韦的社会福利部门逐步壮大；事实上，它的发展早于正式的社会工作教育项目，后者始于20世纪60年代中期，直到现在才在全国普及。转处在少年司法系统中有着突出的作用，转处官是社会工作者。他们陪同青少年到警察局，把他们送回家，进行社会调查，提供咨询，并在适当的情况下帮助调解受害者和罪犯之间的关系。值得注意的是，津巴布韦的观护官是根据《社会工作者法》注册的社会工作者。他们的作用受相关法律规制。

李冠美指出中国香港特别行政区的社会工作是在"二战"后发展起来的。在20世纪60年代和70年代，大学里普遍创办了社会工作专业。1997年，香港地区通过了一项法令，要求社会工作者（如果他们要使用该头衔的话）应该像医生一样进行注册。社会工作注册委员会负责审查社会工作者的资质，包括那些在司法系统中与青少年一起工作的社会工作者。值得注意的是，香港地区所有感化官均为大学社会工作专业的毕业生。香港社会福利署参与少年司法计划的每一个阶段，从转处到社区服务，再到安置照料和释放后的照顾服务。社会工作者也积极提供预防服务，包括那些以学校为基础的服务。

陈慈幸的文章介绍了中国台湾地区多层次的社会工作体系。不同类型的社会工作者以整合的方式帮助青少年。"社会工作者法"是社会工作者的工作指南。社会工作师、社会工作人员和其他人员等从不同角度为需要帮助的青少年及其家庭提供服务。与少年犯罪相比，虽然我国台湾地区的社会工作者更多地参与儿童保护案件或与受害者打交道，但他们现在越来越多地参与罪错青少年的服务领域。在过去的20多年里，少年司法社会工作得到了更多的关注。

根据编者席小华的研究可知，在过去的30年里，中国大陆地区的社会工作教育已经在300多所高校和科研机构中扎根。21世纪以来，社会工作在少年司法领域中的作用日益突出。从上海开始，到北京，再到全国各地，少年司法社会工作逐步在全国铺开。从预防犯罪到起诉和审判，少年司法程序的各个阶段社会工作都在发挥作用。中国已经批准了《儿童权利公约》。"北京规则"和"利雅得准则"的指导原则亦反映在国内的立法中。这些原则也促进非监禁性矫正，而社会工作者在其中发挥着突出的作用。社会工作者致力于预防犯罪，改变青少年罪犯的行为。中国已经建立了一个持续发展着的体系来确保社会工作者的资质，保证他们获得良好的培训并评估其专业能力。在少年司法领域引入社会工作，使该领域变得更加规范。社会工作者帮助各方建立了少年司法体系如何运作的共识。

在本书讨论的国家和地区中，社会工作对少年司法领域越来越重要。由于各国政府认识到青少年与成年人迥然不同，且全球青少年犯罪率持续下降，因此提升青少年福利的政治意愿日益增强。这是社会工作者的用武之地。当社会对社会工作者进行投资时，犯罪率就会下降，更多的青少年将成长为有益于社会的成年人，从而为他们的社区作出贡献。

社会工作在少年司法中的作用：
英格兰和威尔士经验

一、引言

在英格兰和威尔士，少年司法，以及社会工作在少年司法中的作用，都有着悠久而复杂的历史。少年司法之所以复杂，原因之一是它源自对童年的双重理解。纵观历史，触法儿童一直被视为既是脆弱的受害者（需要照管和保护），也是早熟的威胁者（需要控制和矫正）。①②

哈里斯（Harris）和韦伯（Webb）解释说：

"……从一开始，少年司法……就充满了悖论、讽刺甚至矛盾……（它）从任何一面来看，都同时具有儿童照管（child care）和刑事司法系统的功能，而这原本是两个完全不同的领域。"③

那些回应触法儿童的政策，以及社会工作和其他少年司法机构的实际干预（包括过去和现在），都试图通过平衡福利、正义、权利和责任之间的紧张关系，以调和这"两个完全不同的领域"。

---

① H. Hendrick. Child Welfare：England 1872–1989，（London：Routledge，1994）.

② B. Goldson，"Victims or Threats? Children，Care and Control"，in J. Fink（ed.）Care：Personal Lives and Social Policy，（Bristol：The Policy Press in association with The Open University，2004）.

③ R. Harris，and D. Webb. Welfare，Power and Juvenile Justice， （London：Tailstock，1984）.

1

二、平衡福利、正义、权利和责任：复杂与混合

对于英格兰和威尔士的少年司法体系来说，动态的社会、经济和政治形势，也会影响关怀/保护和控制/纠正两个维度之间的平衡。换言之，少年司法体系并不是一成不变的；相反，它是由持续变动的福利、正义、权利和责任所组成的动态系统。归根结底，它是一个复杂和混合的形态。

（一）福利

英格兰和威尔士早就确立了少年司法的福利概念，其原则是儿童应该受到保护，不应承受成人刑事司法体系的压力。1933年的《儿童和青少年法案》（Children and Young Persons Act 1933）第44条规定："每个法院在处理以罪犯或其他身份被带到法院的儿童或青年时，应当考虑到儿童或青年的福利"，随后制定的系列立法里也包含了类似条款。鉴于大多数罪错少年（juvenile offender）的明显弱势处境（见下文），福利原则显得尤为重要。

（二）正义

司法概念（关于少年司法）的核心原则是，正式干预的力度应与犯罪的严重性/重要性成正比，而不是与感知到的需要程度成正比。这一原则源于一个由正当程序和比例原则所构成的经典正义公式。司法原则的实际应用有三个主要含义。首先，必须聘请专业代表和律师，通过正当的法律程序，来寻求和保障儿童的合法权利。其次，正式干预是依据"对自由的限制"而构建的，必须与比例原则一致，限制在最低必要范围。最后，监禁刑只适用于最严重的罪行，且仅在没有其他适当刑罚的情况下。

（三）权利

除了英格兰和威尔士的国内立法［包括1998年《人权法案》（Human Rights Act 1998）］规定的权利外，还有一系列国际公约、标准、条约和规则，都为少年司法政策和实践提供了依据。① 在少年司法领域内，特别值得关注的国际规则

---

① B. Goldson, and J. Muncie. "Towards a l 'Child Friendly' Juvenile Justice", International Journal of Law, Crime and Justice, 40(1)（2012）pp. 47-64. Also see B. Goldson, and J. Muncie, supra note 4.

有：1985 年《联合国少年司法最低限度标准规则》（"北京规则"）（United Nations Standard Minimum Rules for the Administration of Juvenile Justice，Beijing Rules），1990 年《联合国预防少年犯罪准则》（"利雅得准则"）（United Nations Guidelines for the Prevention of Juvenile Delinquency，Riyadh Guidelines）以及 1990 年《联合国保护被剥夺自由少年规则》（"哈瓦那规则"）（United Nations Rules for the Protection of Juveniles Deprived of their Liberty，the JDL Rules）。最重要的或许是 1989 年《联合国儿童权利公约》（United Nations Convention on the Rights of the Child，以下简称《公约》），《公约》在很多与儿童相关的内容上都设定了原则和细则，包括儿童权利，儿童照管，关乎儿童的法律、政策和实务，与儿童的正式和非正式关系。英国政府于 1991 年批准了《公约》，《公约》中的许多"条款"与少年司法密切相关。①

（四）责任

在少年司法中，责任概念界定最为明确的是未成年人犯罪年龄，也被称为最低刑事责任年龄。这与儿童在刑法中被要求承担完全责任的年龄有关，即儿童的违法行为可以正式按"犯罪"处理的时间点。在儿童承担刑事责任的年龄界定方面，世界各地存在显著差异。

在英格兰和威尔士，1963 年《儿童和青少年法》（Children and Young Persons Act 1963）将儿童刑事责任年龄定为 10 岁，并一直沿用至今。许多评论认为，将一个 10 岁的孩子视为成年人，并要求其承担法律责任，这是不合理的，从这个意义上讲，刑法显然与民法相抵触。② 直到 1998 年，英格兰和威尔士的法令才适用"无犯罪能力"（doli incapax）原则，为罪错儿童（包括 10～13 岁）提供有限的保护措施，这一原则推定该年龄段的儿童并不必定具备辨别善恶的能力。而英国法律"数百年"③ 来的一个特性是，只有当控方能够使法院（"排除合理怀疑地"）确信，儿童知道自己的行为是非常错误的，而不仅仅是调皮或恶作剧时，

① B. Goldson, and J. Muncie. "Children's Human Rights and Youth Justice with Integrity", in B. Goldson. and J. Muncie（eds.）Youth Crime and Justice,2nd edition（London:Sage,2015）.

② B. Goldson. "'Unsafe, Unjust and Harmful to Wider Society': Grounds for Raising the Minimum Age of Criminal Responsibility in England and Wales", Youth Justice：An International Journal 13（2）（2013）pp. 111-130.

③ S. Bandalli. "Children, Responsibility and the New Youth Justice", in B. Goldson（ed），The New Youth Justice,（Lyme Regis:Russell House Publishing,2000）p. 83.

这个推定才可以被驳回。因此，"无犯罪能力"原则有助于在少年司法诉讼程序中，对最年幼儿童的完全责任进行归责。然而，1998年《犯罪和违反秩序法》（Crime and Disorder Act，1998）废除了"无犯罪能力"原则，取消了对儿童的保护，使英格兰和威尔士成为欧洲儿童刑事责任年龄最低的司法管辖区。[①] 1998年《犯罪和违反秩序法案》还规定了监护令（Parenting Orders），要求父母对子女的行为承担法律责任，使得责任这个争议性的问题进一步复杂化。[②]

（五）复杂与混合

虽然并不容易，但尽可能将少年司法设想为一个福利、司法、权利和责任共存的混合系统，可以帮助我们理解少年司法体系。尽管少年司法的混合性一直存在，但有时某些主题相比其他主题，会更具影响力。在英格兰和威尔士，可以大致区分现代少年司法发展的四个关键阶段：（1）20世纪50年代末至70年代末，强调福利优先；（2）20世纪80年代和90年代初，司法规则处于优先层级；（3）1993—2008年，少年司法急剧转向惩罚理念；（4）2008年至今，少年司法的政策和实务已恢复到更加务实、稳定和温和的状态。英格兰和威尔士的少年司法法律、政策和实践，在时代模式上的转变，也受到社会、经济和政治条件变化的影响，值得深入探究。

三、英格兰和威尔士现代少年司法发展的关键阶段

（一）福利阶段（20世纪50年代末至70年代末）

"……20世纪60年代末……一直被视为未成年人罪错（juvenile delinquency）领域改革的巅峰时期……'福利'思潮成为主流"。[③]

---

① T. Crofts. "Catching Up with Europe: taking the Age of Criminal Responsibility Seriously in England", European Journal of Crime, Criminal Law and Criminal Justice, 17(4)（2009）pp. 267-291. Also see B. Goldson, supra note 6.

② B. Goldson, and J. Jamieson. "Youth Crime, the 'Parenting Deficit' and State Intervention: A Contextual Critique", Youth Justice, 2(2)（2002）pp. 82-99.

③ H. Blagg, and D. Smith. Crime, Penal Policy and Social Work,（Harlow: Longman, 1989）p. 99.

"任何辩护都不能反对……以福利为导向的处置可能会过于严苛这一经验现实。"①

到20世纪50年代末，社会工作专家（越来越关注未成年人犯罪与家庭破碎之间的联系）和治安法官协会（Magistrates Association）（关注法院在福利与司法之间的平衡作用）都在敦促内政部（Home Office）改革少年司法。随后诞生了两大议会法案。

1963年《儿童和青少年法》包含了两项对于英格兰和威尔士少年司法和社会工作来说特别重要的规定。首先，该法将刑事责任的最低年龄从8岁提高到10岁。其次，该法第1条规定："各地方当局均有责任提供有价值的意见、指导和协助，以降低收容或照管儿童……或将儿童带到少年法庭的需求，从而促进儿童的福利。"

事实上，立法规定，地方政府有法定义务提供社会工作服务，以降低儿童在少年法庭出庭的可能性。并且，由于该法的福利取向，罪错未成年人的处理责任从缓刑部门（Probation Service）（主要以成年人为中心的刑事司法机构）大量转移到社会服务部门（Social Services Departments）（负责提供儿童福利和儿童保护的社会工作机构）。这项政策也推动社会服务部门成为少年司法的领导机构（尽管1998年《犯罪和违反秩序法》又作了改革——见下文）。

普遍认为，1969年的《儿童和青少年法》是英格兰和威尔士最注重罪错未成年人福利待遇的法律。②然而，与许多议会法案一样，该法有条文规定，各部分内容只有在分管的内阁大臣下达同样的命令时才生效，而因为各种政治因素，该法的一些关键内容从未得到执行。③法律条文只得到部分实施，这意味着以福利为导向的少年司法新系统，非但没有取代更具惩罚性的旧系统，反而在现实中被笨拙地嫁接到旧系统上，导致了网络扩张效应（net-widening effect）：

"如果有人比较法律中已经实施和尚未实施的部分……新系统进来了，但旧系统仍然存在……这两个系统以某种形式相互适应……为了给新系统腾出空间，

---

① R. Harris. "Institutionalized Ambivalence: Social Work and the Children and Young Persons Act 1969", British Journal of Social Work, Vol. 12(1982) p. 258.

② A. Bottoms. "Children and Young Persons Act 1969", in B. Goldson, (ed.), Dictionary of Youth Justice, (Cullompton: Willan, 2008).

③ A. E. Bottoms. "Children, Young Persons and the Courts-A Survey of the New Law", Criminal Law Review(1970) pp. 368-395.

旧系统也扩张了……实际上，这两个系统属于纵向整合模式，新增加的客户群是为了确保新旧系统都有大量的工作可做。"①

换句话说，对福利的强调实际上扩大了少年司法体系的覆盖面。为了降低儿童再次实施罪错行为的可能性，社会工作的干预措施推动儿童参与到"处遇项目"中，虽然出发点是好的，但常常过于积极和热切。当这些措施并不能阻止进一步的罪错行为（通常会是这样）时，儿童又需要接受传统的矫正处置。结果导致了"网络的扩张""边界的模糊"和"刑罚的多样化"。最终的结果是，整个 20 世纪 70 年代，被逐出家庭和社区，关进照管所（care homes）和（或）拘留所的儿童数量大幅度增加。这就需要进一步改革，限制少年司法的过度干预，并重新调整针对触法未成年人的社会工作模式。

（二）司法阶段（20 世纪 80 年代至 90 年代初）

"我认为对于未成年人犯罪应该采取什么样的应对措施，现在已经有了相当广泛的共识……正式干预应保持在最低限度，与每个案件的具体情况和严重程度相一致。"

——约翰·帕特恩（John Patten），保守党议员，1988 年②

"如果说（与此前观点）有什么不同的话，我更加坚信，刑事拘留对儿童来说是一个极其令人不满的结果。"

——弗吉尼亚·博特斯利（Virginia Bottomley），保守党议员，1988 年③

至 20 世纪 70 年代末，少年司法的福利和处遇概念实际上几乎等同于过度干预。对经典司法模式的支持日益增加，这种模式强调：干预/惩罚的程度应当与儿童犯罪的严重程度成正比（区别于对主观认定的需要作出反应）；干预/惩罚应根据法院判决来确定（区别于福利干预的相对明确性）；行政/专业社会工作主观认定儿童福利需求的自由裁量权应加以限制；应在司法程序中贯彻平等原则；应通过对未成年人适当的代表和正当程序来保护儿童的合法权利。

这种做法围绕着转处（diversion）和划界（demarcation）的原则得到巩固，

---

① D. H Thorpe. Out of Care（London：George Allen and Unwin，1980）pp. 22-23.

② B. Goldson，"Children in Trouble：State Responses to Juvenile Crime"，in P. Scraton，（ed.），"Childhood" in "Crisis"？（London：UCL Press，1997），p. 126.

③ B. Goldson，"Children in Trouble：State Responses to Juvenile Crime"，in P. Scraton，（ed.），"Childhood" in "Crisis"？（London：UCL Press，1997），p. 126.

并得到内政部两份重要通知的支持。这两份通知提倡警察使用告诫和非正式警告作为开展转处的策略，以减少法庭处理的儿童人数。① 内政部的通知规定，警告的主要目的是简单快速地处理犯罪程度较轻的罪错未成年人，将他们从法院分流转处出去。在英格兰和威尔士的一些地区，设立了由警察、社会工作者、教育工作者和观护官组成的机构间转处小组和转处局。②③ 内政部的通知还附有四项重要的议会法案。

第一，1982 年《刑事司法法》（Criminal Justice Act 1982）促成了一种趋势，即在整个 80 年代和 90 年代初，努力降低入监罪错未成年人的数量。该法第 1 (4) 条规定，除非有以下情形，否则不应处以监禁刑："（i）该青少年曾经违反或拒绝接受非监禁刑；或（ii）只有监禁刑才足以保护公众免受其严重伤害；或（iii）他被定罪或被判有罪的罪行相当严重，仅有非监禁判决是不够的。"

此外，英国政府资助地方政府设立了"监禁替代"项目，由社会工作专业人士通过以社区为基础的活动计划为罪错未成年人提供支持。

第二，1988 年《刑事司法法》（Criminal Justice Act 1988）规定，法院只能对行为最为严重的罪错未成年人处以监禁刑。该法第 123（3）条（修改了 1982 年的《刑事司法法案》第 1（4）条）规定，除非有以下情形，否则不能处以监禁刑："（i）该青少年曾经违反或拒绝接受非监禁刑；或（ii）只有监禁刑才足以保护公众免受其严重伤害；或（iii）他被定罪或被判有罪的罪行相当严重，仅有非监禁判决是不够的。"

第三，1989 年《儿童法》（Children Act 1989）作为一个新的综合法律框架，目的是调解儿童和家庭问题。它旨在限制国家干预和法院介入，强调父母的责任和义务。尽管在法律的规定范围内，罪错少年并未获得高度关注，但附表 2（7）(a)（ii）对地方当局（包括社会工作机构）施加了特定的责任，要求"采取合理步骤"，减少"对儿童提出刑事诉讼"的必要性。

第四，1991 年《刑事司法法》（Criminal Justice Act 1991）代表了以司法为基础的取向。该法基于比例原则，引入了一种法定的量刑模式。在该模式下，法

① Home Office. The Cautioning of Offenders, Circular 14/1985,（London：Home Office 1985）；Home Office,The Cautioning of Offenders,Circular 59/90,（London：Home Office,1990）.

② B. Goldson. "Wither Diversion? Interventionism and the New Youth Justice", in B. Goldson (ed.) The New Youth Justice,（Dorset：Russell House Publishing,2000）pp. 35-36.

③ R. Smith. Diversion in Youth Justice：What Can We Learn from Historical and Contemporary Practices,（London：Routledge 2017）.

院有责任依据罪行的严重程度，作出相应的适当判决。此外，1991 年的《刑事司法法》将最长监禁刑期缩短至 12 个月 ｛不包括 1933 年《儿童和青少年法》第 53 条、2000 年《刑事法庭（量刑）权限法》［Powers of the Criminal Courts (Sentencing) Act 2000］第 90 条和第 91 条所涵盖的"严重罪行"判决｝；提高了儿童可能被判处监禁刑的最低年龄；扩大了儿童可适用的社区刑范围；并要求地方当局社会工作机构提供新的以社区为基础的审前管理服务（对等待审判的未成年人提供基于社区的非羁押性质的监管措施，如临时寄养），以限制被刑事拘留的儿童人数。

综上所述，少年司法改革促进了转处和划界，产生了实实在在的影响：到 1990 年，年龄在 14 周岁至 16 周岁的罪错少年中，有 70% 的男孩和 86% 的女孩受到了警察的警告；① 1984 年至 1992 年，法院处理的儿童案件减半；② 儿童的年度监禁判决总数，从 1981 年的 7900 人下降到 1990 年的 1700 人，1993 年降至 1304 人的低点。③④ 此外，1989 年《儿童法》和 1991 年《刑事司法法》的综合效力规定了两个独立的法院，即家事诉讼法院（Family Proceedings Court，专门关注民事案件）和少年法庭（Youth Court，专门关注刑事案件）。这代表了"福利"和"司法"管辖区的机制分离，旨在调和哈里斯与韦伯所说的"两个分离世界"之间长期存在的紧张关系。⑤ 尽管改革取得了成功，但到了 1993 年，英格兰和威尔士的少年司法在法律、政策和实践方面都面临着向惩罚方向的转变。

（三）惩罚阶段（1993—2008 年）

"犯罪是一个情绪化的议题，对于民众出于恐惧和怨恨的本能诉求，政治家们很难加以反击。在有关犯罪政策的政治辩论中，秉持温和态度的政治家很容易落入下风。当一个候选人在辩论时……承诺更严厉的新政策将会奏效。那么对手则很难向公众解释，犯罪是一个复杂的问题，真正有效的解决办法必须是长期的，简单的强硬政策不会降低犯罪率。这也可以理解，候选人为什么经常试图证

---

① Home Office. Criminal Statistics in England and Wales, London: Her majesty's Stationery Office, 1991.

② Home Office. Criminal Statistics in England and Wales, 1992, London: HMSO, 1993, p. 126.

③ Home Office. supra note 22.

④ B. Goldson. supra note 17, p. 128.

⑤ R. Harris, and D. Webb. supra note 3.

明自己对于犯罪的态度是强硬的。"①

"社会政策学的学生们都知道，体制改革之所以频繁发生，并不是因为有关部门的大臣和官员对问题进行了认真细致的例行分析……而经常是单个或多个的突发事件，引起了公众对政策改革的极大关注……"②

20 世纪 90 年代早期，随着社会、经济和政治条件的变化，加上一个特殊的案件，民众对英格兰和威尔士在过去数十年发展起来的"司法模式"产生了强烈的反对声浪，少年司法政策进入了注重惩罚的新阶段。③

1993 年 2 月，一个非同寻常的案件成为国际新闻——2 岁幼童詹姆斯·布尔格（James Bulger）被谋杀，2 名 10 岁的未成年凶手被定罪，案件被认为是未成年人无视法律的极端体现。在一个蹒跚学步的孩子被杀害后的几天内，首相约翰·梅杰（John Major）宣称，"社会应该多给予谴责，少给予理解"。三个月后，内政大臣迈克尔·霍华德（Michael Howard）提到，"一个自大自负的年轻流氓集团……除年龄外与成年人无异，不能再以年龄作为免遭有效惩罚的借口……他们最终将身陷囹圄。"④ 与此同时，时任影子内阁内政大臣托尼·布莱尔（Tony Blair）宣称，他打算"强击犯罪，深掘犯罪根源"。这些事态发展的影响，决定了每一个主流政党采取的少年司法处理方法。这些处理方法并非停留在言辞强硬的象征性层面上，更重要的是在惩罚性立法和政策的体制层面上加以实施。

保守党政府推行了两项议会法案，以扭转转处和划界的政策方向。1993 年《刑事司法法》（Criminal Justice Act 1993）对少年司法产生了十分不利的影响。⑤此外，1994 年《刑事司法和公共秩序法》（Criminal Justice and Public Order Act 1994）中与少年司法相关的章节新设立了监禁 12~14 岁儿童的私营的封闭式培

①　M. Tonry. "Racial Politics, Racial Disparities, and the War on Crime in Hudson", B（ed.）Race, Crime and Justice,（Aldershot: Dartmouth, 1996）p. 179.

②　A. Bottoms, and S. Stevenson. "What Went Wrong? Criminal Justice Policy in England and Wales 1945-70" in D. Downes,（ed.）, Unravelling Criminal Justice,（London: Macmillan, 1992）pp. 23-24.

③　B. Goldson. "The Circular Motions of Penal Politics and the Pervasive Irrationalities of Child Imprisonment", in B. Goldson, and J. Muncie,（eds）Youth Crime and Justice, 2nd edition. ,（London, Sage, 2015）.

④　B. Goldson. supra note 17, p. 130.

⑤　A. Rutherford. "Signposting the Future of Juvenile Justice Policy in England and Wales", in Howard League for Penal Reform（eds.）, Child Offenders UK and International Practice,（London: Howard League for Penal Reform, 1995）.

训中心（Secure Training Centres，即儿童监狱），扭转了 1908 年《儿童法》（Children Act 1908）以来的少年司法政策趋向；同时，对于 15~17 岁的青少年，其在罪错儿童监禁机构（Young Offender Institutions）的最高刑期则提高了一倍。

同样，工党作为反对党公布了一系列少年司法政策文件，其惩罚性取向亦十分明显。①② 1997 年 5 月工党政府当选后，其"强硬"理念逐渐落到实处。在首相上任后的几个月内，新政府发表了若干与少年司法有关的重要政策声明，③④⑤ 随后又发表了题为《不再推诿：英格兰和威尔士打击青少年犯罪的新方法》（No More Excuses：A New Approach to Tackling Youth Crime in England and Wales）的白皮书。⑥ 新法很快出台。

1997 年 12 月，议会通过了《犯罪与违反秩序法案》（Crime and Disorder Bill）。1998 年 12 月 3 日，上议院提出了《青少年司法和刑事证据法案》（Youth Justice and Criminal Evidence Bill）。1998 年 7 月 31 日，第一项法案得到女王批准；1999 年 7 月 27 日，第二项法案得到女王批准。1998 年《犯罪和违反秩序法》是一项涵盖范围极为广泛的立法，很多内容都侧重于少年司法。此外，1999 年《青少年司法和刑事证据法》的第一部分规定了早期干预的程序，干预目标是首次被定罪的儿童。这使人想起了 1963 年《儿童和青少年法》中具有干预主义色彩的规定，尽管两部法律是由不同的政治考量所推动的，但都产生了不好的影响。

然而，对少年司法改革影响最为重大的还是 1998 年《犯罪和违反秩序法》。如前所述，该法不仅废除了"无犯罪能力"原则，还引入了一系列新的权力和刑罚，包括：反社会行为令（Anti-Social Behaviour Orders），儿童宵禁计划（Local child curfew schemes），训诫和最终警告（Reprimands and Final Warnings），赔

---

① D. Jones. "Questioning New Labour's Youth Justice Strategy：A Review Article", Youth Justice,1(3)（2002）,pp.14-26.

② B. Goldson. "The Sleep of（Criminological）Reason：Knowledge - Policy Rupture and New Labour's Youth Justice Legacy", Criminology and Criminal Justice,10(2)（2002）pp.155-178.

③ Home Office. Tackling Youth Crime：A Consultation Paper, London：Home Office,1997.

④ Home Office. Tackling Delays in the Youth Justice System：A Consultation Paper, London：Home Office,1997.

⑤ Home Office. No More Excuses - A New Approach to Tackling Youth Crime in England and Wales, London：The Stationery Office,1997.

⑥ Home Office. No More Excuses - A New Approach to Tackling Youth Crime in England and Wales, London：The Stationery Office,1997.

偿令（Reparation Orders），行动计划命令（Action Plan Orders）、拘留和培训命令（Detention and Training Orders）。立法的最终效果是强化责任，扩大矫正干预，增加儿童入监的可能性。1998 年《犯罪和违法秩序法》还从根基上重塑了少年司法体系，并重新定义了社会工作在其中的作用。

自 1963 年《儿童和青少年法》以来，来自地方政府社会服务部儿童服务处（或儿童和家庭处）的专业社会工作者团队，领导着少年司法机构。这些社会工作者团队也隶属于国家卫生部。但是，1998 年《犯罪和违反秩序法》引入了新的多机构青少年罪错工作组（Youth Offending Teams，YOT），规定社会工作与观护机构、警方、卫生部门和教育机构的代表一起提供服务，以重组少年司法服务。青少年罪错工作组的建立，意味着社会工作服务在地方和国家层面的根本性转变。在地方上，青少年罪错工作组通常被纳入多机构指导委员会，参与更大规模的犯罪、越轨和社区安全战略的工作。在全国范围内，青少年罪错工作组对英格兰和威尔士青少年司法委员会（Youth Justice Board for England and Wales）负责，并通过该委员会向内政部和内政大臣负责。这包括对问责、管理和影响范围进行彻底的组织结构重组，以使少年司法与主流的儿童和家庭社会工作在地方和国家层面保持距离。

综上所述，在 1993—2008 年，保守党和历届工党政府都将"强硬"的政治言辞转化为一系列惩罚性的少年司法立法和政策，导致儿童监禁人数大幅增长。[1] 事实上，1992 年至 2001 年这 10 年，被判处监禁的儿童数量从每年约 4000 人增加到每年 7600 人，增长了 90%。[2][3] 在此期间，被羁押儿童的数量增长了 142%。[4] 换言之，1992 年 6 月 30 日，英格兰和威尔士共有 1328 名儿童囚犯，到 2001 年 6 月 30 日，这一数字上升到 2805 人。直到 2008 年，少年司法政策进入了更加务实的阶段，这一增长趋势才有所放缓。

（四）务实阶段（2008 年至今）

1993 年至 2008 年这 15 年，儿童监禁数量的上升轨迹，充分体现了少年司法

---

① B. Goldson. supra note 33.

② Nacro. A Failure of Justice：Reducing Child Imprisonment，London：Nacro，2003.

③ Nacro. A Better Alternative：Reducing Child Imprisonment，London：Nacro，2005.

④ B. Goldson. Vulnerable Inside：Children in Secure and Penal Settings，London：The Children's Society，2002.

政策的惩罚性倾向。英格兰和威尔士的少年司法政策，似乎已经据此确立了发展方向。但是自 2008 年以来，政策开始朝着相反的方向发展。2000—2008 年，儿童囚犯的日平均人数在 2745 人和 3029 人之间波动。然而，到 2008 年 12 月，这一数字降到了 2715 人，是近 10 年来的最低点。[①] 3 年后，艾伦（Allen）报告说，儿童囚犯"下降了三分之一……从 2008 年上半年的约 3000 人下降到 2011 年上半年的约 2000 人"。[②] 2013 年，监狱总督察（Her Majesty's Chief Inspector of Prisons）观察到，"仅从 2012 年 2 月至 2013 年 2 月，儿童囚犯就从 1873 人降到了 1320 人，下降了近 30%"。[③] 到 2014 年 4 月，儿童囚犯人数进一步下降至 1177 人，到 2018 年 8 月，下降至 875 人。非监禁化显然又回到了少年司法政策议题上，但原因是什么呢？

正如普拉特（Pratt）认为"成本效益"是 20 世纪 80 年代未成年人非监禁化的关键驱动力一样，[④] 福克纳（Faulkner）发现 20 年后出现的"公共债务危机"也为"刑罚实践的进步提供了机会"。[⑤] 确实，2008 年的全球金融危机引发了政治面的明显转变和对少年司法政策的重新评估，主要是因为"威权主义代价高昂"。[⑥] 如此一来，在 2008 年以后儿童囚犯人数大幅下降的背后，是大力削减公

---

① T. Bateman. "Who Pulled the Plug? Towards an Explanation of the Fall in Child Imprisonment in England and Wales", Youth Justice, 12(1) (2012) p. 37.

② R. Allen. Last Resort? Exploring the Reduction in Child Imprisonment 2008-11, London: Prison Reform Trust, 2011, p. 3.

③ N. Hardwick. "Feltham: Time For a New Start", Criminal Justice Matters, 95(1) (2014) p. 22.

④ J. Pratt. "A Revisionist History of Intermediate Treatment", in British Journal of Social Work, Vol. 15 (1987) p. 429.

⑤ D. Faulkner. "Criminal Justice Reform at a Time of Austerity: What Needs to be Done?", in A. Silvestri (ed) Lessons for the Coalition: An end of term report on New Labour and criminal justice, (London: Centre for Crime and Justice Studies, 2011) p. 80.

⑥ A. Sanders. "What was New Labour thinking? New Labour's Approach to Criminal Justice", in A. Silvestri (ed) Lessons for the Coalition: An End of Term Report on New Labour and Criminal Justice, (London: Centre for Crime and Justice Studies, 2011) p. 15.

共支出和紧缩财政花费，而这一切绝非巧合。①②③ 例如，2008 年 2 月至 2010 年 8 月，青少年司法委员会关闭了 710 座"未成年人监禁场所（Juvenile Secure Estate）"，④ 仅此一项，每年可节约 3000 万英镑。因此，且不论其他影响因素，与任何渐进式改革的内在优先事项不同的是，降低成本的实际必要性才是理解 2008 年后儿童监禁大幅下降的关键因素。

2010 年 5 月，在保守党和自由民主党联合政府当选后，保守党在宣言里承诺的"在各级政府建立强有力的财政纪律"，很快就转化为全面的"紧缩计划"。一方面，紧缩给最弱势儿童带来了毁灭性的后果："自 2010 年以来，社会保障每年减少约 270 亿英镑……预计到 2021/2022 年，贫困儿童将从 2018 年的 400 万人飙升至 500 多万人。"⑤ 同时，紧缩政策意味着社会工作服务正面临巨大挑战，因为"儿童社会服务需求在增加，而地方政府的总体支付能力下降了"。另一方面，与之相反的是，紧缩计划也为少年司法逐步去政治化和温和化创造了条件，同时给少年司法社会工作带来了新机遇。

（五）英格兰和威尔士少年司法的情境化

从前文我们所考虑的四个关键阶段可以看出，英格兰和威尔士没有一个固定模式能代表少年司法的特征以及社会工作在其中的作用。相反，少年司法受到社会、经济和政治突发事件的影响。因此，正如我们所看到的，支持英格兰和威尔士少年司法改革的逻辑从不仅仅是由未成年人罪错性质、未成年人犯罪率、人权的考虑，或关于对触法儿童的最有效回应（社工或其他支持）的知识和证据来驱动的。我们探索了社会、经济和政治条件影响少年司法改革性质的关键路径。

---

① B. Goldson. "The Circular Motions of Penal Politics and the Pervasive Irrationalities of Child Imprisonment", in Goldson, B. and Muncie, J. (eds) Youth Crime and Justice, 2ⁿᵈ edition, (London, Sage, 2015).

② J. Muncie. Youth and Crime, Fourth Edition, (London: Sage, 2015).

③ J. Yates. "What Prospects Youth Justice? Children in Trouble in the Age of Austerity", Social Policy and Admi istration, 46(4) (2012), pp. 432-447.

④ 青少年监禁场所是封闭式儿童之家(Secure Children'S Homes)、封闭式培训中心(Secure Training Centres)和罪错儿童监禁机构(Young Offenders Institutions)的总称。这些场所是被判处监禁的，或被审前羁押的 10~17 岁未成年人的安置监管机构。参见 Young people and the secure estate, https://www.gov.uk/government/publications/young-people-and-the-secure-estate, p.9。

⑤ J. Tucker. "The Austerity Generation: the Impact of Cuts to Universal Credit on Family Incomes and Child Poverty", Poverty: Journal of the Child Poverty Action Group (2018) p.5.

在总结之前，我们还需要讨论另外两个问题。首先，在新的"国家标准"（该标准的核心原则是"先是儿童，后是罪错行为人"（child first and offender second）背景下，社会工作在英格兰和威尔士当代少年司法中的作用。① 其次，考虑如何利用积累的知识和证据继续发挥少年司法以及社会工作在其中的作用。

四、英格兰和威尔士的社会工作和当代少年司法

2008年后，英格兰和威尔士少年司法政策的特点是务实温和，这一点在近期出版的《少年司法体系儿童标准》（Standards for Children in the Youth Justice System）中体现得最为明显。② 《少年司法体系儿童标准》旨在协助社会工作机构及其他儿童服务机构、刑事司法机构遵守"儿童优先"原则，要求它们：

"优先考虑儿童的最佳利益，承认他们的需求、能力、权利和潜力。以儿童的个人优势和能力为基础，促进社会身份认同，使其持续远离犯罪……'确保干预'是建设性、着眼于未来的，并建立在支持性的关系上，使儿童能够发挥其潜力，并对社会作出积极贡献。鼓励儿童积极参与并促进广泛的社会包容……通过预防、转处和最低限度的干预，促进儿童远离司法系统。'确保'所有工作都尽量减少儿童与司法系统接触而产生的犯罪耻辱感。"③

五项"标准"的定义涉及：提供"庭外处分"，为儿童提供"法庭内"服务，（为受法庭处分的儿童）提供"社区内"服务，（为被剥夺自由的儿童）提供"监禁场所内"服务以及为从监禁场所中出来的儿童提供"过渡和安置"（transition and resettlement）服务。

首先，关于具有转处性质的"庭外处分"，要想使庭外处置系统有效，青少年司法社会工作者必须"建立支持关系和提供及时、适当的有效干预，确保与警察密切合作……"④

其次，在针对出庭儿童的社会工作和相关少年司法服务方面，《少年司法体

---

① Ministry of Justice and Youth Justice Board, Standards for children in the youth justice system 2019, London: Ministry of Justice and Youth Justice Board, 2019, p. 2.

② Ministry of Justice and Youth Justice Board, Standards for children in the youth justice system 2019, London: Ministry of Justice and Youth Justice Board, 2019, p. 2.

③ Ministry of Justice and Youth Justice Board, Standards for children in the youth justice system 2019, London: Ministry of Justice and Youth Justice Board, 2019, p. 6.

④ Ministry of Justice and Youth Justice Board, Standards for children in the youth justice system 2019, London: Ministry of Justice and Youth Justice Board, 2019, p. 8.

系儿童标准》规定，法庭干预应"留给那些无法按照非正式方式处理的儿童"，在这种情况下，社会工作和其他相关服务机构应向法院提供"高质量"报告，报告需要"关注儿童的最佳利益，建设性地提升他们的潜力，远离犯罪，并确保平衡和公正"。①

再次，对于在社区中接受法庭处分的儿童，标准规定："地方实务要优先考虑儿童的最佳利益，建设性地促进他们的潜力和意愿，鼓励他们积极参与，并尽量减少与系统接触可能带来的潜在伤害。"② 为了实现这一要求，少年司法社会工作者必须"与其负责监督的儿童之间建立一种有意义的信任关系，将儿童的各种需要都考虑进来，促进儿童在获得和参与方面的平等，帮助儿童远离犯罪，建立对社会的认同感，根据'社区'秩序的条款，阐明儿童的权利和责任，并确保儿童能够理解"。③

最后，对于在监禁场所中被剥夺自由的儿童，以及从监禁场所释放的儿童，少年司法社会工作者必须确保"儿童在监禁场所中的需求和风险，得到确认、解决、协调和管理，实现儿童回归社区后适当、有效和建设性的安置，旨在使其持续远离犯罪"。④

通过这种方式，新近出版的官方标准明确了社会工作在英格兰和威尔士当代少年司法体系中的角色和功能，旨在把"儿童优先"原则放在第一位，既优先关注福利（满足儿童需要），也认识到犯罪现象的复杂性和少年司法干预中过于积极的方式。除遵守这些标准外，政策和实践还必须得到大量证据和知识的支持，这些证据和知识是随着时间的推移而积累的。换言之，（英格兰、威尔士和其他地方的）少年司法社会工作者应该积极总结过去的经验教训，并据此指引今后的工作。

---

① Ministry of Justice and Youth Justice Board, Standards for children in the youth justice system 2019, London: Ministry of Justice and Youth Justice Board, 2019, p. 10.

② Ministry of Justice and Youth Justice Board, Standards for children in the youth justice system 2019, London: Ministry of Justice and Youth Justice Board, 2019, p. 12.

③ Ministry of Justice and Youth Justice Board, Standards for children in the youth justice system 2019, London: Ministry of Justice and Youth Justice Board, 2019, p. 12.

④ Ministry of Justice and Youth Justice Board, Standards for children in the youth justice system 2019, London: Ministry of Justice and Youth Justice Board, 2019, p. 14.

五、国际证据和知识：少年司法社会工作的发展指引

特南瑞（Tonry）观察到，"实务工作者和学者一起工作，会比各自独立工作得到的发现更多。"① 因此，将从实践证据和研究知识中汲取的经验教训结合起来，我们或许能够为未来的工作提供指引。就目前而言，四条关键信息尤为突出。

（一）未成年人罪错行为是相对正常的，未成年人犯罪趋势相对稳定

70 多年来，美国和英国的研究人员一直在进行"自我报告"（self-report）研究，以获取与未成年人罪错行为模式相关的数据（这些数据如无"自我报告"则无法获知）。这些研究表明，青少年罪错行为比许多官方数据来源所呈现的要普遍得多，事实上，有些甚至可能被认为是"正常行为"。

波特菲尔德（Porterfield）首次发布了美国的一个"自我报告"调查结果。②③ 他分析了得克萨斯州沃思堡地区 2049 名儿童的法庭记录，并确认了 55 项被判定为"罪错"的行为。随后，对来自得克萨斯州 3 所大学的 200 名男学生和 137 名女学生进行了一项调查，以确定他们是否有过以及间隔多久有过可被认定为"罪错"的"55 项犯罪行为"中的任何一种行为。波特菲尔德发现，毫无例外，大学里的每一位受访者都报告说至少做过一项特定的罪错行为。

在波特菲尔德之后，沃斯坦因（Wallerstein）和韦历（Wylie）对 1698 名成年男女进行了抽样调查，并收集了他们回顾未成年时期（16 岁之前）"罪错行为"的自我报告。④ 几乎所有样本都承认，至少有过一项罪错行为，而在研究人员指定的 14 类罪错行为中，64% 的男性和 29% 的女性承认，（当他们还是孩子时）至少有过一种罪错行为。

30 年后，贝尔森（Belson）做了一个对 1400 名伦敦在校男生的调查，调查

---

① M. Tonry. "Preface", in M. Tonry（ed）Confronting Crime：Crime control policy under New Labour,（Cullompton：Willan, 2003）p. 11.

② A. Porterfield, "Delinquency and Outcome in Court and College", American Journal of Sociology, 49（1943）pp. 199-208.

③ A. Porterfield. Youth in Trouble, Fort Worth：Leo Potishman Foundation, 1946.

④ J. Wallerstein, and C. Wylie. "Our Law-Abiding Law-Breakers", Probation, 25（1947）pp. 107-112.

发现，70%的人自称在商店有过盗窃行为，88%的人自称在学校有过盗窃行为。[①]罗特（Rutter）和吉勒（Giller）也有类似的发现。[②] 洛伯（Loeber）等人尝试收集了10岁以下儿童的"自我报告"数据。[③] 通过使用33项"行为量表"，研究人员调查了849名7岁男孩和868名11岁男孩。调查发现，在7岁儿童中，26%的人有过破坏财产和盗窃行为，而在11岁儿童中，51%的人有过破坏行为，53%的人有过盗窃行为。7岁和11岁儿童有过"暴力的罪错行为"的比例更高，通常涉及兄弟姐妹和同学（比例分别为66%和91%）。

最近，格雷厄姆（Graham）和博林（Bowling）发现未成年人罪错行为"普遍存在"。[④] 事实上，55%的男性和31%的女性"承认在一生中的某个时刻犯下了……23项（具体）刑事罪错行为中的至少一项"。[⑤] 同样，贝纳特（Beinart）等人开展了一项面向14500名11~17岁儿童的调查，调查范围遍及英格兰、苏格兰和威尔士。调查报告称，近50%的儿童在成长过程中故意实施过刑事罪错行为，[⑥] 而英国最近的研究显示，约四分之一的儿童承认在过去12个月内有过罪错行为。[⑦]

自述罪错行为的调查结果当然需要仔细解释和分析。尽管报告内容并非无懈可击，[⑧] 但至少提醒我们，未成年人犯罪是相对正常的。事实上，未成年人犯罪几乎肯定比调查结果显示的更"正常"。例如，格雷厄姆得出的结论是，"自我

[①] W. Belson. Juvenile Theft: The Causal Factors, (London: Harper and Row, 1975).

[②] M. Rutter, and H. Giller. Juvenile Delinquency: Trends and Perspectives, (Harmonds worth: Penguin, 1983).

[③] R. Loeber. "Development of a New Measure of Self-Reported Antisocial Behaviour for Young Children: Prevalence and Reliability", in M. Klein (ed), Cross-national research in self-reported crime and delinquency, (Los Angeles: Kluwer Academic Publishers 1989).

[④] J. Graham, and B. Bowling. Young People and Crime, Research Study 145, London: Home Office, 1995, p. 10.

[⑤] J. Graham, and B. Bowling, Young People and Crime, Research Study 145, London: Home Office, 1995, pp. 11-12.

[⑥] S. Beinart. Youth at Risk? A National Survey of Risk Factors, Protective Factors and Problem Behaviour among Young People in England, Scotland and Wales, London: Communities that Care/Joseph Rowntree Foundation, 2002.

[⑦] S. Roe, and J. Ashe. Young People and Crime: Findings from the 2006 Offending, Crime and Justice Survey, London: Home Office 2008.

[⑧] C. Coleman, and J. Moyniham. Understanding Crime Data, (Buckingham: Open University Press, 1996).

报告”调查“往往低估了年轻人罪错行为的普遍性和发生频率”，桑贝里（Thornberry）和克罗恩（Krohn）在对此类调查进行细致的学术评估时，也发现了“报告相对不足”的倾向。①

从未成年人罪错行为转向未成年人犯罪的趋势。要查明和分析这类趋势尤其困难。例如，莱纳（Reiner）提醒我们，“犯罪学家和统计学家早就知道，官方的犯罪统计数据存在许多陷阱，这使得对数据的解释变得危险”。②

出于多种原因，“报告的”“记录的”和“实际的”犯罪很少（甚至从不）是一致的，因此，可用数据的有效性和可靠性——无论是来自警察统计数据、受害人调查还是其他渠道——都存在疑问。③由此可见，比较不同时间段的未成年人犯罪统计数据，特别是如果这些数据是根据“字面含义”（face value）而记录的，可能会产生误导，例如：关于“犯罪”定义的时间和空间波动；警察记录数据的部分或不完整性；“无受害人犯罪”记录的问题；“罪犯”未被捕/未知的情况下，责任归属（并记录）方面的困难；统计数据的变动往往更多地揭示了现象而不是实际的犯罪趋势——例如，修订过的记录方法、修改过的系统行为和立法、政策和实践的变化。除了这些误导之外，公开报告或使用犯罪统计数据，这一过程还可能被隐秘动机和政治利益所影响。④简而言之，要完全确定未成年人犯罪的水平、比率或趋势，不是说一定不可能，但至少是非常困难的。

尽管如此，通过客观阅读各种来源的数据（来自不同的收集和整理方法），

① J. Graham. "Self – Reported Offending", in B. Goldson（ed）Dictionary of Youth Justice,（Cullompton:Willan,2008）p. 321.

② T. Thornberry, and M. Krohn. "The Self – Report Method for Measuring Delinquency and Crime", in D. Duffee, R. Crutchfield, S. Mastrofski, L. Mazerolle, D. McDowall, and B. Ostrom（eds）, CJ 2000:Innovations in Measurement and Analysis,（Washington, DC:National Institute of Justice, 2000）p. 58.

③ R. Reiner. Law and Order:An Honest Citizen's Guide to Crime and Control, Cambridge:Polity, 2007, p. 45.

④ R. Booth. "Home Office Accused of Releasing Selective Knife Crime Figures:Chief Statistician Did Not Want Details Published; Data Could Have Falsified Effect of Stop and Search", The Guardian, 13 December 2008;T. Hope, "Pretend it Works:Evidence and Governance in the Evaluation of the Reducing Burglary Initiative", Criminal Justice, 4（3）（2004）pp. 287–308; R. Walters, Deviant Knowledge:Criminology, politics and policy,（Cullompton:Willan, 2003）;R. Walters, "Government Manipulation of Criminological Knowledge and Policies of Deceit", in T. Hope, and R. Walters, Critical Thinking About the Uses of Research,（London:Centre for Crime and Justice Studies 2008）.

并充分考虑各种合理的警告，可以安全地得出结论：未成年人犯罪趋势在时间维度上至少是相对平稳的。[①] 此外，一些评论员认为，未成年人犯罪呈现出下降的趋势。例如，在对"自我报告"数据进行严格分析的基础上，博德（Budd）等人总结道，"罪错水平的稳定……可能意味着年轻人的罪错率几乎没有变化"，[②] 而贝特曼（Bateman）声称：

"因为数据记录和汇总方式的修订，很难跟踪青少年犯罪水平的时间变化。现有证据足以表明，青少年犯罪水平的下降已经持续了相当长的一段时间。"[③]

如前所述，未成年人罪错和犯罪趋势统计数据的有效性、可靠性，及对其的解释和应用存在多重挑战，这里只作简要讨论。但不管怎样，虽然从纵向数据看，肯定有一些高峰和低谷，但审慎研读数据，可以发现，未成年人罪错行为是成长过程中相对正常（且通常较为短暂）的一部分，未成年人犯罪的时间趋势是平缓的曲线。换句话说，尽管有些波动，证据表明，随着时间的推移，未成年人犯罪基本回归"正常"。

（二）转处和最低限度的必要干预，是有效的少年司法政策和实务的重要组成部分

50多年前，霍华德·贝克尔（Howard Becker）第一次发现，少年司法的干预模式——他称之为"贴标签"（labelling），经常引发负面的"社会反应"，进而带来破坏性的后果。[④] 贝克尔和芝加哥大学的其他同事认为，使用污名化的标签会激发负面"社会反应"，这是与少年司法体系的正式接触所带来的常规的、不可避免的后果。此外，研究人员解释了传统少年司法体系是如何经常导致自我延续过程和螺旋式运动的。换言之，通过创造"局外人"标签，不可避免地导致重复干预的强度不断增加，进而最终建构、巩固或确认罪错行为人的"身份"。继而，这类"身份"又引发了进一步的干预和负面反应，从而使这一过程不断延续。

---

① Bateman. "Trends in Detected Youth Crime and Contemporary State Responses", in B. Goldson, and J. Muncie, (eds) Youth Crime and Justice, 2nd edition, (London, Sage 2015).

② T. Budd, C. Sharp, and P. Mayhew. Offending in England and Wales: First Results from the 2003 Crime and Justice Survey, Research Study 275, London: Home Office 2005, p. 69.

③ T. Bateman. The State of Youth Justice 2017: An Overview of Trends and Developments, London: National Association for Youth Justice 2017, p. 9.

④ H. Becker. Outsiders, New York: Free Press, 1963.

实际上，贝克尔和他的同事们开始关注，正式的少年司法干预可能产生或延续越轨行为的方式。正如埃德温·莱默特（Edwin Lemert）和大卫·马萨（David Matza）各自所说：

"过去的社会学……较为依赖'越轨导致社会控制'的观点。我开始秉持相反的观点，即社会控制导致越轨，这同样成立。"①

"……对于预防、干预、拘留和'治愈'的努力……'可以'促进或强化社会希望加强防范的趋势。"②

因此，贝克尔、莱默特、马萨和其他人都提出，正式少年司法接触（以及伴随的标签）可能导致的负面的、适得其反的效果，扰乱了少年司法干预的先导性（"预防性"）和反应性（"矫正性"）模式逻辑。③ 事实上，来自芝加哥研究的知识/证据，成为转处原则和最低限度必要干预原则的理论与实践基础。

转处原则和最低限度必要干预原则规定，在可能的情况下，应将触法儿童从少年司法机构转介出去。在不适合转处的情况下，正式的少年司法干预（包括社会工作）应限制在最低水平，即绝对必要的程度。④ 例如，马克拉（Mcara）和马克韦（McVie）认为，"减少犯罪的关键在于，减少干预，实现最大限度的分流转处"。通过对4300名儿童犯罪途径的详细纵向研究，并结合越来越多的国际研究，他们得出结论：

"在个案中少做而不是多做，可能会减轻系统接触带来的潜在损害……有针对性的早期干预策略……可能会扩大服务范围……更多的儿童将被认定为处于危险之中，早期参与将导致反复进入系统的持续不良反应。如我们所展示的，在不诉诸正式干预的情况下，各种形式的转处……与远离严重犯罪是联系在一起的。这些研究发现支持最大限度转处的做法……必须承认，在某些情况下，少做而不

① E. Lemert. Human Deviance, Social Problems and Social Control, Englewood Cliffs New Jersey：Prentice Hall，1967，p. 5.

② D. Matza. Becoming Deviant，Englewood Cliffs New Jersey：Prentice Hall，1969，p. 80.

③ H. Blumer. Symbolic interactionism, Englewood Cliffs, New Jersey：Prentice-Hall, 1969；K. Erikson. Wayward Puritans：A Study in the Sociology of Deviance,（New York：Wiley, 1966）；J. Kitsuse. "Societal Reaction to Deviant Behaviour"，Social Problems, 9（1962），pp. 247-56；E. Schur. Radical Non-intervention：Rethinking the Delinquency Problem,（Englewood Cliffs, NJ：Prentice Hall, 1973）.

④ L. McAra, and S. McVie. "Youth Justice？The Impact of System Contact on Patterns of Desistance from Offending"，European Journal of Criminology, 4(3)（2007），p. 315.

是多做，需要决策者的勇气和远见……如果制度伤害了年轻人并抑制了他们创造和改变的能力，那么正义将永远得不到伸张。"①

（三）普遍服务、整体方法和非刑事化社会工作，组成最有效和最不具破坏性的干预形式

尽管证据和知识基础表明，未成年人罪错行为相对"正常"，未成年人犯罪趋势相对稳定，转处和最低限度的必要干预战略是有效少年司法社会工作的重要组成部分，却绝不意味着可以自满或完全不作为。与少年司法体系关联最深的儿童，总是来自最苦痛、最受伤害和最弱势的家庭、邻里和社区。事实上，抛开时间和地点，不论是从（社会工作）实践中积累的证据，还是从学术研究中获得的知识，都一致确认少年司法体系通常处置（和惩罚）的是来自穷人家庭的孩子。这并不仅仅是简单粗暴的实证主义病因学——暗示所有贫困儿童都会犯罪，或只有贫困儿童会实施罪错行为——长期社会经济劣势、未成年人犯罪、（选择性）刑事定罪过程与正式干预之间的因果联系，也深深嵌入我们所掌握的证据/知识库。因此，不作为不是一个合法选项，但过度的刑事定罪、贴标签和少年司法干预，也并非最佳选择。

根据比较分析、大量的实践证据和研究知识，以及国际人权标准的规定，戈德森（Goldson）和曼西（Muncie）主张：

"正常的社会机构——包括家庭（无论成员如何组成）、社区、青少年服务、休闲和娱乐服务、卫生服务、学校、培训和就业倡议——需要得到充分的资源和足够的支持……资源应从伤害性的'犯罪'少年司法干预，重新分配至普遍的'儿童优先'服务，后者不仅更优，而且有效。"②

例如，在未成年人犯罪预防方案研究方面，世界上最全最大的一项研究分析表明，即使是对"危险、暴力和长期的罪错未成年人"，一些最有效的应对措施也来自正式的少年司法制度之外。豪厄尔（Howell）和克里斯伯格（Krisberg）解释道：

"这是目前州立法者和其他政策制定者常见回应的替代方法。作为未成年人'犯罪'减少策略，惩罚……以及对刑事司法系统的日益依赖……两者都没有太

---

① L. McAra, and S. McVie. "Youth Justice? The Impact of System Contact on Patterns of Desistance from Offending", European Journal of Criminology, 4(3)(2007), pp. 337+340.

② B. Goldson, and J. Muncie. supra note 4, pp. 250-251.

大的希望……这一惊人的发现意味着社区预防才是减少未成年人犯罪最有效的路径……'政策和实践'要取得成功……在很长一段时间内，必须以综合的方式解决同时存在的诸多问题。"①

面向弱势儿童的社会工作通过以下方式才可能作出最大的贡献：协调和动员"常规社会机构"；积极解决无数导致刑事化处置的常见问题；为儿童和家庭提供创新的、量身定制的"非刑事化"支持；取代那些无助于公共利益的少年司法干预措施。

（四）监禁刑惩罚是最低效和最具破坏性的干预形式

对法院来说，监禁刑惩罚（custodial sanctions）是（减少犯罪）最低效的处置方法，根深蒂固且旷日持久的实践经验以及大量的研究文献都证实了这一点。监禁刑惩罚作为一种减少未成年人犯罪、保障社区安全的手段，不仅是失败的，而且会造成严重危害。②③ 此外，监禁刑惩罚也给国库带来了巨大的财政负担。2018年5月，在一份对司法大臣的书面议会质询的回复里，司法部和青年监禁服务部门提供的数据显示，在英格兰和威尔士羁押单个儿童的平均年费用从76000英镑到210000英镑不等（取决于机构类型）。④

门德尔（Mendel）总结了在少年司法体系中使用监禁刑惩罚的国际证据，指出其具有"危险""无效""不必要""浪费"和"不充分"的性质：

"危险：未成年人监禁矫正机构中的青少年处在不可容忍的暴力、伤害和其他形式的虐待之下。"

"无效：矫正性羁押措施（correctional confinement）的效果很差，再犯率一直居高不下。未成年人监禁场所中的监禁经历会影响青少年在教育和就业方面取

① J. C. Howell, and B. Krisberg. "Conclusion", in J. C. Howell, B. Krisberg, J. D. Hawkins, and J. J. Wilson, (eds), Serious, Violent and Chronic Juvenile Offenders: A Sourcebook, (London: Sage 1995) pp. 275-276.

② P. S. Pinheiro. World Report on Violence Against Children, Geneva: United Nations, 2006.

③ B. Goldson. "The Circular Motions of Penal Politics and the Pervasive Irrationalities of Child Imprisonment", in B. Goldson, and J. Muncie, (eds) Youth Crime and Justice, 2nd edition. (London, Sage, 2015).

④ P. Lee. "Response to Youth Custody: Costs: Written question-144303", https://www.parliament.uk/business/publications/written-questions-answers-statements/written-question/Commons/2018-05-15/144303/, accessed 22 October, 2018.

得成功。"

"非必要：被关在青少年监禁矫正机构的青少年，大部分对公共安全并不构成威胁。"

"浪费：很多州花费了大量纳税人的钱，将大部分少年司法预算用于监禁矫正机构和其他安置设施。而非监禁项目方案只需花费一小部分支出，就能获得同等甚至更好的效果。"

"不足：尽管日常费用很高，但大多数未成年人监禁矫正机构并没有做好充分准备，以满足被监禁青少年的各类需求。更多时候，他们甚至无法为被监禁青少年提供最基础的照管和复归社会服务。"①

六、结论

自其肇始，英格兰和威尔士的少年司法体系——以及社会工作在其中的作用逐渐演变为管理最贫穷和最弱势儿童的机制。这种看待儿童的二元概念——他们既是脆弱的受害者（需要照顾和保护），也是早熟的威胁者（需要控制和纠正）——使少年司法成为"两个分离世界的交汇点"。因此，少年司法政策和实务的任务是，协调和平衡包括福利、司法、权利和责任在内的相互竞争的重要因素。

我们认为，可以将英格兰和威尔士的现代少年司法发展大致划分为四个关键阶段。此外，我们还认为，少年司法改革很少受到未成年人罪错性质或未成年人犯罪率的推动，相反，它经常受到社会、经济和政治突发事件的影响。这些事件往往会扭曲政策，破坏社会工作实务。但是，由于上述原因，少年司法最近在英格兰和威尔士进入了务实和温和的阶段。这为发展"儿童优先"的少年司法社会工作带来了机遇。

此外，如果我们将实践证据和研究知识结合起来，可能就较为容易理解：未成年人犯罪是相对"正常"的社会现象，未成年人犯罪趋势相对稳定；转处和最低限度必要干预是有效少年司法政策和实践的重要因素；普遍服务、整体方法和非刑事化社会工作，是最有效、最不具有破坏性的干预形式；监禁刑惩罚是最低效、最具破坏性的干预形式。如果这些经验运用得当，可以为英格兰、威尔士以及其他司法管辖区未来的少年司法社会工作提供有效的指引。

---

① R. Mendel. No Place for Kids：The Case for Reducing Juvenile Incarceration，Baltimore：E. Annie Casey Foundation，2011，pp. 5-25.

社会工作在少年司法中的作用：加拿大经验

一、加拿大少年司法社会工作的基本状况

（一）加拿大的社会工作

加拿大社会工作的源起与英美社会工作的发展轨迹相似，都是为了回应民众的迫切需求。[①] 19 世纪中叶以来，随着资本主义工业的蓬勃发展，加拿大产生了各种各样的社会问题，包括恶劣的住房条件、疾病、失业和贫困等。这些社会困境引起了一些家境富裕市民（主要是妇女）的注意，他们试图通过慈善事业改善上述社会问题。在宗教道义的感召下，这些妇女热衷于扶危济困。彼时的社会普遍认为个人和家庭有责任解决他们自己的社会问题。这就意味着那些无法从家庭中获得支持的人只能默默地承受苦难，或者仰仗社区的施恩。随着社会的转型，这一观点发生了转变，人们开始认为社会亦有责任照管儿童和青少年。虽然最初对社会需求的回应具有宗教色彩，但随着时间的推移，这场运动逐渐世俗化，即通过住房安置运动和慈善组织运动来救济贫困。这两场运动都起源于英国，随后在 19 世纪 90 年代末 20 世纪初登陆加拿大。积极投身于这些运动的社会工作者促进了小组工作、社区工作和个案工作的理论与实践的发展。至今，这些理论和实务仍是社会工作的重要组成部分。当然，当时那些扶危济困者往往缺乏足够的知识和助人技术。

通过讲授社会实务的标准，大学的课程推动了社会工作的职业化进程。1914年，多伦多大学成立了加拿大第一所社会工作学院。[②] 目前，加拿大已经有 42 所

---

① T. Jennissenn and C. Lundy. One Hundred Years of Social Work: A History of the Profession in English Canada, 1900-2000 (Wilfred Laurier University Press, Waterloo, 2011) p. 1.

② T. Jennissenn and C. Lundy. supra note 1, p. 2.

大学的社会工作专业获得加拿大社会工作教育协会（the Canadian Association of Social Work Education，CASWE)① 的认证。社会工作专业可以授予本科［社会工作专业学士，（Bachelor of Social Work；BSW）］、硕士［社会工作专业硕士，（Master of Social Work；MSW）］和博士［社会工作专业博士，（Doctor of Social Work；PHD）］学位。加拿大社会工作者协会（the Canadian Association of Social Workers，CASW）成立于 1926 年，② 它为社会工作者提供专业的发展机会，回应国家议题，发布社会工作专业相关问题的报告，倡导社会的公正发展，制定伦理准则和实务指南，以及评估在海外受训的社会工作者资格等。社会工作者必须在所在省/地区机构进行登记才能从业，他们必须遵守实务标准和伦理准则才能保持专业资格。

（二）加拿大的少年司法体系

1. 历史发展

加拿大是一个联邦制国家，适用普通法体系。加拿大政府包括 1 个联邦政府、10 个省和 3 个地区政府。其刑事法律已经编入加拿大《刑事法典》（Criminal Code)，③ 适用于整个国家。涉及少年司法的联邦立法是《青少年刑事法》（Youth Criminal Justice Act，YCJA)。④ 虽然法律是统一适用的，但司法行政隶属于省级政府，因此在省/地区层面可能存在一些差异。

加拿大在历史上沿袭英国的普通法，在 1892 年颁布了第一部《刑事法典》。⑤ 从一开始，加拿大就采用独立的法律体系/程序来处理少年犯，包括专门机构。第一部《刑事法典》根据年龄的差异，指出青少年具有独特的生理特点，在刑事司法领域需要采取不同于成年人的措施。第一部《刑事法典》规定的最低刑事责任年龄是 7 岁，但必须证明 7 岁至 13 岁的儿童具有独立理解其行为的

---

① 加拿大社会工作教育协会. https://caswe-acfts. ca/commission-on-accreditation/list-of-accredited-programs/,visited on 17 March 2019.

② 加拿大社会工作者协会. https://www. casw-acts. ca/en/about-casw/about-casw,visited on 17 March 2019.

③ Criminal Code, RSC 1985, c. C-46. 该法典内容既包括实体刑法，也包括刑事诉讼程序法。

④ Youth Criminal Justice Act,SC 2002,c. 1.

⑤ The Criminal Code,S. C. 1892,c. 29; Criminal Code,S. C. 1953-54,c. 51; Criminal Law Amendment Act,1968-69,S. C. 1968-69,c. 38.

后果。1894年（第一部《刑事法典》实施两年后），加拿大在立法中规定，少年司法应该实行独立的程序。①

2. 主要立法

历史上，加拿大通过三部主要的法律规范少年司法制度：《违法青少年法》（Juvenile Delinquents Act，JDA，1908-1984）②、《青少年犯罪法》（Youth Offenders Act，YOA，1984-2003）③ 和《青少年刑事司法法》（2003年至今）④。这些法律在适用期内都经过多次修订，反映了应对青少年犯罪的理念与措施的变化趋势。直到今天，人们仍在不断争论，青少年犯罪是否在本质上与成年人犯罪相似，都是道德不当的表现，应该受到严惩，或者我们更应该将青少年犯罪视为因错误的选择或成长与成熟过程中缺乏思考而导致的不当行为。

1908年生效的《违法青少年法》创设了独立的少年司法体系，并一直施行到1984年。这部法律建立了处置违法未成年人的独特机制和体系，但对罪错的界定还包括一些《刑事法典》规定外的行为。逃学、道德败坏和屡教不改的行为是《违法青少年法》的焦点之一，这些行为被称为"身份犯罪"，即这类犯罪必须由未成年人实施才能构成，如果成年人进行这类行为，则不构成犯罪。政府对那些遭到忽视、虐待或无法无天的儿童进行干预，同时建立矫治学校帮助照管这些儿童。该法的重点是通过国家干预纠正误入歧途的儿童，并按照它所认为的符合儿童"最佳利益"的方式采取行动。在这一制度下，社会工作的作用尤为突出——在某些地区甚至由社会工作者主持庭审。这部法律因为具有较强的随意性和变化无常而受到广泛的批评，那些拥有权力和特权的人——警察、法官及社会工作者在儿童最佳利益的幌子下可以为所欲为。这一体系被视为缺乏正式性和无视青少年的合法权利，同时又具有浓厚的家长制色彩。

《青少年犯罪法》于1982年颁布，1984年生效。《青少年犯罪法》与加拿大《权利与自由宪章》同时颁布，表明了人们扬弃《违法青少年法》所代表的自由裁量、家长制作风和无视权利的理念的愿望。《青少年犯罪法》对加拿大的少年司法体系进行了重大改革，从而进入了一个关注儿童合法权利的时代。该法规定的最低刑事责任年龄是12岁，一直到17岁都适用独立的少年司法制度或处置少

---

① An Act respecting Arrest, Trial and Imprisonment of Youthful Offenders, S. C. 1894, c. 58.

② The Juvenile Delinquents Act, 1908, S. C. 1908, c. 40.

③ Young Offenders Act, S. C. 1980-81-82-83, c. 110.

④ YCJA, supra note 5.

年犯罪的程序。《青少年犯罪法》创设的不少法律结构和体系一直沿用至今。由于该法关注儿童的法律权利，所以在某些方面出现了重大变化，如聘请律师的权利、无罪推定和量刑指南（包括专门针对少年犯的最高刑期限制）。然而，社会上也出现了另一种奇特的声音，即公众认为加拿大政府对青少年犯罪"心慈手软"，青少年逍遥法外。但实际上在世界上所有西北部的国家中，加拿大的监禁率最高，面对同样的罪行，与成年人相比，青少年通常会受到更加严厉的惩罚。青少年的量刑与犯罪的严重程度并不相称。例如，许多青少年因"违反司法管理的罪行"（administration of justice offences）而被监禁（如违反宵禁，没有按时与观护官见面）。虽然法律正式承认儿童的合法权利，但社会管理的方式一如既往，并且逐渐形成一种严惩的趋势，即为了满足社会需求，必须严惩青少年犯罪。而青少年监禁后回归社会的问题却鲜少得到关注。

在《青少年犯罪法》的影响下，少年司法逐渐发生变化。与此同时，国际社会开展了大量的工作，人们对儿童权利的理解更上一层楼。这些工作旨在解决作为社会弱势群体之儿童在法律和人权方面的独特性。虽然儿童必须依赖成人，但他们亦是具有独立权利和同等尊严的群体。1985年，联合国大会通过了《联合国少年司法最低限度标准规则》（"北京规则"）。1989年，联合国大会通过了《联合国儿童权利公约》，并于次年生效，加拿大于1991年批准。1990年，联合国大会又通过了《联合国预防少年犯罪准则》（"利雅得准则"）和《联合国保护被剥夺自由的少年规则》（"哈瓦那规则"）。上述公约、规则和准则都试图向国际社会传达这样的信息，即青少年是我们社会中的弱势群体，他们在发展和成熟过程中具有独特的需求且依赖于成年人，对他们的法律和人权应给予特别的关注、尊重和保护。

2003年，加拿大颁布了《青少年刑事司法法》，这代表着加拿大少年司法的又一重大变化。它将《联合国儿童权利公约》直接纳入立法，这对法院（尤其是加拿大最高法院）解释该法的方式产生了深刻的影响。实际上《青少年刑事司法法》也纳入了所有"北京规则"的规定，有时几乎是逐字逐句地加以引用。自从《青少年刑事司法法》颁布以来，青少年的监禁率显著下降，包括暴力犯罪在内的青少年犯罪率亦有所下降。然而，尽管致力于遵守最低国际标准，高度关注尊重儿童权利，并聚焦于建设性的结果和复归（下文将进一步讨论），但社会担忧仍旧存在。在加拿大的少年司法体系中，原住民和少数族裔青少年的比例明显过高。相关证据表明，在不同的司法管辖区内，量刑的尺度不一，为青少年提供的各种服务和支持亦大相径庭，尤其是农村和边远社区明显缺少青少年服务。

3. 核心目标与主要特征

加拿大少年司法的核心目标体现在《青少年刑事司法法》的"序言"和第三节"原则宣言——加拿大青少年政策"中。序言特别指出，回应青少年发展的挑战和需求并提供指导是我们的共同责任，采用多学科的方法，通过解决犯罪的根本原因来预防犯罪，回应需求并向有犯罪风险的青少年提供指导和支持是共同的社会责任。与早期的立法相比，《青少年刑事司法法》开宗明义地确认共同的社会责任，并且将注重预防作为少年司法的重要组成部分之一。事实上，该法注重引入社会工作的技巧和方法。从这一视角出发，序言提出应该开展少年司法的公众教育，实施特殊权利保护，尊重社会公共利益，采取措施以取得建设性的结果、实现复归和重新融入社会，并特别呼吁司法机关减少对监禁的依赖，尤其是针对非暴力犯罪。

序言

- 社会成员有责任回应青少年的发展挑战和需求，并指导他们长大成人；
- 社区、家庭、父母和其他与青少年发展有关的人群应通过多学科的方法，采取合理的步骤，通过解决青少年犯罪的根本原因来预防犯罪，回应青少年的需求，并向有犯罪风险的青少年提供指导和支持；
- 社会公众应该能够获得有关少年司法制度、青少年犯罪以及为解决犯罪采取之有效措施的信息；
- 加拿大是《联合国儿童权利公约》的缔约国，承认青少年享有权利和自由，《自由宪章》和《加拿大权利法案》中所宣称的一切权利，应采取特殊的措施确保青少年享有这些权利和自由；
- 加拿大社会应该建立青少年刑事司法制度，尊重青少年，重视被害人的权益，围绕实现有效的成果、复归和重新融入社会来培养责任感并确保责任落实到位，只对最严重的犯罪保留最严厉的干预手段，减少对非暴力犯罪的青少年过度适用监禁刑。

图 1 《青少年刑事司法法》序言①

"原则宣言"部分则进一步详细介绍了加拿大如何处理少年司法问题，并且规定应采取与罪行的严重性和青少年责任程度相称的问责措施以保护公众的安全，重点在于帮助青少年复归和重新融入社会，为预防提供支持，针对犯罪行为的潜在原因采取措施，并且注重社区计划。此处我们可以观察到针对之前立法出现之问题的具体回应。少年司法需要尊重青少年的权利和独特的需求，并且需要建立一个独立的与成人司法制度迥然不同的体系。《青少年刑事司法法》确立了"减少道德谴责和刑罚罪责"的原则，指出少年司法体系重在帮助青少年复归和

---

① YCJA, supra note 5.

重新融入社会，其中的一系列规定着重关注青少年独特的发展需求，并与前述国际文件一致。

3（1）本法适用以下原则：（a）青少年刑事司法体系旨在通过以下方式保护公众	· (i) 应通过与其行为的严重程度和责任大小相适应的措施让青少年承担责任， · (ii) 促进犯罪青少年的复归和重新融入社会， · (iii) 通过社区计划或社区机构对青少年的支持，改善犯罪行为背后的处境以预防犯罪；
（b）青少年的刑事司法制度不同于成人，必须建立在减少道德谴责和刑罚罪责的基础上，并强调以下内容：	· (i) 复归和重新融入社会， · (ii) 承担公平且适当的责任，该责任应与青少年具有较强的依赖性及生理尚未成熟相称， · (iii) 加强程序保护，确保公平对待青少年，保护他们的权利，包括隐私权， · (iv) 及时干预，加强犯罪行为与其后果的联系， · (v) 鉴于青少年处在改变的最佳年龄，负责执行本法的人必须迅速采取行动；
3（1）本法适用以下原则：（a）青少年刑事司法体系旨在通过以下方式保护公众	· (i) 加强对社会价值观的尊重， · (ii) 鼓励青少年修复对被害人和社区造成的伤害， · (iii) 从青少年个体的需求和发展水平出发，实现建设性的结果，并且在适当的情况下，父母、家庭、社区和其他社会机构应参与青少年的复归和重新融入社会； · (iv) 尊重性别、族群、文化和语言差异，满足原住民和少数族裔青少年的需求；
（b）青少年的刑事司法制度不同于成人，必须建立在减少道德谴责和刑罚罪责的基础上，并强调以下内容：	· (i) 青少年拥有自身的权利和自由，如在诉讼过程中应该聆听青少年的声音，并保证其在除了起诉之外一切影响他们的决定过程中拥有参与权，应当保障青少年的权利和自由； · (ii) 应当礼遇、同情和尊重被害人的尊严和隐私，并尽量减少其因卷入青少年刑事司法体系而遭遇的各种不便， · (iii) 应该向被害人提供有关诉讼的信息，并给予其参与和听取意见的机会， · (iv) 应该将涉及子女的措施或法律程序告知父母，并鼓励父母支持青少年改过自新。
	· (2) 本法案之解释条款是为了确保青少年在司法程序中能遵循第（1）条规定的原则。

图 2 　原则宣言①——加拿大针对青少年的政策

① YCJA, supra note 5.

4. 刑事责任年龄

加拿大的少年司法制度适用于 12 岁至 17 岁的人群。若 12 岁以下的儿童罪行严重，则通过儿童保护体系加以处置。上限 18 岁符合国际公认的儿童乃是 18 岁以下人群的定义。虽然在一些省和地区的成人年龄是 19 岁，但在加拿大的多数地区都是 18 岁。由于人类大脑的发育，尤其是一直到 25 岁左右执行功能才能健全，这成为未来少年司法改革的一个方向，即需要专门考虑 18 岁至 25 岁人群在刑事司法系统中的处遇。

5. 少年司法涉及的阶段

警察——青少年与少年司法系统的第一次接触是在警察阶段。在这一阶段，青少年与成人具有相同的法律权利——沉默权、免于没有合理根据的搜查和羁押以及聘请律师的权利。此外，根据《联合国儿童权利公约》和《联合国少年司法最低限度标准规则》，《青少年刑事司法法》还对青少年向警方的供述提供额外的保护。为在刑事诉讼中使用青少年的供述，警方必须确保青少年知晓自己的权利，放弃权利的声明和形式必须与青少年个人的发展能力和需求相匹配。在加拿大的一些社区，特别是少数族裔、原住民社区以及贫困社区，警察执法问题引起了人们的高度关注。

非司法性措施（Extra Judicial Measures，EJM）或指控与拘留——《青少年刑事司法法》有专门规定，要求警方考虑将青少年转介至社区计划，而不是提出刑事指控——非司法性措施（下文将对此进行进一步讨论）。警方具有自由裁量权，虽然在某些地区警察可能会与皇家检察官协商。如果警方认为青少年的犯罪行为足够严重，他们可能会提出刑事指控。一旦提出指控，警察既可以拘留，也可以不拘留涉罪青少年。警方只需提供书面材料，告诉青少年何时必须出庭，而不将青少年带回警局。当然，若被警察指控，青少年也可能被拘留并羁押。如未指控，青少年拘留后被羁押的时间不得超过 24 小时。

为保护处于弱势地位的青少年，如其被拘留，法律还规定了其他权利。青少年有权联系律师，也有权联系他们信任的成年人（家长或社区中的成年人支持者）。如果青少年决定作出供述，他们有权要求其律师及信任的成年人在场。

保释——如果一名青少年被警方拘留，他必须在 24 小时内被带到少年法庭。《青少年刑事司法法》有一套独特的保释或“司法性的暂时释放”（judicial interim release）制度。2012 年，《青少年刑事司法法》对相关规定进行了修订，以确保更多青少年在案件处理过程中可以被释放回社区。根据《联合国少年司法最低限度标准规则》，审前羁押是最后的手段，只有在缺乏其他非限制性手段时才适用。此外，审前羁押不能被当作儿童保护、精神健康或其他社会措施的替代品。在没有足够或合适的社区服务的情况下，这对法院而言可能是一个挑战。但无论如何，若仅仅因为青少年没有地方住或者需要心理或医疗救助就羁押他们，这是与法律的规定相冲突的。

聘请律师的权利——遭到指控的青少年有权聘请律师。幸运的是加拿大拥有一套相当全面的法律援助体系，即便法律援助遭到拒绝，《青少年刑事司法法》的规定也使法庭能够为涉罪青少年指派律师。从伦理和职业责任的角度出发，青少年的辩护律师对律师和青少年之间的所有沟通都严格保密。未经青少年许可，律师不得与青少年的父母、检察官、社会工作者、观护官或其他任何人共享信息。辩护律师与少年司法体系的其他方面保持一定距离，只对青少年负有忠诚的义务。律师必须根据青少年的指示提出所有可能的辩护。

庭审指控——一旦案件提交法庭审理，便可能存在许多解决途径。皇家检察官可以通过将青少年转介至社区项目，将遭受指控的青少年从少年司法体系中分流出去。社区项目的内容非常广泛，包括个人治疗型干预、恢复司法型模式、特定/相关文化项目等。从正式指控转处至非司法性措施通常称为非司法性制裁（Extra Judicial Sanctions，EJS），要求青少年对其犯罪行为负责。下文将对此进行进一步讨论。

如果检察官不愿将青少年转入非司法性措施，那么辩护律师就开始与皇家检察官协商，如果青少年主动认罪，将从轻发落，或者商讨庭审中将解决的议题。辩护律师与皇家检察官有正式的会面和协商程序，有时还包括与少年法庭法官的讨论。

确认有罪与量刑——如果一名青少年认罪或经审判被判有罪，那么他将被判刑。《青少年刑事司法法》针对青少年创设了独特的量刑程序，从"训诫"（青少年不会遭到进一步惩罚，也不再需要卷入少年司法体系）到被判监禁或接受精神卫生机构的特别监督等。

关于青少年判决的类型超出本文讨论的范围，但对青少年可能判处的刑罚如表1所示（详见：http://jfcy.org/en/rights/sentences/）：

表 1　罚则与处罚

罚则	最高处罚或判刑
训诫（Reprimand）	
绝对不起诉（Absolute discharge）	
附条件不起诉（Discharge with conditions）	最多两年
罚款（Fine）	不超过 1000 加元
赔偿令（Compensation Order）	
恢复令（Restitution order）	
社区服务令（Community service order）	12 个月内最多服务 240 小时
观护令（Probation order）	最多两年
参与强化支持和监督项目的要求（Requirement to participate in an Intensive Support and Supervision Program, ISSP）	
参加署长批准的非安置项目令（Order to attend a non-residential program approved by the director）	12 个月内最多 240 小时
羁押和监管令（Custody and supervision order）	最长不得超过 2 年或 3 年，视庭审前所犯的罪行而定
延期羁押和监管令（Deferred custody and supervision order）	最多不超过 6 个月
强化恢复性羁押和监管令（Intensive rehabilitative custody and supervision order）	除了被判一级或二级谋杀外，最多不超过 2 年

　　如上所述，少年司法制度的重点是复归和重新融入社会。这就要求处置必须及时、富有建设性，且针对青少年的个别化需求采取行动，同时探究犯罪行为的根本原因。显然，社会工作服务是量刑的组成部分之一。几乎所有的判决都会以某种方式涉及社会工作服务，而且青少年的需求越复杂，量刑越重，社会工作越必不可少。

　　6. 主要利益相关方

　　加拿大青少年刑事司法系统中存在许多关键的利益相关者。治安法官（Justices of the Peace）和法官是这一制度中的司法官员。加拿大的多数法官不是青少年司法领域的专家，但在某些地方尤其是较大的核心地区，由于人口较多，可能会指派熟悉《青少年刑事司法法》的法官办案。在少年司法事务中，皇家检察官主要负责起诉。他们通常也不是少年司法领域的专家，但在某些地方会有一些专家。他们是政府部门的分支，在少年司法领域中拥有自由裁量权，但通常与青少年没有直接的联系。当然，他们会联系少年司法体系中的许多其他相关方，包括社区和社会工作服务人员。

辩护律师是关键的利益相关者，由于需要替青少年辩护，他们应该具有广泛的专业知识，但并非所有地方都是如此。辩护律师经常与服务青少年的社会工作者直接沟通。观护官也是关键的利益相关者，他们通过评估青少年的需求，帮助其链接相关社区服务，履行社会工作的职能。这项工作一般由政府提供资金，观护官可能是少年司法领域的专家，也可能不是。青少年往往将观护官视为惩罚性制度的一部分，因此观护官必须尽力打破沟通和联系的障碍，以建立有意义的关系。社区青少年服务的提供者往往也是主要的利益相关者，他们可能受政府资助，也可能不是。一些项目和服务可能直接与少年司法有关，有些则可能是少年司法制度之内或之外的项目。在加拿大多数司法管辖区，精神健康服务的提供者紧缺，这一制度的资源比较紧张。这些服务提供者常被要求为涉入少年司法领域的青少年提供服务，毕竟这对于复归和重新融入社会的目标至关重要。然而，将少年司法制度的大量资金投放在儿童精神卫生服务上是有风险的。这一不平衡在不少方面都存在问题，包括没有把重点放在犯罪预防上，而是聚焦于应对犯罪。

7. 数据

在加拿大，少年司法在刑事司法中的占比相对较小。从 1990 年到 2014 年，加拿大青少年犯罪率下降了 38%。[①]

8. 加拿大少年司法程序

图 3 概述了加拿大青少年刑事司法体系的不同阶段。

---

① 《加拿大司法部〈加拿大少年刑事司法统计概要〉》（2016 年），https://www.publi-cations.gc.ca/collections/collection_2018/jus/J4-58-2016-eng.pdf，访问时间：2018 年 9 月。

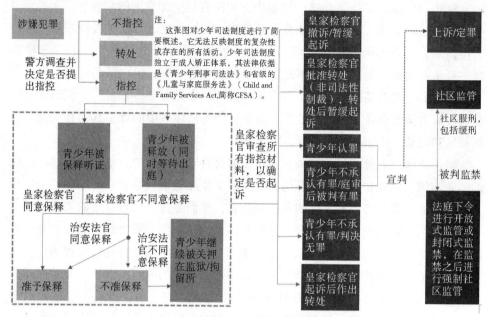

图3　加拿大青少年刑事司法体系

（三）加拿大少年司法社会工作

加拿大的大多数社会工作学院都提供专业学位，为学生在各种环境下从事工作打下基础。这意味着学生的主修课程涉及广泛的议题，如儿童与家庭、创伤、成瘾、灾难、公共政策和统计等。一些学院允许学生专攻儿童福利、原住民社会工作和社会服务等专业方向。虽然有些学院提供社会工作和法律的课程，或者在其他课程中涉及少年司法问题，但目前没有专门的少年司法社会工作课程。少年司法是加拿大社会工作领域需要发展的方向之一。

加拿大未曾对少年司法领域涉及的社会工作者数量进行追踪统计，所以具体人数不详。安大略省的社会工作者在注册时需要从服务列表中选择方向（例如，咨询、法律/矫正/司法、临床实践、管理等）。但是，这并不能准确计算出在少年司法领域内服务于青少年的社会工作者数量，因为不同领域的社会工作者都可能与涉罪青少年打交道。例如，学校社工可能服务于涉入少年司法领域的学生，或者儿童福利社工可能服务于被捕的青少年。

二、社会工作在加拿大少年司法领域的作用

（一）少年司法社会工作的法律基础

考虑到涉入刑事司法领域各个阶段的青少年需要各种各样的专业支持，《青少年刑事司法法》为包括社会工作者在内的各种专业服务搭建了广阔的平台。《青少年刑事司法法》的序言明确解释了该法的指导性原则，即协助青少年并引导他们长大成人是社会共同的责任，需要社区参与以及采取多学科的方法来预防青少年犯罪和回应青少年的需求。[①]《青少年刑事司法法》的"序言"和"原则宣言"都强调建设性的结果、责任的适当性以及少年司法的关键目标是帮助青少年复归和重新融入社会，并且意识到社区机构、服务和项目在预防犯罪、改善诱发青少年犯罪行为的环境方面的整体作用。[②] 事实上，《青少年刑事司法法》规定了少年司法的路径，即不仅要考虑犯罪的严重性，还要考虑犯罪者的情况和需要，目的是防止青少年进入刑事司法领域，即使失足，也帮助他们改过自新，避免再犯。

因此，在青少年与刑事司法体系接触的几乎每个阶段，从起诉前到作出最终处置决定，社会工作都发挥了必要的作用。

非司法性措施（EJM）——为了凸显少年司法的目标乃是建设性（而不是惩罚性）的结果，以及重在复归和重新融入社会，《青少年刑事司法法》规定了"非司法性措施"，即处置涉罪青少年的司法程序之外的措施。[③] 该法第 4 条指出，非司法性措施"通常是解决青少年犯罪最适当和最有效的方法"，提供了"旨在矫正犯罪行为的有效和及时的干预措施"。[④] 因此，该法为警察和检察官处置青少年犯罪提供了大量替代性方案，包括起诉前和起诉后。

在提出指控之前，警察必须考虑采取非司法性措施。[⑤] 警方可以不采取进一步行动，而是对青少年提出警告，或让青少年参加社区康复项目，作为起诉的替代方案。这些项目通常由社区组织管理，包括咨询、教育或恢复性司法等服务。

---

① YCJA. www. ycja. ca, supra note 6.

② YCJA. www. ycja. ca, s. 3(1)(ii) and (iii).

③ YCJA. www. ycja. ca, s. 2(1).

④ YCJA. www. ycja. ca, s. 4(a) and (b).

⑤ YCJA. www. ycja. ca, s. 6(1).

警察将青少年转介到这类项目的可能性受当地社区能力的限制，这对一些较小的社区中心是一个挑战。

如果警方认为不适用非司法性措施且提出正式指控，皇家检察官可酌情在提出指控后进行分流。检察官可以签署皇家训诫令（Crown caution）或考虑其他处置指控的方法，而不是继续提出起诉。在指控后，非司法性措施一般被称为"非司法性制裁"或 EJS，它通常涉及社区组织提供的经授权的结构性项目。[1] 同样，这些项目可能包含咨询、教育或恢复性司法等服务。参加"非司法性制裁"要求青少年对其行为承担责任，但不会招致有罪判决。[2] 检察官也可通过"非正式转处"处置针对青少年的指控，并对此享有自由裁量权，这可能包括达成入学或参与治疗计划等特殊协议，完成后将撤销指控。

许多法院都设有社会工作者和心理健康专业人士组成的专门项目，协助转处并为寻求此类服务的青少年制订照管计划。他们可以根据青少年的需求制订广泛的服务计划，从教育、职业咨询到心理健康等领域。这种处理青少年犯罪的方法富有成效，不仅减少了被指控犯罪的青少年人数，而且从整体上减少了青少年犯罪和再犯现象的发生。[3]

会议——《青少年刑事司法法》提出，社区、家庭和其他成年支持者应积极参与处理青少年遭到的指控。该法特别规定应该召开这几方参加的案件会议，就适宜的转处措施、保释计划、量刑、对量刑的审查以及重返社区计划等提供建议。[4] 这些会议可由法官、检察官、观护官、青少年工作者或警察召开，通常还包括法院的工作人员和社区机构，因为他们了解青少年的成长环境和需求、犯罪性质、对社区和被害人的影响，以及如何在特定情况下最大化地实现《青少年刑事司法法》所提出的建设性结果和帮助青少年复归并重新融入社会的目标。

评估与报告——《青少年刑事司法法》提出，社工和其他专业人士应该发挥作用，参与评估青少年的成长环境和需求，以在刑事诉讼阶段协助法庭制定释放（保释）计划或作出最后处理决定。

根据《青少年刑事司法法》第34条，在所有诉讼过程中，法庭可以要求青

---

[1] YCJA. www. ycja. ca, s. 10.

[2] YCJA. www. ycja. ca, s. 10.

[3] B. Jones, E. Rhodes, M. Birdsell. Prosecuting and Defending Youth Criminal Justice Cases: A Practitioner's Handbook, (Toronto: Emond Professional, 2016) pp. 131-132.

[4] YCJA. www. ycja. ca, s. 19, 41.

少年接受"合格人员"的评估，该人士须向法庭汇报评估的结果。① 这些报告是对影响青少年的心理健康、社会功能、决策、学习和犯罪等因素的客观评估，旨在使法庭了解青少年的经历、环境、特点与需求。这些评估通常由心理健康专业人士（通常是在临床社工的协助下）在诊所或医院完成。进行评估须经青少年和检察官同意，由青少年或检察官提出申请，或由法院自行决定。在确定青少年是否因精神障碍而无法接受审判或承担刑事责任时，法院必须依据具有相关资质的医生所提供的医学/心理报告。报告的质量和有效性各不相同。在资源充足的情况下，这些报告可以使我们洞悉青少年的家庭结构、教育经历、创伤经历、精神疾病和心理健康、身体健康及心理—教育需求，并就社区中适宜的支持提出建议。这些支持通常是由社会工作者和其他专业人士一同提供的。

《青少年刑事司法法》还规定了审前报告（Pre-Sentence Reports，PSRs）制度，以协助法庭作出适当的判决。② 法庭在判处青少年监禁之前，必须依据这些报告的相关内容。法庭在审理其他案件时，如果必要的话也可以下令提交报告。③ 为了确保中立性，这些报告是为少年法庭准备的，不代表皇家检察官或辩护律师的立场。《青少年刑事司法法》第40条第2款规定了审前报告内容的最低要求。报告根据少年法庭的工作人员或观护官与青少年、父母、其他家庭成员以及服务于青少年的其他联系人的访谈整理而成，一般包括青少年的性格、发育程度、行为、态度和悔过意愿等，同时还涉及青少年改变或改善自我的计划，以往的少年法庭记录或非司法性制裁的经历，社区服务和设施的可获得性和青少年参与这些活动的意愿，青少年与父母和其他家庭成员的关系及其对青少年的影响和控制程度，以及青少年的就学和工作经历。④ 审前报告还包括与被害人（如有）访谈的结果和适当的量刑建议。⑤ 在报告中提出适当的量刑建议时，必须考虑《青少年刑事司法法》第39条中对监禁的限制，并探索基于社区的替代监禁的办法。审前报告需要清楚地注明信息来源。这份报告将被直接提交给少年法庭，法庭再向青少年、父母/法定监护人、皇家检察官和辩护律师提供该报告的副本。

青少年工作者及其他专业人士也可以在不同阶段向法庭提供最新的情况。这

① YCJA. www.ycja.ca,s.34.

② YCJA. www.ycja.ca,s.40.

③ YCJA. www.ycja.ca,s.40(1).

④ YCJA. www.ycja.ca,s.40(2).

⑤ YCJA. www.ycja.ca,s.40.

些进展报告通常以非正式的方式提交，使法庭能够及时了解青少年参与转处项目的进展，或者在量刑后对量刑进行审查。① 《青少年刑事司法法》规定，若青少年被判处监禁，则每年都应向法庭提供此类报告，作为对判决进行强制性审查的一部分。对非监禁判决的审查也可能需要提供此报告。报告提供了青少年当前的信息——参与服务的情况、进展、计划和未来目标等，以协助法庭确定判决是否仍与青少年的需求相契合，并与复归和重新融入社会的目标相一致。

与加拿大其他法庭类似，少年法庭也必须考虑原住民罪犯的特殊情况，② 包括殖民主义的经历与原住民迁徙造成的影响，寄宿学校对青少年家庭和社区的影响，青少年的受害经历和他（她）所在社区的受害风险，以及生理和心理健康（包括滥用药物、贫困经历、歧视和偏见经历）等问题。

因此，法庭在审判原住民涉罪青少年时，通常需要一份《格莱都报告》③[Gladue reports，即加拿大最高法院在审理格莱都一案（R v. Gladue）后作出的重大决定]，由具有为原住民个人和社区服务之特殊经验和专业知识的原住民法院工作人员编写。

判决后——《青少年刑事司法法》也规定了社会工作者在判决后的角色。例如，法庭在作出缓刑或附条件不起诉的判决后，附带的条件通常包括与社会工作者和其他专业人士保持联系以利于复归。④ 该法案明确规定，如果一名青少年被判监禁，那么就必须指派一名青少年社工为其制订重返社会的计划，包括教育与就业、咨询及住房计划等内容，并且在其获释之后持续进行监督。⑤

隐私权——虽然《青少年刑事司法法》鼓励众多司法体系中的实践者——法官、治安法官、皇家检察官、辩护律师、社会工作者、心理健康专家、缓刑官、父母和青少年携手处置案件，但该法根据《联合国儿童权利公约》和《联合国少年司法最低限度标准规则》的相关规定，严格限制青少年的信息披露。⑥《联合国儿童权利公约》要求在所有诉讼阶段都必须充分尊重未成年人的隐私。

---

① YCJA. www. ycja. ca, s. 59, 94.

② YCJA. www. ycja. ca, s. 38（2）. See also Criminal Code of Canada, RSC 1985, c. C-46, s. 718. 2（e）.

③ R v Gladue, [1999] 1 SCR 688.

④ YCJA. www. ycja. ca, s. 42.

⑤ YCJA. www. ycja. ca, s. 90.

⑥ UN General Assembly, Convention on the Rights of the Child, 20 November 1989, United Nations, Treaty Series, vol. 1577, Art. 40.

《青少年刑事司法法》的"原则宣言"也同样重视隐私权。①《联合国少年司法最低限度标准规则》进一步明确，"应在各个阶段尊重少年犯享有隐私的权利，以避免由于不适当的宣传或加以点名而对其造成伤害"。② 隐私权，尤其是避免给犯罪青少年贴标签或污名化，被认为与他们的复归和重新融入社会以及认可他们的尊严和自主权有着重要关联。

对于获取、披露和公布根据该法处理的青少年的相关信息，《青少年刑事司法法》制定了全面详细的准则。《青少年刑事司法法》通过三种方式加强对隐私的保护：限制可以浏览信息和记录的人员，禁止披露可能识别青少年的信息，以及禁止发布个人身份信息。③ 这些隐私保护的规定超越了社会工作者在保密方面的道德和职业义务。

《青少年刑事司法法》禁止公布涉罪青少年的姓名，或与青少年有关的其他任何信息。一旦信息泄露，人们将轻而易举地对号入座。"公布"具有宽泛的含义，但在这里指的是禁止向社区或未经授权的任何接收方披露任何身份信息。换言之，除非获得《青少年刑事司法法》的授权，否则不能在少年司法体系之外共享有关青少年的信息。该法规定，在特定情况下，不同利益相关方之间，包括社会工作者在内可以共享信息。例如，为了管理非司法性措施项目或根据该法第 34 条向法庭提交评估报告，可以共享有关犯罪情况的信息。④《青少年刑事司法法》授权向包括学校在内的"任何从事监督或照管青少年的专业人士或其他人员"披露信息，但仅限于以下目的：确保遵守法庭法令，确保员工、学生或其他人员的安全，或有助于复归。⑤ 当然，为了实现前述目的，也只能披露必要的信息，并且必须与关于青少年的其他信息分开保存，并在不需要时予以销毁。任何人在接收到青少年涉入司法的相关信息时，不得进一步披露该信息。

向儿童被害人提供支持——向遭受犯罪侵害的儿童和青少年提供帮助是司法制度的重要组成部分。在许多辖区，当与被害人第一次接触时（通常是警方接到

---

① YCJA. www. ycja. ca, s. 3 (b) (iii).

② UN General Assembly, United Nations Standard Minimum Rules for the Administration of Juvenile Justice ("The Beijing Rules"), 29 November 1985, Rule 8.

③ YCJA. www. ycja. ca, Part 6.

④ YCJA. www. ycja. ca, ss. 119 (1) (j), 125 (5).

⑤ YCJA. www. ycja. ca, s. 125 (6).

报案)，警察会将青少年转介到社区服务，包括咨询和出庭援助，目的是帮助青少年了解法庭的程序，并与代表他的利益相关方（如皇家检察官和警察）保持联系。在一些辖区，暴力犯罪的被害人还可以向政府寻求经济补偿，包括为咨询服务提供的资助以及因受害而获得的经济补偿。

（二）社会工作在少年司法中的作用：法律与实践

这里，我们将重点关注加拿大安大略省，翔实和细致地描述实践中的少年司法制度。安大略省的青少年司法服务包括为涉罪或高风险青少年开展的一系列循证的社区和羁押项目。项目和服务直接由政府雇员或由社区机构和个人（大部分由政府资助）提供。青少年司法服务部（Youth Justice Services Division，YJSD）包括四个分支机构：观护服务、驻社区服务、开放式监管（open custody/detention）和封闭式监禁（secure custody/detention）（见图4）。① 青少年司法具体服务的提供者包括：观护官、儿童和青少年工作者、社会工作者、护士、心理学家和精神病医生。

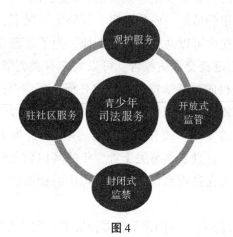

图4

① 开放式监管机构通常位于社区里，在那里居住的青少年会受到监管。除非其获准离开，否则必须全天与场所的工作人员待在一起。封闭式监禁机构对青少年的限制更多，那里远离社区，有围墙和其他封闭设施。关于开放式监管和封闭式监禁的介绍可参见安大略省儿童、社区与社会服务部的网站：https://www. children. gov. on. ca/htdocs/English/youthandthelaw/sentence/custody-sentence. aspx——译者注。

　　除了上述青少年司法制度资助的资源外，由社会工作者提供支持的其他大型的政府和非政府组织制度及资源，例如儿童福利/保护、精神健康、身体健康、教育、住房和就业服务，也会为那些涉入司法系统亟须获得支持的青少年伸出援手。本文的重点在于研究社会工作在司法制度中的作用与资源。

　　虽然《青少年刑事司法法》规定了专业人士在司法程序中的作用，但该法中并没有"社会工作"或"社会工作者"这两个词。许多角色都可以由社会工作者承担，但也可以由受过其他专业训练的人员担任。例如，观护官可能接受过社会工作、犯罪学、心理学或社会学专业的训练。此外，转处或观护令所要求的咨询或项目规划可以由社会工作者或其他专业人士（例如，儿童和青少年工作者、心理医生、心理学家、精神病医生）提供。因此，少年司法制度中的一系列角色和职能都可以由社会工作者或其他专业人士承担。由于各个学科都对青少年司法领域贡献良多，且不同专业人员的规则和实践范围各不相同，以及不同专业的经济成本有差异（如社工的治疗费用低于心理学家的），所以加拿大在该领域形成了多学科的路径。这一路径是加拿大青少年司法制度的宝贵力量。

　　预防——社会工作者可以为那些在进入少年司法制度之前的风险青少年提供服务。例如，加拿大的非营利组织为青少年及其家庭提供课后项目、反校园欺凌、驻校的娱乐与咨询等服务。安大略省比较常见的是一个名为"立即停止并进行规划"（Stop Now and Plan，SNAP）的项目，该项目基于循证的认知行为模型，旨在教授儿童（6~12岁）及其父母有效地进行情绪调节、自我控制和解决问题的技能。[①] 所有这些预防服务主要由非营利组织提供，这些组织从政府那里获得资金。家长或青少年可以主动获得社区机构的服务，或经其他专业人士（如教师、家庭医生等）转处给社区机构。在安大略省，为青少年及其家庭服务的机构必须遵守2017年《儿童、青少年和家庭服务法》（Child, Youth and Family Services Act, CYFSA），该法于2018年4月30日生效，是加拿大最新的儿童福利立法。

　　非司法性措施——警方可以采取非司法性措施，而不对青少年的罪行提出指控。前文已经对非司法性措施进行了描述。观护官（政府雇员）或社区机构（非营利组织的雇员）可以协同实施非司法性措施，包括参加社区项目（如参与

---

　　① 《儿童发展研究所："立即停止并进行规划"项目》，https://www.childdevelop.ca访问时间：2018年9月。

反小偷小摸、就业、社会技能培训工作坊)、参与咨询项目及反滥用药物项目等。社会工作者参与项目运行和提供咨询服务。大多数在青少年非司法性措施领域工作的社会工作者都在为接受政府资助的非营利组织工作。

警察拘留/指控——一些青少年在拘留后被关押在拘留中心。一些拘留中心会雇用社会工作者，或者允许社区机构的社会工作者与拘留中心的青少年见面。这些社会工作者向青少年提供咨询，并协助其对重新融入社会进行规划。一旦青少年离开拘留所返回社区，社会工作者就可以为他们提供住房、入学或就业的机会。一些拘留中心由省政府直接管理，另外的则由政府资助的非营利组织运营。因此，这一阶段为青少年提供服务的社会工作者受雇于政府或非政府组织。

法庭——各省少年法庭提供的服务各不相同。在安大略省，每个少年法院都有一名"青少年精神健康法庭工作人员"（Youth Mental Health Court Worker, YMHCW），在庭审过程中协助青少年，并帮助青少年链接资源，以进一步接受社区服务，满足他们的精神健康或其他服务需求。安大略省的一些少年法庭还有原住民法院工作者（Aboriginal Court Workers, ACW），他们为原住民青少年提供服务。这两项服务都是自愿的，服务提供者可能是受雇于社区机构的社会工作者或其他精神健康专业人士。

安大略省的一些法院还有恢复性司法项目，项目协调人可能是社会工作者。社会工作者组织恢复性司法会议（根据《青少年刑事司法法》第19条），让青少年承担责任，并帮助他们修复与被害人和社区受损的关系。恢复性司法项目旨在明确导致冲突的根本原因、青少年的责任范围以及协助青少年修复受损的关系，从而走向更加积极的未来。这方面的详细内容请参阅加拿大和平建设者的相关项目。①

一些少年法庭也有保释监督项目。这些项目向没有保证人（即向法院承诺对保释期间的青少年进行监管的人）的青少年提供帮助。青少年必须同意接受保释监督项目，并且遵守保释项目的条件和规定。保释项目的协调人可能是社会工作者，他们经常充当个案管理者的角色，以满足青少年的需求。例如，青少年没有住房，保释项目可以帮助他们在青年庇护所找到床位。

医疗/心理评估——社会工作者可能参与对涉入少年司法系统的青少年的评

---

① 《加拿大和平建设者：恢复性司法项目》，https://www.peacebuilders.ca，访问时间：2019年3月30日。

估，其中一项评估即是《青少年刑事司法法》第 34 条规定的医疗或心理评估。这些评估主要由精神病学家或心理学家完成，社会工作者可能会协助搜集信息并撰写报告中的一部分。过往曾参与青少年服务的社会工作者可能会作为评估的一部分接受咨询，以便提供有关青少年需求的背景信息或反馈。报告将提交法庭，法庭再向青少年、出席诉讼的父母、青少年的律师和检察官提供副本。政府支付评估费用，尽管评估人员通常不是政府雇员。《青少年刑事司法法》第 34 条严格控制报告的查阅权限，虽然知晓这些信息对资源和治疗计划非常有用。

不负刑事责任——如果一名青少年因精神错乱而被判不负刑事责任，那他可能需要前往治疗中心接受治疗。在这些中心工作的心理健康专家既有精神病医生、心理学家，也有社会工作者。在治疗中心，社会工作者提供心理健康治疗和个案管理服务。社会工作者通常受雇于医院或精神健康机构，不属于政府雇员。

观护服务——安大略省的观护服务采取单一的个案管理模式，这意味着青少年和家庭一旦正式参与观护服务（如青少年要接受非司法性制裁或被定罪并判刑），观护官就要监督实施为其制定的个案管理总体计划。观护官履行《青少年刑事司法法》中"青少年工作者"的职责，《青少年刑事司法法》规定其角色是个案管理者（见表 2）。观护官是政府工作人员，帮助涉罪青少年复归和重新融入社会，并努力减少青少年再犯的风险。观护官可以通过提出影响司法决定的建议（审前报告、进展报告），监督青少年，直接提供恢复性干预措施，将青少年转介至恢复/治疗为本的服务，以及对不遵守法庭令的青少年采取措施以保障责任承担和公共安全等方式实现自己的目标。表 3 展示了指导观护官日常实践的单一个案管理原则。①

---

① Youth Justice Services Division，Ministry of Children and Youth Services，Probation Services Framework，May 2012.

表2 观护服务

个案管理者	在少年司法服务中，观护官是依据《青少年刑事司法法》作出判决的个案管理者。个案管理者负责提供和协调《青少年刑事司法法》规定的所有相关服务，同时确保所有提供的服务
个案工作	观护官从事的个案工作，是针对青少年个体或群体的直接评估与咨询服务。观护官的实务原则、访谈技巧和干预策略借鉴了社会工作、犯罪学、社会学、心理学、教育学以及关于青少年的风险/需求与有效干预措施的研究成果
个案管理/重返社会的计划	这是观护官为每一位受到非安置令或羁押监管令的青少年提供的整体服务计划。这是一个覆盖整个刑罚的计划，根据青少年犯罪风险的指标量身定做

表3 单一个案管理模型

单一个案管理模型	通过改善青少年犯罪的环境，促进对社区的保护
	在评估的基础上制定干预措施，且侧重于青少年的复归和重新融入社会的需求
	干预措施的选择，与评估有逻辑和效果联系，充分考虑犯罪和责任因素，只针对被评估为具有最高再犯风险之青少年采取最严厉的干预措施
	根据《青少年刑事司法》的保密规定，收集、维护和披露青少年的信息
	在个案管理和决策过程中，观护官可以行使专业的自由量裁权

监禁刑——如果一名青少年被判有罪，他可能被判处一段时间的监禁（封闭或开放式）。观护官被指派负责案件管理，并与青少年、家庭、教师和监所里的青少年工作者一起执行案件的管理计划。许多监所会雇用心理健康专业人士（包括社工）提供咨询服务，或者从外面的机构聘请专业人士服务于监所中的青少年。加拿大的一些青少年监所由政府直接运营，而另一些则由政府付费交给非营利组织管理。

其他刑罚——如果一名青少年被判有罪，他通常会被判一段时间的缓刑（一般不超过两年）。青少年必须定期到观护官处报到，以确保他们遵守缓刑条件。

青少年缓刑令包括青少年必须完成技能项目（如完成愤怒管理项目、就业项目）或参加咨询。心理健康专业人员，包括社会工作者提供这些服务。这些社会工作者主要受雇于接受政府资助的非营利组织。《青少年刑事司法法》还规定了其他刑罚，包括强化恢复性羁押和监管令、强化支持与监督计划（Intensive Support and Supervision Program，ISSP）。作为监禁的替代方案，这两个项目为罪行严重的青少年提供了更为集中的监督和获得心理健康治疗的机会。

隐私考虑——《青少年刑事司法法》要求严格控制关于青少年的信息共享，这与《联合国儿童权利公约》和《联合国少年司法最低限度标准规则》一致。在实践中，这意味着诸如社会工作者等为青少年提供康复服务的人，即便获得青少年的许可，也不允许与青少年的老师分享有关犯罪的信息、根据《青少年刑事司法法》要求提交的报告内容或者指控的处置情况。披露未经《青少年刑事司法法》授权的信息需要法庭下令。未经授权披露这些信息属于刑事犯罪。[①]

《青少年刑事司法法》规定，根据指控的处置情况，青少年的犯罪记录在一段时间后便被封存。例如，青少年参与非司法性制裁后被撤销指控，该记录将在青少年同意参加项目之日起的两年后被封存。[②] 一旦这些记录被封存，除非法庭下令，否则无法查阅。[③] 此外，《青少年刑事司法法》还规定，一旦判决执行完毕，青少年将被视为没有犯罪记录者。[④] 这些规定专门针对青少年且非常详细，旨在确保青少年走出犯罪的阴影并重新融入社会。

法律后果——若社会工作者未能承担法律规定的角色和职能，将承担一定的法律后果。不同情况下的法律后果不尽相同，这体现在安大略省的多项法案中。除《青少年刑事司法法》外，《儿童、青少年和家庭服务法》也是关乎社会工作实践的重要立法。例如，一名社会工作者在服务过程中发现有虐待儿童的现象而未能上报，那么他可能会被判有罪并被罚款。如果社会工作者被指控在履职时伤害儿童，那么他可能会遭到指控并承担法律责任。此外，安大略省社会工作者和社会服务工作者学院（Ontario College of Social Workers and Social Service Workers，安大略省社会工作的准入机构）也可以根据1998年颁布的《社会工作和社会服务法》（Social Work and Social Services Act）对社会工作者进行纪律处分。该学院

---

① YCJA. www. ycja. ca, s. 138(1).

② YCJA. www. ycja. ca, s. 119(2).

③ YCJA. www. ycja. ca, s. 123.

④ YCJA. www. ycja. ca, s. 82.

的纪律委员会召开听证会，对有关专业不当行为和不称职的指控作出裁定。作为处分措施，纪律委员会可以暂停或吊销社会工作者的资格证书（这样他们就不能再当社工了），并处以罚款。

（三）社会工作者与其他利益相关方的合作

合作与协作是贯彻实施《青少年刑事司法法》和发挥少年司法制度之作用的关键要素。不管是法律领域还是非法律领域，没有各方的紧密配合，少年司法制度就无法贯彻《青少年刑事司法法》或满足青少年、家庭、社区与社会的需求。鉴于加拿大少年司法制度既涉及宏观的司法体系结构（包括司法部，儿童、社区和社会服务部，社区安全与矫正服务部），儿童、社区和社会服务部的四个分支机构（观护、封闭式监禁、开放式监管、社区服务），又涉及多学科的专业支持以及与其他部门的合作（教育部、卫生部、社会部、住房部），可能会产生重大的挑战与分歧，对涉入少年司法体系的青少年及其家庭产生不良影响。社会工作者和其他利益相关方应作出倡导、创新和决策，以确保上述分化不会妨碍优质的服务。我们认为，少年司法制度无法独立解决青少年犯罪预防的所有问题，也不应抱有这种期待。司法制度的政策和方案必须与其他社会政策和方案挂钩，以确保全方位地解决青少年犯罪和预防问题。

至于社会工作者与其他利益相关方配合协作的法律要求，多部法律对此都有各自的规定。以安大略省为例，《个人健康信息和保护法》（Personal Health Information and Protection Act，PHIPA）确立了一套关于个人健康信息的规则，赋予青少年与收集、使用、获取和披露其信息有关的权利。《青少年刑事司法法》第2.1、2.2条对隐私也有具体的规定。这两部法律中的信息共享保护和限制，可能对案件的规划及服务和治疗的实施构成重大挑战。

（四）少年司法社会工作的专业资格与评估

1. 资格

少年司法制度中专业人员的角色和职能，既可以由社会工作者，也可以由其他专业人士承担。观护官的资格，将与在司法制度的不同节点中服务于青少年及其家庭的专业人士一起讨论。

观护官——观护官必须持有省授权授予学位之机构颁发的学位，其学科包括：社会工作、心理学、社会学和犯罪学……同时必须在社会服务机构或惩教机构中有超过5年的从业经历，承担过针对人类行为的正式评估，以及旨在支持人类行为改变的结构性干预工作。[①] 一旦被聘用，新任观护官必须完整地参与基于实证研究和有效干预与策划原则的综合基础培训项目。他们将持续接受课程培训，以帮助其以专业和有效的方式履行职责。《安大略省少年司法服务手册》对社区、拘留所和监狱中为青少年提供的服务有详细的规定，包括立法、操作标准、政策和程序等内容。这些标准为司法部评估工作表现和合规性提供了框架和基础。个案管理的核心技能包括：与青少年的联系与接触，评估和观察，优势视角的使用，沟通，干预技术和策略，专业性，尊重文化和多样性，以及协作。

其他服务提供者（社区机构、封闭式机构、开放式机构）——其他服务提供者的履职资格由其雇主确定，同时取决于项目和服务的具体需要。但是，所有接受青少年司法服务部资助的服务，如社区项目、开放式监管机构和封闭式监禁机构，都必须遵守《少年司法服务手册》，即前述供观护官使用的手册。除了这本手册之外，编者难以再提供进一步的信息，因为服务提供者都会遵循机构各自的结构、标准、政策和程序。

在安大略省，一般而言，如本章前文所提及，社会工作者、社会服务工作者、心理医生、护士、心理学家和精神病学家都需要在相应的监管学院注册。此外，2017 年 12 月，安大略省发布的《心理治疗法》（Psychotherapy Act）开始生效，该法创建了安大略省注册心理治疗师学院（College of Registered Psychotherapists of Ontario，CRPO）。根据该法，只有在相应的监管学院（包括安大略省社会工作者和社会服务工作者学院）注册的人员，才可以开展心理治疗。根据安大略省注册心理治疗师学院的规定，"心理治疗的实践范畴包括建立在语言或非语言交流基础上的治疗关系，通过心理治疗手段对认知、情感或行为障碍的评估和治疗。"[②] 这一新的法律对少年司法制度提出了新的要求，以确保所有提供心理治疗服务的人员都得到必要的培训、监管和授权。

2. 评估

青少年司法服务部、学术机构和社区组织都会开展评估和研究活动。青少年司法服务部为安大略省提供了青少年服务效果的框架和数据策略。数据策略的目标是展示服务的效果和措施，提高报告的质量，以呈现青少年司法服务部的项目

---

① Careers in Corrections，Ontario Government，https：//www. mcscs. jus. gov. on. ca/english/corr _serv/careers_in_corr/careers_pp_officer/careers_pp_officer. html，访问时间：2019 年 4 月。

② College of Registered Psychotherapists of Ontario（CPRO），What is Psychotherapy？，https：// www. cpro. ca，访问时间：2018 年 10 月。

和服务对青少年及其家庭产生的影响。青少年服务效果的框架如表4所示，其适用于青少年司法服务部资助的所有服务和项目。

表4　青少年服务效果的框架

功能的改善与积极社会行为的增加	技能与能力的提高	在支持下青少年参与度的提高	再犯的减少
对行为后果认识的提高	解决问题能力的提高	积极的转变（如心理健康支持）	再犯率的降低
社会功能的改善与积极社会行为的增加	技能与训练的增加	在社区和家庭支持下青少年参与度的提高	实施罪错行为频率的降低
风险行为的降低	生活技能的提高	在结构化支持下青少年参与度的提高	罪错行为严重程度的降低

数据策略采取了多角度的路径：

（1）从青少年司法服务部的四个分支机构收集关于服务对象（包括青少年和家长）体验的反馈。案主的体验调查交由少年司法服务部审查和分析。

（2）收集有关风险程度和犯罪需求的数据。观护官完成标准化的《风险需求评估报告》，该评估基于为处在缓刑或监禁阶段的青少年所开发的《青少年服务与个案管理水平表》。[①]

（3）通过已在三个青少年司法服务部的分支机构采用的《效果数据收集表》（Outcome Data Collection Form，OCDF）收集关于效果的数据（封闭式监禁机构尚未采用）。这一量表借鉴了《儿童与青少年需求和优势量表》[②]（Child and Adolescent Needs and Strengths，CANS），总共14个问题，青少年在进入或离开某一项目与服务时都必须填写（见表5）。通过该量表获取的数据（隐去个人信息）要输入少年司法服务部的在线数据管理系统。

① Hoge，R. D.，Andrews，D. A.，Youth Level of Service/Case Management Inventory 2.0 (YLS/CMI 2.0)；User's Manual (Toronto，Ontario，Canada：Multi-Health Systems，2011).

② The John Pread Foundation，CANS，https://www. praedfoundation. org/tools/the-child-and-adolescent-needs-and-strengths-cans/canada/，访问时间：2018年10月。

表 5　效果数据收集表（OCDF）

OCDF	改善功能和增加积极的社会行为
	对行为后果的认识
	社会功能
	滥用药物
	对事物的攻击
	同伴影响
	提升技能
	决策技巧
	学业成就
	工作技巧
	生活技巧
	在支持下提升青少年参与度
	适应变化
	家庭
	社区/文化参与
	学校出勤率
	职业/就业

（4）从 2018 年 3 月起，在封闭式监禁和开放式监管及非司法性制裁（EJS）项目中开始收集基于身份的数据（Identity-based data，IDbD）。在不久的将来，收集基于身份的数据将贯穿少年司法服务的全过程。IDbD 使我们有机会发现服务存在的差距，主动解决公平问题，并衡量在实现公平地获得服务和改善青少年效果方面取得的进展。

（5）青少年司法服务部目前正在致力于从多伦多的封闭式监禁和开放式监管机构中收集青少年的心理健康筛查信息（隐去个人信息）——这一举措基于颇受推崇的 MAYSI-2（马萨诸塞州青年筛查工具第 2 版，Massachusetts Youth

Screening Instrument Version 2)，[①] 以及教育和就业信息。

目前，关于每个项目/服务可供查阅的成果数据仍然有限，青少年司法服务部也尚未提供关于少年司法制度不同分支机构之成果的官方报告。数据成果和评估只是安大略省少年司法改革迈出的第一步，未来需要更多的改善和发展。

除了青少年司法服务部，多伦多大学应用心理学和人类发展系以及犯罪学与社会学研究中心，瑞尔森大学儿童与青年学院也开展了一些学术研究项目，这对加拿大及其他国家和地区的少年司法制度中的专业实践都有指导意义。另外，社区机构也会独立开展改善服务质量和评估的活动。

三、加拿大少年司法社会工作的经验、主要挑战和改革方向

(一) 经验和成效

在《青少年刑事司法法》颁布之前，加拿大的青少年司法缺乏一套明确且具有指引性的价值观和原则，警察、律师和法官拥有较大的自由裁量权。20世纪90年代末，加拿大是西方国家中青少年庭审率和监禁率最高的国家之一。值得庆幸的是，自从《青少年刑事司法法》实施以来，这一点已经发生了重大的变化，这也说明了作为一种工具，立法对于改变宏观系统的重要性。对警察、法院工作人员、服务提供者和社区工作人员进行培训，也是观念和实践成功转变的重要组成部分。这一转变减少了青少年的庭审率和监禁率，更多案件从法庭分流转处出去，社区刑罚的适用与日俱增，而犯罪率并没有增加。

具体到社会工作实践，遍布整个安大略省的"青少年精神健康法庭工作人员"项目致力于青少年的康复，帮助青少年改善诱发其违法行为的环境，并从个体的需求和发展水平出发采取有效的措施。除了"青少年精神健康法庭工作人员"项目外，安大略省的一些少年法庭还设立了专门的精神健康法庭和原住民法庭。法庭秉持治疗性司法原则，通常采用解决问题而不是对抗的方法。这些法庭要求所有利益相关方，包括青少年精神健康法庭工作人员/原住民法庭工作人员、皇家检察官、值班律师/辩护律师、青少年、父母（如果涉及的话）以及少年法庭的法官相互协作。参见戴维斯（Davis）等对安大略省多伦多社区少年法庭所

---

① National Youth Screening & Assessment Partners，MAYSI-2，https：//www. nysap. us/MAY-SI2. html，访问时间：2018年10月。

做的过程评估。①

（二）主要挑战

虽然加拿大的《青少年刑事司法法》和少年司法制度获得不少成功，但这也只是万里长征中的第一步。对轻微和首次犯罪的青少年采用非司法性措施（EJM）进行处置便是需要进一步发展的领域。2014 年，94100 名青少年被控有罪，其中55%在起诉前便采用非司法性措施（EJM）进行处置，45%被警方正式起诉。② 被正式起诉、出庭而随后遭到警告或分流转处的青少年人数依然居高不下，仍有减少的余地。减少庭审，可以确保青少年不会因出庭和被视为少年犯（无论真假）而感到羞耻或遭到污名化。

在加拿大，原住民和少数族裔青少年在少年司法中比例过高的问题依然严重。尽管遭到刑事指控的青少年人数持续减少，总体监禁率仍然很低，但原住民和少数族裔青少年的数量在少年犯和成年犯中一直居高不下。2013—2014 年，在进入青少年矫正机构服刑的人中，原住民青少年占41%，而在青少年人口中，他们的人口总数约占 7%。2017 年，加拿大惩教调查办公室和儿童倡导办公室完成了一项联合调查。调查发现，关押在联邦惩教机构的青年（18~24 岁）人口中，一些族群的比例过高。在被监禁的人口中，原住民成年犯占38%，黑人成年犯占 12%。③

加拿大不少地区缺乏满足青少年和家庭需求的社区和设施资源。北部偏远地区在这方面受到了显著影响。在提供服务的地区，系统内的协调困难重重，因为青少年在系统中的流动速度很快，可能需要根据其行为和法律地位转向不同的机构。在押青少年缺乏康复和教育服务，朋辈虐待、帮派招募、强制措施和单独监禁等现象仍令人担忧。关于干预措施的研究和评估亦不充分，这是少年司法制度面临的又一挑战。即便在资源丰富的城市地区，也几乎没有数据可以证明服务是

① K. Davis,M. Peterson-Badali,B. Weagant,T. A. Skilling. "A Process Evaluation of Toronto's First Youth Mental Health Court",57:2 Canadian Journal of Criminology and Criminal Justice (2015) pp. 159-188.

② Statistics Canada,Crime and Justice Statistics,Police reported crime statistics,https://www.statcan. gc. ca/eng/subjects-start/crime_and_justice,访问时间:2018 年 10 月。

③ The Correctional Investigator and Provincial Advocate for Child & Youth,Missed Opportunities:The Experience of Young Adults Incarcerated in Federal Penitentiaries,August 2017,https://www. provincialadvocate. on. ca,访问时间:2018 年 10 月。

循证且富有成效的。

（三）改革方向

2008 年，由于多伦多市及安大略省的青少年暴力现象日渐增多，安大略省政府要求对青少年暴力根源展开独立调查。《青少年暴力根源报告》是安大略省开展遏制青少年暴力行动的蓝图和基础。报告的导言指出："安大略省正处在十字路口。虽然对大多数人而言，这是一个安全的地方，但我们通过调查发现，安大略省青少年的严重暴力犯罪正在蔓延，并对许多社区产生不良影响。这一趋势表明，除非以相互配合、协作和支持的方式查明并杜绝暴力的根源，否则暴力现象将愈演愈烈。许多人将被杀害，社区则变得越来越孤立和弱势，形成不断加速堕落的恶性循环，安大略省的社会结构亦将受到严重的破坏。"[①]

作者接着在考察的基础上明确地指出了直接的风险因素，这些因素将使社会陷入绝望的境地，并使青少年走上严重暴力的不归路。

表6

	有很强烈的异化感和自卑感
	对他人缺乏同情心，容易冲动
直接的 风险因素	相信他们遭到压迫、压制和不公平对待，对社会既没有归属感，也与宏观社会没有利害关系
	相信他们没有办法通过其他渠道被倾听
	丧失一切希望

我们还需记住作者的观点："……大多数对社会有归属感和联结感的青少年，觉得自己的存在有价值并且具有安全感，他们对未来充满了乐观心态，不可能经历这些情况，也不会产生严重的暴力行为。"[②] 过去 10 年，各方通力协作，多管齐下地遏制暴力的根源，但仍有许多尚待改进之处。以下将介绍目前正在试图杜绝暴力根源的两项举措。

---

① R. McMurtry, A. Curling. The Review of the Roots of Violence, (Toronto, Canada: Queens Printer for Ontario, 2008), https://www. children. gov. on. ca/htdocs/English/professionals/oyap/roots/index. aspx, 访问时间：2019 年 4 月。

② R. McMurtry, A. Curling. Supra Note 56, p. 19.

跨界青少年——这一术语指的是同时涉入儿童保护/福利制度和少年司法制度的青少年，有时又被称为"双重涉入"或"双重身份"的青少年。在加拿大，涉入儿童福利制度的青少年更有可能进入少年司法制度，且面临独特的弱势处境和多种制度的弊端。多伦多瑞森大学主持的一个研究项目正在研究跨界青少年的需求，以及不同政策、培训和服务如何为这一人群提供更好的服务。

法庭筛查——安大略省多伦多市正在设计一个新项目，旨在对初次出庭的青少年进行心理健康和其他需求的筛查，以确保他们不管遭遇何种法律问题都能够快速获得所需的服务。青少年自愿参与项目，收集的信息将仅在青少年和家庭同意的基础上共享。目前对于进入法庭审理阶段的青少年，尚没有系统性的程序确定其是否需要心理健康或其他服务的支持。这一项目将提供一种系统和整体的方法，以确定哪些青少年需要更加深入的评估和精神健康支持，以及可能选择进入精神健康转处项目和精神健康法庭。通过采取一种整体性的视角，我们希望增加公平度，并打破存在于加拿大法院系统和社会中的体系性种族歧视，尤其是对黑色人种的种族歧视。该项目的目标是在法庭上为青少年提供服务，同时为青少年链接刑事司法制度外的资源，将其与社区和驻社区的服务联系起来。

社会工作在少年司法中的作用：美国经验

一、美国少年司法社会工作的基本状况

（一）美国社会工作的起源

美国的社会工作起源于 17 世纪英国伊丽莎白《济贫法》（Poor Laws of Eliza-bethan England）。该法律为救助老年人、残障人和孤儿建立了慈善、矫正和政府资助体系。在这些英国法律的影响下，对成年人的救助走向了制度化，流浪儿童和闲散儿童也被纳入了救助范围。① 随着第一批移民跨越大西洋来到美国，有必要对贫困人口进行救助改革的想法也随之出现。直到 19 世纪晚期，随着慈善组织社团在美国迅速发展，美国社会工作专业化才开始推进。截止到 1900 年，美国已经建立了 138 个慈善组织，大部分位于美国的东北部。这些社团聚焦于贫困人口的福祉，帮助救济的申请人进行登记并保留了详尽的记录。② 在那个时期，慈善（现指社会工作）和矫正（现指刑事司法）加入了一场促进社会完善的运动。③ 它们的成员大多为上层阶级的女性，她们希望将科学的方法运用到慈善中去，并坚信乐善好施的上流社会可以带来贫困人口道德水平的提升。儿童福利是当时社会工作的首要关注点，也是提供社会工作服务的核心组成部分，"其中包括个人、公共和私人机构为需要照管、无人照看和罪错儿童的福祉所开展的活动和提供的服务"。④

---

① W. I. Trattner. From Poor Law to Welfare State：A History of Social Welfare in America. (4ᵗʰ ed.). (Free Press,New York,1989) p. 8.

② Trattner. supra note 1,p. 87.

③ H. Specht,M. E. Courtney. Unfaithful Angels,(Free Press,New York,1994) p. 71.

④ Trattner. supra note 1,p. 103.

1898 年夏天，为了培训这些女性改革者，第一个社会工作班在纽约开设，这也促成了哥伦比亚大学社会工作学院的建立。① 1952 年，社会工作教育委员会（the Council on Social Work Education，CSWE）正式成立，该委员会的主要职责为批准授权社会工作教育项目。到目前为止，全美国已经开设了 521 个可以授予社会工作学士学位的教育项目、261 个可以授予社会工作硕士学位的项目、12 个社会工作专业博士学位项目，以及 77 个社会工作专业的哲学博士学位项目。② 一些两年制的大学也开设了社会工作相关研究的副学士学位项目，例如"社会工作助理"，但是这些项目并未获得社会工作教育委员的授权和认可。

（二）美国少年司法体系的历史发展

美国的少年司法体系主要包括少年法庭和法庭引入的相关服务。在 19 世纪早期，相关服务最先开始发展。纽约市罪错少年改造协会（New York City's Society for the Reformation of Juvenile Delinquents）等宗教团体和慈善机构逐步建立，并为这些青少年提供服务。如上所述，在 19 世纪后期，司法体系和社会工作服务体系协同工作是很常见的。例如，社会工作领袖、诺贝尔和平奖的获得者简·亚当斯（Jane Addams），在伊利诺斯州芝加哥市首创了名为赫尔之家（Hull House）的安置机构，并于 1899 年在芝加哥市推动建立了全美国第一个少年法庭。在早年间，少年法庭采取国家亲权（国家作为具有慈善性质的监护人）的方式对青少年开展工作。诉讼程序本质上是民事性质的，对少年罪错行为的处理不考虑正当程序，甚至不考虑其享有的同成年罪犯一样的宪法权利。③少年法庭和其服务提供者调查罪错少年的性格和社会背景，尽量采取个性化的方式对其进行惩罚和改造。早在 1904 年，科罗拉多州少年法庭的法官本·B. 林赛（Ben B. Lindsa）写到："我们应该把研究和了解每一个具体的案件作为我们的职责，因

---

① National Association of Social Workers，Social Work History，https://www.socialworkers.org/News/Facts/Social-Work-History，visited 15 October 2018.

② Council on Social Work Education，2017 Statistics on Social Work Education in the United States：Summary of the CSWE Annual Survey of Social Work Programs，（Council on Social Work Education，Washington，DC，2018）.

③ National Council of Juvenile and Family Court Judges（n. d.），https://www.ncjfcj.org/sites/default/files/Fnl_AdoptedProbationPolicyResolution_7-2017_1.pdf，visited 30 September 2018.

为它通常要求采取一些与其他案件不同的处遇方式。"① 在这个时期，法官们试图"帮助"儿童，包括那些没有犯罪的儿童，社会工作者也被高度纳入少年司法体系中。20 世纪 30 年代，未成年人罪错行为呈现出上升的趋势，洛杉矶协调委员会（the Los Ageles Coordination Councils）开始雇用社会工作者参与到相关工作中。② 在 20 世纪 50 年代，美国社会包括社会工作者关于公共政策的讨论主要围绕儿童的法律权利和正当程序等展开。③

美国少年法庭改革的第二次发展浪潮始于 1967 年。当时，美国最高法院在 1967 年的高尔特案（In re Gault）中驳回了少年法庭不公开审理的判决，并强调了儿童应该享有的权利。④ 该裁决认定，将儿童安置在儿童机构是对儿童自由的剥夺。儿童应该受到美国《宪法第十四修正案》的保护（即未经正当法律程序，任何人不得被剥夺自由），儿童有权在审判过程中受到保护，包括被告知指控的权利、获得律师帮助的权利、与证人进行对质的权利以及反对自证其罪的权利。截止到 20 世纪 70 年代中期，除了获得陪审团审判和保释的权利之外，儿童在美国少年法庭中可以享有与成年人相同的宪法权利。这些变化改变了少年司法的结构，少年观护官（大多数没有接受过社会工作培训）取代了社会工作者。

在 20 世纪 80 年代，可卡因的泛滥和枪支暴力的频发所引发的公众恐慌导致社会产生了建立更加严厉的成人矫正体系的呼声。这些呼声在少年司法体系中也得到了回应。犯罪学家预测社会上存在大量被称为"超级掠食者"和"不道德的坏种子"的儿童，并主张他们应当受到和成年人一样的审判和监禁。这些呼吁在 20 世纪 90 年代得到响应，少年法庭第三次改革浪潮导致大部分州的未成年人法律规则和服务体系越来越倾向于严厉的惩罚，惩罚理念总体上取代复归社会的理念。与此同时，新自由主义势力逐步将社会工作推向按小时提供服务的精神健康领域，使社会工作从矫正领域撤离。⑤ 在第三次浪潮之前，除非法官认定儿童

① B. B. Lindsey. "The Boy and the Court：The Colorado Law and its Administration"，13 Charities：The Official Organ of the Charity Organization Society（1904）pp. 350-357.

② Appier,J. "We're blocking youth's path to crime：The Los Angeles Coordinating Council during the Great Depression"，Journal of Urban History,31,190-218. doi：10. 1177/0096144204270750.

③ A. Scheyett,et al. Social Work and Criminal Justice：Are we meeting in the field?,32 Journal of Teaching in Social Work（2012）pp. 438-450.

④ National Council of Juvenile and Family Court Judges，"In re Gault（1967）"，13 March 2012,https：//www. ncjfcj. org/1967-re-gault,visited 30 September 2018.

⑤ Specht,Courtney,supra note 3.

不适用少年司法的处遇，一般来说，儿童不会接受像成人一样的审判（一些谋杀案除外）。但是现在检察官可以直接在成人刑事法庭对儿童提起指控，而且立法者在刑事法庭审理的案件清单中列入了许多重罪。到 20 世纪 90 年代末，每年约有 20 万名 18 岁以下的儿童按照成人刑事司法进行审判。

目前美国的少年司法正处于第四次发展浪潮中，其基础是发展心理学和神经科学的相关研究。麦克阿瑟基金会有关青少年发展和少年司法的研究发现，自 1996 年开始的 10 年以来，与成年人相比，儿童因为处于发育过程中而具备更低的可罚性，在参与审判上的能力更弱，而且随着时间的推移更容易进行改变。① 除此之外，这些研究发现促使美国最高法院于 2005 年废除了对未成年人适用死刑。从此以后，发展科学和神经科学一直促进着少年法庭政策和实践以及针对罪错青少年服务的发展。同时也重塑了成年人司法体系中对青少年的量刑。②

美国几乎没有联邦层面的少年司法（除非当青少年被指控触犯联邦罪行的时候）；美国的少年司法体系实际上是由 50 个州和哥伦比亚特区的少年司法体系组成的。联邦政府没有统一为罪错儿童提供服务，如果一名青少年在联邦法院被判刑，会依赖于所在州的少年司法体系提供服务。在联邦层面有一个重要的少年司法法律，即 1974 年颁布的《少年司法和罪错预防法》（Juvenile Justice and Delinquency Prevention Act）。该法律规定联邦向各州提供小规模拨款，用于支持各州对属于身份犯罪的儿童和青少年（如闲散青少年、难以管制的青少年、离家出走的青少年）尽量不适用羁押措施，并与成人罪犯分别监管。

虽然有些州少年法庭的最低司法管辖年龄是 7 岁，但是大多数州是 10 岁或 10 岁以上。此外，有运动倡议将少年法庭最低司法管辖的年龄提升至 12 岁。目前来说，大多数州的少年法庭的最高司法管辖权是 18 岁。近年来，很多最高管辖年龄在 16 岁和 17 岁以下的州，都将管辖年龄提高到 18 岁。有一个州正在考虑将最高管辖年龄提升到 21 岁。几乎所有的州都使 18 岁以下的罪错青少年接受矫正和法院的监管直至 21 岁。成人刑事法庭也在改变着对 18 岁至 21 岁年轻被告人的处理方式。在这个过程中，发展科学也在不断影响法庭对少年犯的服务和量刑的选择。

① MacArthur Foundation, Research Network on Adolescent Development & Juvenile Justice, (2018), https://www.macfound.org/networks/research-network-on-adolescent-development-juvenil/, visited 30 September 2018.

② MacArthur Foundation, supra note 13.

纵观整个美国，每个州的少年司法体系均体现出一些相似的关键点。可以将少年司法体系看作一条管道，沿线有若干转处的阀门，这为社会工作的介入提供了潜在的机会（尽管没有授权）。在少年司法程序的每个阶段，儿童可以被转介到其他体系中或者非监禁服务场所接受服务。这些关键点包括拘留、羁押、审判、转送（在一些案件中少年将被转送到成人法庭）、处置、处置审查和复归社会。法官一般会对非监禁案件进行控制，在一些州，法官也可以对被要求在相关机构中进行安置照料的青少年案件进行审查和控制；但是在大多数州，被安置照料的青少年由州一级的机构统一管理，这个机构主要负责他们的安置照料和重返社区方面的工作。这整个管道的多个转处点正是社会工作者（通常来自少年司法体系之外）可能影响正在体验少年司法的未成年人人生轨迹的节点。

总体来说，服务因州或地区而异。非政府组织和以社区为基础的机构提供广泛的转处服务。审判后服务相对缺乏，尽管在一些州，像宾夕法尼亚州，法官可以像为需要照管或被虐待的儿童安排服务一样为罪错青少年安排相应的服务（如心理咨询）。大部分的司法管辖区缺乏必要的精神健康与治疗毒品和酒精依赖的服务。

一项早期的运动改变了少年观护官与青少年及其家庭工作的方式。在少年司法体系中的大多数青少年受到观护，然而仅有极少数的观护官拥有社会工作背景，大多数人为刑事司法教育背景。美国本土的安妮·凯西基金会（Annie E. Casey Foundation）正在努力帮助观护官弱化监督者的角色，并促使他们转变为采取适当的方式帮助青少年成长的辅导者。基金会所做的努力旨在避免青少年因为违反观护条件而受到监禁，全国少年和家事法庭法官委员会（the National Council of Juvenile and Family Court Judges）为表示对这一愿景的支持，于2017年7月颁布了一项政策，要求为青少年提供适合其发展的观护服务。

在过去的25年里，美国的未成年人犯罪率一直在下降。其结果是，少年司法体系中青少年的数量越来越少，更多的青少年被转处到其他的服务体系中，越来越少的青少年受到监禁或被纳入处置后的安置矫正体系。最近的一项少年法庭数据报告显示（2015年）：①

• 1995年，新增案件量高达200万件；2015年，新增案件数量降至90万件

---

① S. Hockenberry, C. Puzzanchera. National Centre for Juvenile Justice, Juvenile Court Statistics 2015, https://www.ncjj.org/Publication/Juvenile-Court-Statistics-2015.aspx, visited 30 September, 2018.

以下。

● 2005 年至 2015 年，少年法庭处理的罪错案件数量下降了 47%。所有类型的案件量均有下降。其中：财产类案件下降了 51%，公共秩序类案件下降了 49%，人身类案件下降了 43%，毒品类案件下降了 39%。

● 2015 年，超过 3100 万名青少年受到了少年法庭的处理。在这些青少年中，79% 的青少年介于 10 岁至 15 岁，12% 的青少年为 16 岁，9% 的青少年为 17 岁。由于受到不同州少年法庭的司法管辖年龄上限差异的限制，16 岁或 17 岁的青少年所占比例较小。2015 年，在提升司法管辖年龄上限运动之前，2 个州将 16 岁以上的青少年犯罪案件纳入刑事法庭原始管辖权的范围。另外 7 个州对 17 岁以上的青少年案件采取同样的做法。

● 在 2015 年处理的 884900 起新增罪错案件中，52% 的案件涉及 16 岁以下的未成年人，28% 的案件涉及女性，43% 的案件涉及白人青年（表明少数族裔的青年涉及比例较高）。

● 在 2000 年，为期一天的人口普查显示，有超过 108000 名儿童被关押于未成年人专门场所（3/4 为公立机构）。截止到 2015 年，这一数字已经降至 45000 名（其中 32000 名儿童被关押于公立机构）。

美国最高法院最近的一项裁决增加了青少年在司法体系中的权利：2005 年罗珀诉西蒙斯案（Roper v. Simmons）宣布对犯罪时未满 18 周岁的罪犯判处死刑是违宪的；2010 年格雷厄姆诉佛罗里达州案（Graham v. Florida）对非谋杀案件取消了"终身不得假释"的规定；2012 年米勒诉阿拉巴马州案（Miller v. Alabama）宣布，即使对于被判定谋杀罪的青少年，强制性判处终身监禁并不得假释也是违反宪法的。

（三）少年司法社会工作的发展情况

在美国，社会工作介入少年司法领域拥有悠久的发展历史。[1] 19 世纪，作为同一场道德改革运动的重要组成部分，一批慈善机构和矫正机构同时建立。然而，在社会工作介入少年司法领域 100 多年的发展过程中，矫正（刑事司法）和慈善（社会工作）在专业化、职业化和制度化上均存在分歧。在早年间，社会工作一直是刑事司法改革的重要倡导者。20 世纪 50 年代和 60 年代，社会工作者参与建立单独的少年法庭，并在推动采取复归社会的方式进行量刑改革方面发挥

---

① A. M. Platt, The Child Savers (2nd ed.), (University of Chicago Press, Chicago, 1977).

了重要作用。事实上，在 20 世纪上半叶，一半多的观护官和保释官都被培训成为社会工作者。① 但是到了 20 世纪 70 年代，随着惩罚性量刑和大规模监禁时代的到来以及社会工作本身关注的领域转向精神健康和私人领域的实践，使得社会工作开始从刑事司法领域撤离，这种状况一直延续到了现在。

与这一变化相适应，美国社会工作和社会工作教育目前并没有将少年司法领域作为关注的重点。一些美国大学的教育也许可以阐明这一点。一个关键的现实是刑事司法作为一个独立的学术领域，在美国的大学机构中，它通常是与社会工作完全分开的。尽管一些大学允许学生修这两个领域的双学位，但是这两个领域的教育体系并未整合。在美国，社会工作教育分为三个层级：学士（BSW）、硕士（MSW）和博士（专业博士 DSW 和哲学博士 PhD）。社会工作学士是四年制的大学学位。在社会工作学士阶段，学生被培养成为一个通用的专业人才，使其拥有整合微观系统（个人、群体和家庭）和宏观系统（社区和政策）的技能。社会工作硕士是需要掌握一些技能的两年制的专业学位。在社会工作硕士阶段，学生通常会在微观系统和宏观系统之间选择一个教育项目（虽然有些大学有综合学位，如佐治亚大学）。绝大多数的社会工作硕士学生会选择微观或临床方向，来为其成为精神健康专业从业人员做准备。许多教育项目会给学生在专门的实践领域进行认证。2017 年，比较常见的对社会工作硕士学生进行认证的领域包括：（1）老年人；（2）学校社会工作；（3）成瘾；（4）非营利组织管理；（5）儿童福利。②全美国只有 22%的社会工作硕士教育项目开设关注于刑事司法议题的课程，在这之中的小部分项目，即大约 5%的教育项目专注于刑事司法领域。③这些项目关注于以司法为导向的社会工作，例如，犹他大学（the University of Utah）和内达华州拉斯维加斯大学（the University of Nevada Las Vegas）提供法证社会工作认证；亚利桑那州立大学（Arizona State University）为量刑及其辅助的社会工作提供认证，旨在将社会工作者培养成专业的量刑协调人员；塞基诺州立大学（Saginaw Valley State University）为社会工作学士学位提供罪错青少年服务方面的认证。

尽管社会工作者被专门训练为少年司法社会工作者的教育项目并不常见，但

---

① Epperson et al. "To What Extent is Criminal Justice Content Specifically Addressed in MSW Programs?", 49 Journal of Social Work Education (2013) pp. 96-107.

② Council on Social Work Education, supra note 6.

③ Epperson et al. supra note 17.

是受过学校社会工作和儿童福利培训的社会工作者往往与少年司法体系有交集。全国法证社会工作协会（The National Organization of Forensic Social Work，NOFSW）是专业的社会工作组织，它们处理与法律和法律体系相关的问题，包括少年司法。该协会在2011年至2015年，每年召开年会并出版《法证社会工作杂志》（Journal of Forensic Social Work），杂志后期因经费的缩减没有继续出版。尽管显现了这些发展趋势，但是有证据表明，社会工作作为一种专业正在重新参与到刑事司法领域。例如，美国社会工作和社会福利学会（the American Academy of Social Work and Social Welfare，AASWSW）最近把促进智慧型非监禁化①确立为社会工作重大任务之一。②

二、社会工作在美国少年司法中的作用

（一）少年司法社会工作的法律基础

由于联邦政府发挥的作用有限，在美国社会工作介入少年司法没有联邦层面的法律依据。每个州都各自制定法律形成自己的少年司法体系（体系主要包括少年法庭和法庭为罪错青少年提供的服务）。每个州在其立法中都有一个"目的"条款，以支持社会工作发挥应有的作用。虽然在20世纪90年代中期许多州的少年法典具有更强的惩罚性质，但是所有州的少年司法都保留了处遇、复归社会和监督的目标。这些目标的实现都与良好的社会工作实践密切相关。其他一些州还在其法律中增加了恢复性司法的原则，因此，除了促进公共安全外，这些州的少年司法体系至少在理论上需要回应被害人的需求（社会工作范围内的活动），并帮助进入少年司法体系中的青少年发展社会技能。社会工作者负责协助这些活动。

---

① Promote Smart Decarceration 是一项前瞻性的、全面的、循证导向的智慧型非监禁战略，旨在大幅减少被监禁的人数，改革刑事司法制度，使国家能够采取更有效和更公正的方式来保障公共安全和促进公共福祉。核心目标：1. 大幅度减少监狱数量和监狱中被监禁的人数。2. 纠正被监禁者之间存在的种族、经济和行为健康方面的社会差异。3. 使公共安全和福利最大化。参见 Smart Decarceration Practice Behaviors for Social Work Competencies：https://ijrd. csw. fsu. edu/sites/g/files/upcbnu1766/files/media/images/publication_pdfs/SmartDecarcerationPracticeBehaviorsGuide_. pdf，2020年1月13日访问。

② American Academy of Social Work and Social Welfare, Grand Challenges for Social Work, (2018), grandchallengesforsocialwork. org/, visited 15 October 2018.

每个州都对青少年设置有转处的办法，尤其是如果他们的行为可以通过转处到其他的体系进行更好的教育矫正，例如精神健康体系或者教育体系。社会工作者将会在转处中发挥作用，作用不仅体现在对青少年的风险、需求和优势方面进行评估，也体现在帮助青少年链接社区为基础的服务来帮助其降低风险，满足需求和发挥优势。另外，州内的法律规定为接受处遇的青少年提供安置照料服务来控制其再犯的风险，并通过技能培训支持青少年重新回归社区。这些法律也为社会工作介入提供了基础。

（二）少年司法社会工作的具体内容

如上所述，由于在少年司法和社会工作对青少年的介入上缺乏统一的制度安排，因此很难概括出统一的美国少年司法社会工作体系。相反，50个州、华盛顿特区、波多黎各地区以及其他美国所属领地都建立了自己的少年司法社会工作服务体系。总体上，美国的社会工作者在儿童虐待和儿童无人照看问题（儿童福利）或者学校体系（学校社会工作）的工作与少年司法体系有更多的交集。这里也将描述在这两个方向上的具体示例。社会工作者在提供环绕式服务的时候（如下所述），或者与跨学科和法律团队合作时，以不同的方式直接服务于少年司法中的案件当事人。

1. 儿童福利。少年法庭提供服务的群体包括：（1）无人照看和被虐待的儿童；（2）罪错青少年。实际上，这两个重点领域的发展是独立的（例如，由不同的法官负责），因为儿童福利的对象通常被理解为受到父母忽视或者虐待的受害者，而罪错青少年被看作犯罪的实施者。①近期的研究发现，较高比例的儿童福利对象后续也会进入到少年司法体系中，因此，两者的区别也变得越来越模糊。② 伊利诺伊州的一个少年法庭记载了超过三分之一的受到虐待的儿童会作为

---

①　R. C. Sarri. "Juvenile Justice: Overview", in Encyclopaedia of Social Work（National Association of Social Workers and Oxford University Press, Washington, D. C. and New York（2014）.

②　M. Jonson – Reid, R. Barth. "From Treatment Report to Juvenile Incarceration, the Role of Child Welfare Services", 22 Children and Youth Services Review, 22（7）,（2000）pp. 493 – 516; K. Kelly, "Abuse/Neglect and Delinquency: Dually Involved Minors in the Juvenile Court", paper presented at the American Society of Criminology Annual Meeting, Chicago（2002）; Ryan, et al., "Kinship Foster Care and the Risk of Juvenile Delinquency", Children and Youth Services Review（2010）pp. 1823 – 1830.

罪错少年进入到少年司法体系中。[①]

同时或先后被纳入上述两个体系中的青少年被称为"交叉青少年""双重参与青少年"或"多系统青少年"，相关研究证明他们比只被纳入一个体系的青少年存在更多或更复杂的问题。[②] 以伊利诺伊州为例，大多数的儿童首先被纳入儿童福利体系中，然后才引起了少年司法体系的注意。[③]总体来说，与一般的青少年相比，受到虐待的青少年实施罪错行为的比例要高出47%。[④] 不幸的是，由于儿童服务体系和少年司法体系在机构设置和体系上的界限，儿童经常得不到他们所需的综合服务。[⑤] 政策的倡导者认为，两个体系的协调工作可以更好地使青少年受益。进一步说，较高比例的儿童在早期被纳入儿童福利体系当中，但是这些儿童在后期实施了罪错行为，这表明社会工作可以探求多条路径为这些对象提供预防服务。[⑥]

交叉青少年实践模式（The Crossver Youth Practice Model，CYPM）直接解决了体系协作重要性的问题。[⑦] 这是一个广泛接受的概念模型，并且已经在美国21个州的103个郡得到了实施。[⑧] 交叉青少年实践模式证明了要加强儿童福利和少年司法专业力量之间的专业合作，呼吁青少年和家庭的参与，并要求采取具有针对性的个体化干预措施，这些制度层面上的改革旨在防止或尽量减少儿童福利体系下的青少年进入到少年司法体系。[⑨] 交叉青少年实践模式四个首要目标包括：

---

① Kelly，supra note 23.

② H. Huang，et al. "The Journey of Dually-Involved Youth：the Description and Prediction of Rerecording and Recidivism"，34 Children and Youth Services Review（2012）pp. 254-260.

③ H. Huang，et al. supra note 25.

④ J. P. Ryan，M. F. Testa. "Child Maltreatment and Juvenile Delinquency：Investigating the Role of Placement and Placement Instability"，27 Children and Youth Services Review（2005）pp. 227-249.

⑤ H. Huang，et al. supra note 24；D. Herz，et al. "Challenges Facing Crossover Youth：an Examination of Juvenile-Justice Decision Making and Recidivism"，48 Family Court Review（2010）pp. 305-321.

⑥ Coulton et al. supra note 26，p. 8.

⑦ M. Stewart，et al. "Crossover Youth Practice Model，Washington. D. C."，Centre for Juvenile Justice Reform，Georgetown University McCourt School of Public Policy（2010）.

⑧ Centre for Juvenile Justice Reform，The Crossover Youth Practice Model（CYPM）：An Abbreviated Guide（2018），https：//cjjr. georgetown. edu/our-work/crossover-youth-practice-model/，visited 15 September 2018.

⑨ Stewart. supra note 30.

（1）减少青少年同时被纳入两个体系中的人数；（2）减少家外安置照管青少年的人数；（3）减少使用集体照管（如集体家庭）；（4）减少有色人种比例失调的现象，尤其是在交叉群体中。

交叉青少年实践模式的介入从拘留开始。在第一阶段，首先必须对交叉青少年进行甄别。如果满足条件，青少年、其家庭成员、少年司法体系和儿童福利体系（社会工作）的专业人员可以召开转处会议。在这一阶段，必须制订少年司法体系和儿童福利体系之间的信息共享协定，并投入使用。在第二阶段，儿童福利社会工作者和少年司法专业人员需要以团队的形式协作，共同处理罪错问题和参与抚养问题听证会，共同向社区服务的提供方进行转介，并且共同对家外安置的需求作出决定。在第三阶段，儿童福利社会工作者继续参与到交叉青少年实践模式的合作中，提供持续的个案管理并计划结案。交叉青少年实践模式关注于青少年总体的情况，社会工作者会评估青少年在继续就业、精神健康、教育、住房或者健康服务上任何持续的需求。①这种方式通常会带来较为积极的产出。多项研究表明，相较于没有受到该模式保护的青少年，在交叉青少年实践模式的影响下，被拘留的青少年数量显著下降。②③此外，对儿童福利体系、法律和少年司法的专家的访谈也表明，人们普遍认为，交叉青少年实践模式的结构性改革完善了对青少年及其家庭的服务。④

寄养式多元处遇（Multidimensional Treatment Foster Care，MTFC）是另一个被证实有效的对同时纳入儿童福利体系和少年司法体系青少年的介入方式。寄养式多元处遇采取强化寄养的方式，替代了罪错青少年在集体家庭或其他集中场所接受处遇。寄养式多元处遇基于社会学习理论，并依附于家庭对社会化积极、潜

---

① Center for Juvenile Justice Reform, supra note 31.

② Haight, et al. "An Evaluation of the Crossover Youth Practice Model (CYPM)：Recidivism Outcomes for Maltreated Youth Involved in the Juvenile Justice System", 65 Children and Youth Services Review (2016) pp. 78-85.

③ D. C Herz, A. M. Fontaine. Georgetown University Centre for Juvenile Justice Reform, "Final Data Report for the Crossover Youth Practice Model in King County, Washington", 2012, https://www.modelsforchange.net/publications/466, visited 16 October 2018.

④ W. L. Haight, et al. "Implementing the Crossover Youth Practice Model in Diverse Contexts：Child Welfare and Juvenile Justice Professionals' Experiences of Multisystem Collaborations", 39 Children and Youth Services Review (2014) pp. 91-100.

在的影响。① 寄养式多元处遇将青少年单独安置到寄养家庭，并到公立学校就读，接受强化的支持和处遇（通常由社会工作者提供）。寄养家庭的父母和亲生父母（或者其他照顾者）需要接受集中的亲职教育（通常也是由社会工作者提供）。在寄养式多元处遇模式下，社会工作者与其他专业人员进行合作，为青少年在社区内顺利生活创造机会，促进青少年的照顾者掌握有效的养育方式，从而促使青少年顺利回归社会。寄养式多元处遇的成效还体现在降低再犯风险和罪错青少年同辈群体的不良影响上。②研究表明，在寄养式多元处遇安置期间和后续的12个月中，服务显著提升了女孩的学校出勤率和作业完成率，③ 并且缓解了这些女孩的抑郁症状，尤其是那些在初期症状比较明显的女孩。④寄养式多元处遇与其他形式的寄养服务相比的另一个优势在于，相比集中场所的安置照料，其成本更低。

交叉青少年实践模式和寄养式多元处遇是为数不多的涉及少年司法领域的两个有效干预方式，并得到了广泛的研究支持。遗憾的是，在美国每年只有不到5%的符合条件的高风险罪错未成年人可以接受此种循证处遇。⑤

2. 学校社会工作。学校社会工作者在预防青少年卷入少年司法体系上发挥着重要的作用，因为他们能有效地阻断学生进入学校流向监狱的管道（School-to-Prison Pipeline，STPP）。⑥ 学校流向监狱的管道，是指从美国学校体系到少年司

---

① P. Chamberlain. Treating Chronic Juvenile Offenders：Advances Made Through the Oregon Multidimensional Treatment Foster Care Model（American Psychological Association，Washington，DC，2003）.

② M. Evans-Chase，H. Zhou. "A Systematic Review of the Juvenile Justice Intervention Literature：What it Can（and Cannot）Tell us about What Works with Delinquent Youth"，60 Crime & Delinquency（2014）pp. 451-470.

③ L. D. Leve，P. Chamberlain. "A Randomized Evaluation of Multidimensional Treatment Foster Care：Effects on School Attendance and Homework Completion in Juvenile Justice Girls"，17 Research on Social Work Practice（2007）pp. 657-663.

④ G. T. Harold，et al. "Depressive Symptom Trajectories Among Girls in the Juvenile Justice System：24-month Outcomes of an RCT of Multidimensional Treatment Foster Care"，14 Prevention Science（2013）pp. 437-446.

⑤ S. W. Henggeler，S. K. Schoenwald. "Evidence-Based Interventions for Juvenile Offenders and Juvenile Justice Policies that Support them"，25 Sharing Child and Youth Development Knowledge（2011）pp. 3-20.

⑥ S. A. McCarter. "The School-to-Prison Pipeline：A Primer for Social Workers"，62 Social Work（2017）pp. 53-61.

法或成人刑事司法体系的途径。在 20 世纪 90 年代初，学校采取了更加严厉的教育方式，导致大量青少年直接从学校体系进入了司法体系，这对少数族裔的学生、性少数群体的学生和残障学生的影响更加明显。在学校实施的惩罚中，97%的惩罚针对的是学生非暴力的行为，如无视纪律、不尊重他人、有威胁行为、不服从管教、衣着不合理、使用手机、公开示爱和"顶嘴"等，目前来看，这些行为也会导致少年司法体系的介入。学校社会工作在这方面的介入主要体现在以下几个方面：(1) 倡导学校使用"积极、适当和分级的"校园纪律；(2) 促进曾在少年司法体系中接受校外安置照料的学生继续接受教育和重返学校。①学校社工的方法和知识使他们更适合在改善学校氛围和促进学生社会情感的学习上发挥带头作用。② 并且，其工作方式也可以对家庭、社区和学校工作人员进行支持。

恢复性司法是一项在少年司法领域中得到有效运用的策略，可以有效减少未成年人随后被卷入执法部门和法院系统。③ 此外，在经历恢复性司法后，被害人和罪错未成年人都更倾向于给予积极的反馈。④ 目前在学校场域，恢复性司法是一项新兴的、受欢迎的策略，能够有效防止学生进入学校流向监狱的管道；相关研究表明，恢复性司法可以减少停课、开除和纪律处分的使用。⑤

社会工作者可以通过多种方式（通常是以培训者的方式）参与到恢复性司法中。在学校场域的应用在于为学校营造一个友好的氛围并建立信任关系。社会工作者还可以参与制订有针对性的干预措施，以解决经常扰乱课堂和学校活动的

---

① McCarter. supra note 42.

② N. M. Finigan-Carr, W. E. Shaia. "School Social Workers as Partners in the School Mission", Phi Delta Kappan, (2018) pp. 26-30.

③ K. J. Bergseth, J. A. Bouffard. "The Long-Term Impact of Restorative Justice Programming for Juvenile Offenders", 35 Journal of Criminal Justice (2007) pp. 433-451; N. Rodriguez, "Restorative Justice at Work: Examining the Impact of Restorative Justice Resolutions on Juvenile Recidivism", 53 Crime & Delinquency (2007) pp. 355-379; J. Latimer, et al. "The Effectiveness of Restorative Justice Practices: A Meta-Analysis", 85 Prison Journal (2005) pp. 127-144; E. McGarrell, Restorative Justice Conferences as an Early Response to Young Offenders (U. S. Department of Justice, Office of Juvenile Justice and Delinquency Prevention, Washington, DC, 2001).

④ Latimer, et al. supra note 45.

⑤ International Institute for Restorative Practices, "Transforming School Culture", https://www. iirp. edu/news/transforming-school-culture, visited on 30 September 2018; M. D. Sumner, et al. School -Based Restorative Justice as an Alternative to Zero-Tolerance Policies: Lessons from West Oakland (Thelton E. Henderson Centre for Social Justice, Berkeley, CA, 2010).

特定问题行为。学校社工习得恢复性司法的工作技巧、构建模式，并将这些传授给学校的工作人员。通过恢复性的方式可以促进学校实行有效的管教方式，这种方式要求违反规则的学生"了解他们行为的影响，并承担相应的责任，对那些受到伤害的人进行补偿"，而社会工作者为这些学生之间的沟通搭建平台。[①]

将恢复性司法的方式引入学校管教的策略已经以前所未有的方式推动新的联邦性的措施，比如教育部（Department of Education）的纪律再思考（Rethinking Discipline）项目；一些由公私部门合作开展的项目，比如由教育部、司法部和开放社会基金（Open Society Foundations）、大西洋慈善基金会（Atlantic Philanthropies）等私人基金联合资助的学校—司法合作倡议（School-Justice Partnership Initiative）。[②]在2014年，联邦政府对恢复性司法措施的支持是具有开创性的："联邦政府首次承认并对全国范围不同族裔少年适用管教方式的高差异率做出了回应。倡导使用恢复性的方式或其他有效策略来减少这种不一致的管教方式。"[③]

公正训导（Just Discipline）是另一个阻断学生进入学校流向监狱管道的具有代表性的项目。[④]该项目在宾夕法尼亚州的匹兹堡市实施，由教育界和社会工作界的教授共同领导。公正训导是一个改善学校环境的项目，该项目通过培训学生领袖并使他们具备冲突解决和同伴调解的能力，以减少学校在管教上的种族差异。该项目引入学校社工，帮助树立学生意识，并通过更有效地沟通情感，使学生掌握应对困难的技能。该项目特别强调学生领导力，通过严格招募和培训学生，使其成为营造积极学校氛围的合作伙伴。被选定的学生将被带到匹兹堡大学（the University of Pittsburgh）进行实地考察，并参加领导力培训项目。这个项目取得了非常积极的效果。项目评估的结果显示，除了为挑选的学生领袖进行能力建设外，公正训导项目还提升了整个学校的环境，降低了学生打斗和被停课的比率。[⑤]这些成果为所有学生的学习、发展和成长作出了巨大贡献。

3. 环绕式服务（Wraparound services）。环绕式服务是把学校社会工作和儿

---

① M. Schiff. "Can Restorative Justice Disrupt the 'School-to-Prison Pipeline?'", 21 Contemporary Justice Review (2018) p. 6.

② Schiff. supra note 48.

③ Schiff. supra note 48, p. 9.

④ J. P. Huguley, et al. Just Discipline and the School-to-Prison Pipeline in Greater Pittsburgh: Local Challenges and Promising Solutions (University of Pittsburgh School of Social Work, Pittsburgh, PA, 2018).

⑤ Huguley. supra note 51.

童福利包括在内，并将被纳入司法体系的青少年和其他所需服务联系起来的一种有效的服务方式。环绕式服务有助于青少年参与到多种体系中，通常是法律体系、教育体系和儿童福利体系等。① 提供环绕式服务的社会工作者可以在与任何机构合作的基础上，为青少年提供转介服务，如精神健康服务、药物滥用治疗服务和身体健康服务。重要的是，他们还能促进青少年与其家庭建立良好的关系，为学校中的服务对象提供支持，并协助罪错青少年对未来进行规划。②在一次对这种形式干预措施的评估中，结果显示，与那些没有接受这种服务的同龄群体相比，在第一次实施罪错行为后接受环绕式服务的青少年在社交退缩/抑郁、躯体主诉（somatic complaints）、认知问题、注意力、违规行为和攻击性行为上均有改善。③

（三）社会工作者和其他利益相关方的合作

作为合作者，社会工作者在少年司法中扮演着多重角色，包括但不限于：与被指控的未成年人或被害人的家庭一起工作；与学校合作采取替代性的管教方式；在法庭上以专家证人的身份出庭作证；开展精神健康能力评估；在量刑阶段，与辩护团队一起阐述过往经历来争取减轻刑罚。社会工作者通常作为跨学科团队的一部分来开展工作，并与健康保健人员、教育工作者、法律团队、执法部门以及儿童保护服务部门开展合作。社会工作者的工作方法和视角逐步渗透到了这些跨学科的工作团队中，包括临床精神健康的知识和伦理准则，④ 如要求他们站在边缘化群体的角度开展工作。⑤

---

① S. A. McCarter. "Holistic representation：Providing Wraparound Services for First－Time Juvenile Offenders to Improve Functioning, Decrease Motions for Review, and Lower Recidivism", 54 Family Court Review：An Interdisciplinary Journal (2016) pp. 250－260.

② S. A. McCarter. "Holistic representation：Providing Wraparound Services for First－Time Juvenile Offenders to Improve Functioning, Decrease Motions for Review, and Lower Recidivism", 54 Family Court Review：An Interdisciplinary Journal (2016) pp. 250－260.

③ McCarter. supra note 53.

④ National Association of Social Workers, Code of Ethics of the National Association of Social Workers (National Association of Social Workers, Washington, D. C. ,2017), https：//www. socialworkers. org/About/Ethics/Code-of-Ethics/Code-of-Ethics-English, visited on 15 October 2018.

⑤ A. Laurio, "Commitment to Justice：Social Work Roles are Many in Criminal Justice System", NASW News, 2018, https：//www. socialworkers. org/News/NASW-News/ID/1657, visited on 14 October 2018.

根据国家未成年人辩护中心（National Juvenile Defender Center，NJDC）的要求，含有社会工作专业力量的跨学科队伍需要"针对罪错未成年人采取更全面、更经济有效的策略，以此保证他们接受所需的处遇和服务"。[①] 为了体现全面性，律师在他们的辩护团队中纳入了社会工作者，来探求"解决这些困境儿童进入罪错体系的根本原因，如精神疾病、毒品或酒精依赖、共生疾病、发展障碍、流浪、虐待和创伤"。[②]这种全面性的体现并不是一种普遍的实践，但是科罗拉多州在 2014 年通过了一项法律（H. B. 14-1023），要求州公立辩护律师在处理少年司法案件时聘请社会工作者，并批准可以将社会工作者提供的报告作为证据使用。[③]

（四）少年司法社会工作的专业资格与评估

为少年司法体系中的服务对象提供服务的社会工作者需要持有美国社会工作教育学会认证学校颁发的社会工作学士学位或社会工作硕士学位，但是在一些州，他们也可以在没有获得社会工作学位的情况下以社会工作者的职务从事相关工作。就近期的情况来看，从事少年司法领域并拥有社会工作硕士学位的社会工作者曾经有机会得到美国法证社会工作者协会（American Board of Forensic Social Workers）的认证，但是该组织已经停止运营。

社会工作及相关领域的研究人员着重评估在少年司法体系中为儿童提供服务的提升效果。[④]此外，各州对其公共经费支持的服务均采取了评估措施，但是与美国其他体系一样，并没有国家标准。

三、美国少年司法社会工作的经验、主要挑战和改革方向

（一）经验和成效

总的来说，社会工作在美国少年司法体系中的作用符合国际规范。但是，这

---

① National Juvenile Defender Centre，"Social Work"，https://njdc. info/social-work/，visited on 14 October 2018.

② National Juvenile Defender Center，supra note 58.

③ Concerning the provision of social workers to juveniles, and, in connection therewith, making and reducing appropriations, (Colorado 2014), H. B. 14-1023, 2014, Second Regular Session, Sixty-ninth General Assembly.

④ Huguley. supra note 51; McCarter, supra note 53.

些规范因不同州对国际准则的重视程度不同，而得到不同程度的实施。例如，虽然美国是联合国唯一尚未批准《儿童权利公约》的成员国，但美国各州在少年司法方面普遍实施《儿童权利公约》第37条和第40条的规定。然而，许多州仍然允许不得减刑假释的终身监禁；允许使用单独监禁（隔离）的州显然不遵守"每个人的尊严都是与生俱来"的规定。① 虽然美国的每个年轻人都有获得法律帮助的权利，但大多数州都允许年轻人"放弃"此权利。②

同样，《联合国少年司法最低限度标准规则》第3.1、3.2和3.3条将少年司法原则扩展到身份犯罪、儿童福利体系中的儿童以及年轻人。这些原则的遵守和实施程度在各州也不尽相同（美国最先倡导将许多少年司法保护原则扩展到年轻人，但这方面的进展缓慢）。同样，《联合国保护被剥夺自由的少年规则》也提出了安置青少年项目所需要遵循的原则。在美国利用社会工作者来确保遵守这些原则的项目有很多。

包括美国儿童福利联盟组织（Child Welfare League of America）在内的一些全国性组织，定期将社会工作者与少年司法改革联系起来。但是在美国，社会工作者并不被要求参与预防、转处或为青少年提供服务，包括建立少年司法体系的替代方案。因此，少年司法社会工作的进展往往以地方试点方案开始，特别是在有许多青少年进入少年司法体系的城市或地区。

（二）主要挑战

美国少年司法领域面临的最大挑战之一是少年司法"体系"的多样化、碎片化的本质。实际上每个州和地区都有一个少年司法体系，总的来说有超过50个相似但又不同的体系。因此，国家数据并不总是一致的，指导原则和理念因州而异，统一的国家改革也是不可能的。

另一个挑战是少年司法和儿童福利体系的独立性质和由此导致缺乏协调统一。正如我们已经看到的，并且将在下面看到更多信息，许多最有希望的改革举措涉及努力整合这些（和其他）体系，以便社会工作者可以成为综合性解决方案的一部分。力图改革少年司法的社会工作者面临的其他挑战，在范围和性质上更具有结构性或社会性。下列差异就是最好的例子。

一是种族差异。也许少年司法体系面临的最大挑战是种族不平等，这个问题

---

① Convention on the Rights of the Child, Art. 37(b)(c).
② Convention on the Rights of the Child, Art. 40(2)(b)(ii).

在成人刑事司法体系中也有反映（有时甚至是更加鲜明的对比）。美国的监狱、看守所、少年羁押机构以及其他矫正和羁押设施目前监管近 230 万人。美国拥有世界上最高的监禁率：每 10 万人中有 698 名囚犯，这个数字是中国的 4 倍多（每 10 万人中有 164 名囚犯，包括被判有罪的囚犯和被关押在羁押中心的人），是英国的 5 倍，是加拿大的 6 倍，是冰岛的 18 倍。①

这些囚犯中有将近 100 万人是非裔美国人。虽然非裔美国人仅占美国人口的 13%，但他们占监狱人口的 40%。② 在少年羁押机构中，非裔美国人的比例甚至更高。与白人青少年相比，非裔美国青少年被监禁的可能性是其 5 倍。③ 另外可能加剧少年司法挑战的种族不公平现象，包括白人与有色人种之间的经济差异和教育差异。

二是基于种族的经济和教育差异。平均而言，低收入非裔美国家庭的财富不到白人家庭的四分之一，贫困的年轻人在少年司法体系中的比例过高。④ 与富裕家庭的年轻人相比，贫困家庭获得昂贵的法律服务的机会也更少。同样，美国有色人种儿童的受教育机会明显低于白人儿童。多种因素导致了这些差异，包括父母教育水平较低。同时，少数族裔儿童更有可能在教师的工资、经验和认证水平较低且课程设置较为有限的地方上学。⑤

性别和性少数群体。被性虐待的经历是女孩是否会进入少年司法体系的主要

---

① P. Wagner, W. Sawyer. "States of Incarceration: The Global Context 2018", Prison Policy Initiative: World Prison Brief, June 2018, https://www. prisonpolicy. org/global/2018. html, visited on 18 October 2018.

② P. Wagner, W. Sawyer. "Mass Incarceration: The Whole Pie 2018. ", Prison Policy Initiative: World Prison Brief , 14 March 2018, https://www. prisonpolicy. org/reports/pie2018. html, visited on 18 October 2018.

③ The Sentencing Project, "Black Disparities in Youth Incarceration", 12 September 2017, https://www. sentencingproject. org/publications/black - disparities - youth - incarceration/ visited on 18 October 2018.

④ R. Kochhar, A. Cilluffo. "How Wealth Inequality has Changed in the U. S. Since the Great Recession, by Race, Ethnicity and Income", Pew Research Centre, 1 November 2017, https://www. pewresearch. org/fact-tank/2017/11/01/how-wealth-inequality-has-changed-in-the-u-s-since-the-great-recession-by-race-ethnicity-and-income/, visited on 12 October 2018.

⑤ L. Cook. "U. S. Education: Still Separate and Unequal", U. S. News & World Report, 28 January 2015, www. usnews. com/news/blogs/data-mine/2015/01/28/us-education-still-separate-and-unequal, visited on 12 October 2018.

预测性因素之一。一旦进入，女孩就会遭遇一种经常无视被性侵创伤经历的制度，这事实上可能使她们遭受新的性伤害。[①] 尽管女孩遭受暴力的风险远远低于男孩，但当她们被送到羁押中心时，她们通常会遭遇与男性同龄人一样严苛的环境条件。[②] 结果，女孩在羁押期间可能受到的创伤往往比男孩更严重。[③] 性少数的青少年也受到少年司法体系的不成比例的影响。他们更有可能被停学，[④] 更有可能被赶出家园，被安置在寄养家庭或集体住所，[⑤] 在青少年羁押中心的人数也更多，他们面临性暴力和性虐待的高风险。在对 7 个美国未成年人羁押中心的1400 名青少年进行的一项分析中，20% 的被监禁青少年被确定为性少数，比一般人口高出 3 到 5 倍。[⑥]

累积起来，这些因素——种族不平等造成财富减少，教育机会减少；创伤的层叠效应及它如何影响年轻人在学校和社会中发挥作用；在一个少年司法体系中，被监禁的黑人和性少数青年的比例与其在总人口中的比例不相适应——使弱势青少年，特别是有色人种的年轻人，被推到少年司法学者常称之为"学校流向监狱的管道"。

学校流向监狱的管道。上面提到的学校向监狱的流动系统地描述了学校纪律政策把青少年推入到刑事司法系统的过程。自 20 世纪 70 年代以来，美国学校每年会让 330 万名儿童和青少年停课，停课率翻了一番。非裔儿童的比率最高，

---

① Saar, et al. The Sexual Abuse to Prison Pipeline: The Girls' Story (Georgetown Law Centre On Poverty and Inequality, Washington, DC, 2015), https://www. law. georgetown. edu/poverty – inequality–center/wp–content/uploads/sites/14/2019/02/The–Sexual–Abuse–To–Prison–Pipeline–The –Girls%E2%80%99–Story. pdf, visited on 10 October 2018.

② M. Zahn, et al. "Girls Study Group: Understanding and Responding to Girls' Delinquency", U. S. Department of Justice, https://www. ncjrs. gov/pdffiles1/ojjdp/218905. pdf, visited on 10 October 2018.

③ Saar et al. supra note 69.

④ GLSEN, "LGBTQ Students Face Unfair School Discipline, Pushing Many Out of School", GLSEN, 29 June 2016, https://www. glsen. org/article/lgbtq–students–face–unfair–school–discipline– pushing–many–out–school, visited on 11 October 2018.

⑤ Human Rights Campaign, "LGBTQ Youth in the Foster Care System", 2015, https://www. hrc. org/resources/lgbt–youth–in–the–foster–care–system, visited on 10 October 2018.

⑥ A. Irvine, A. Canfield. "The Overrepresentation of Lesbian, Gay, Bisexual, Questioning, Gender Nonconforming and Transgender Youth Within the Child Welfare to Juvenile Justice Crossover Population", 2 Journal of Gender, Social Policy & the Law (2016) pp. 242–254.

15%的非裔学生至少被停学一次。对于残障学生和属于性少数群体的学生，停课率也比其在总人口的比重高很多。而由于"负面因素的叠加"，同时属于多个上述群体的学生，如残障或属于性少数群体的有色学生，则更有可能受到停学、开除或与学校表现相关的拘留。① 研究表明，过度依赖将儿童排除在学校环境之外的惩教方式（如校外停学和开除）不仅对受到惩罚的学生有害，而且对过度使用这一惩教措施的社区也有害，因为辍学率上升降低了消费者和税收收入，并增加了社会成本。②

在成人监狱中监禁未成年人。每年有大约25%的罪错未成年人，即大约25万名儿童被视为成年人进行起诉。14个州没有限定将儿童视为成年人进行起诉的最低年龄；在一些案件中，年仅8岁的儿童就被视为成年人起诉。每天，大约有1万名儿童被关押在成人监狱中，其条件往往是糟糕甚至有害的，且无法提供满足儿童安全需求和针对创伤之干预措施的服务。无疑，这些政策影响了有色人种监禁的比例：美国17%的青少年人口是非洲裔美国人，但转送到成人监狱和看守所的青少年中有62%是非洲裔美国人。相比白人儿童，非裔美国儿童被视作成年人进行审判的可能性是白人儿童的9倍。

重新回归社会的挑战。促进少年司法体系中的青少年重返校园既是一项重大挑战，又是社会工作者改变已被裁定有罪错行为的孩子的好机会。③青少年在被释放时会面临许多与教育相关的问题，包括：矫正体系不遵循学校教学日历，因此在学期中期被释放的青少年会遇到入学问题；④ 学校可能不乐于接受在被监禁之前有行为问题的学生；观护的条件之一可能是要求学生返回学校；青少年的家庭可能无法提供安全的环境和养育的条件。除非能够克服这些挑战，否则依旧存在重新犯罪和重新回到少年司法体系中的高风险。

---

① Redfield, Nance. The American Bar Association Joint Task Force on Reversing the School-to-Prison Pipeline Preliminary Report. Chicago, IL: American Bar Association, p. 12.

② Huguley. supra note 60.

③ L. Goldkind. "A Leadership Opportunity for School Social Workers: Bridging the Gaps in School Re-entry for Juvenile Justice System Youths", 33 Children and Schools (2011) pp. 229-239.

④ D. R. Giles. "School Related Problems Confronting New Jersey Youth Returning To Local Communities And Schools From Juvenile Detention Facilities and Juvenile Justice Commission Programs", Paper presented at the New Jersey Institute for Social Justice and the New Jersey Public Policy research Institute's Re-Entry Roundtable Juvenile Re-Entry Session (2003), Trenton.

（三）改革方向

少年司法所面临的每项挑战，以及相应的社会工作对少年司法改革的贡献都很大。总的来说，这是一项巨大而复杂的工作。即使是对这方面研究的简要介绍，也会呈现我们面临的复杂困难和艰巨挑战。这是社会和经济不平等加剧的时期。边缘化和贫困人口更多地进入少年司法体系中。学校社会工作、儿童福利和少年司法体系对于帮助有风险的年轻人至关重要，但这些体系并没有协调运作。

但是，依然有理由充满希望和保持乐观。在这个历史性时刻，有创造力、使命感和目标感的社会工作正在与青少年体系重新融合。由美国社会工作和社会福利学会（American Academy of Social Work & Social Welfare）于2016年推出的非监禁倡议（Smart Decarceration Initiative）标志着一个分水岭式的转变。在社会工作对社会公正的使命以及与弱势群体共同发展的指导下，"非监禁倡议"呼吁社会工作学者和从业者成为改革刑事司法体系的领导者，并发展有效的、公正的监禁替代办法。[①]正如下面的例子所示，有远见的社会工作者及其盟友正在寻找其他有力的新方式来合作，以改革和改变美国的少年司法。

少年司法流动小组（Juvenile Justice Mobility Team，JJMT）：全国许多司法管辖区都在佛罗里达州的引领下，建立了少年评估中心（Juvenile Assessment Centers，JAC），为新被拘留的少年提供初步筛选和评估。[②]少年评估中心的目标是识别风险和需求，并为所需服务进行转介。少年评估中心的一个缺点是，它们只有在被拘留后处理青少年，而不是提供可能有助于防止青少年被拘留的建议和服务。纽约州奥尔巴尼市的一项创新计划旨在通过建立少年司法流动小组来解决这一缺陷，该小组由社会工作者和其他社区机构专业人员组成并与警方合作。在少年司法流动小组的模式中，团队进行了快速的"前端"（拘留前）评估和建议。在大约26%的案例中，团队的建议导向转处和转介所需的服务，而不是拘留。除了减少少年拘留的数量外，少年司法流动小组倡议还加强了警察、社会工作者和

---

①　American Academy of Social Work and Social Welfare, supra note 21.

②　R. Dembo, et al. "Predictors of Recidivism to a Juvenile Assessment Centre: A Three Year Study". 7 Journal of Child & Adolescent Substance Abuse（1998）pp. 57-77；J. E. Rivers, et al., "The Hillsborough County, Florida, Juvenile Assessment Centre: A Prototype", 78 The Prison Journal（1998）pp. 439-450.

社区机构之间的关系。①

布朗克斯辩护人（The Bronx Defenders）："布朗克斯辩护人"这一机构成立于 1997 年，是一家法律援助机构，为无法负担律师费用的成年人和青少年提供服务。该组织的员工具有跨学科的性质：包括律师、社会工作者、教育方式辅导员（parental advocates）、福利专家、调查员和社区组织者。"布朗克斯辩护人"的青少年辩护项目的服务对象主要是 14~16 岁被视为成年人起诉的青少年。除了提供法律辩护外，青少年辩护项目还有一个强大的社会工作/社会服务部分，将这些青少年与所需的服务联系起来，帮助他们走向一条比监禁生活更积极的未来之路。除了帮助案主个人，"布朗克斯辩护人"还通过社区接纳和外展计划吸引了数千人。它还推出了许多创新举措，包括公益培训、社区组织和诉讼，旨在为其服务的社区带来真正和持久的变革。②

创伤知情学校（Trauma-Informed Schools）：创伤知情的科学依据是，儿童不良行为是由不安全感和恐惧造成的，而不是自己选择造成的，它承认受创伤的儿童在没有适当支持和干预的情况下本身是缺乏学习能力的。由于其接受过心理健康的培训和对社区资源的了解，社会工作者在创建积极的创伤知情学校方面发挥着举足轻重的作用。

"学校社工……充当评估学校文化的推动者；评估学校纪律政策；确定循证的社会情感学习课程；与外部机构合作；并教育学生、工作人员和家庭去了解创伤的普遍性和影响。"③

在美国的一所高中，引入创伤知情的效果非常明显：第一年，校外停学减少了 85%，开除率下降了 40%。④

---

① S. Ehrhard-Dietzel, et al. "Implementation and Outcomes of an Innovative Front End Juvenile Justice Reform Initiative", 34 Child and Adolescent Social Work Journal (2016) pp. 223-234.

② Bronx Defenders. Adolescent Defence Project, (2018), https://www.bronxdefenders.org/programs/adolescent-defense-project/, visited on 10 November 2018.

③ J. L. Plumb, et al. School Social Work Journal, 40, 49, (2016).

④ J. E. Stevens. "Lincoln High School in Walla Walla, WA., Tries New Approach to School Discipline — Suspensions Drop 85 Per Cent", ACEs Too High News, https://acestoohigh.com/2012/04/23/lincoln-high-school-in-walla-walla-wa-tries-new-approach-to-school-discipline-expulsions-drop-85/, visited on 15 November 2018.

（四）结论

美国少年司法"体系"中存在几十个体系，与国家本身一样庞大和充满多样化，数百万儿童和青少年被分散在各个组成部分中。其中一些年轻人是被定罪的杀人犯；其他人只是因为逃学或不服从要求而同样被定了罪。尽管他们之间存在巨大差异，但他们都有一个共同点：更好的、早期的干预措施可能使其中许多人甚至可能是其中大多数人避免进入司法体系。一旦他们与体系接触，更好的服务可以使他们脱离这个体系，并回到积极、富有成效的生活道路上。

今天，美国社会工作者面临两大挑战：首先是与社区合作伙伴的合作，开发有想法、创造性的干预措施，以支持青少年发展。其次是推动对这些青少年进行有效干预的研究，以便使更多有风险和处于少年司法体系中的青少年能够获得最高质量的干预。尽管我们面临着复杂性和挑战，但我们也有巨大的机会进行深刻的改进。如果我们致力于通过创造性的合作、社区伙伴关系和有意义的、以结果为导向的研究来支持年轻人，我们就能打破孤岛困境，推动创新，为今天和未来若干年的数百万年轻人带来深远而持久的影响。

社会工作在少年司法中的作用：荷兰经验

一、荷兰少年司法社会工作的基本状况

荷兰的少年司法在过去的一个世纪里发生了显著的变化。但是少年司法机构和司法者所采用的旨在再教育和再犯预防的"教育导向"（pedagogical approach）基本上得以保留。本章将描述少年司法体系经历的发展和变革浪潮，重点是社会工作服务的参与。尽管对触法儿童的处理方式变得越来越具有惩罚性，但社会工作服务在少年司法程序中仍然发挥着核心作用。少年司法体系的总体目标——行为改善和再犯预防——需要社会工作者、观护官（probation officers）和心理学家的参与，从而与未成年人及其父母共同实现这些目标。

本章将首先从历史的角度介绍社会工作、少年司法、儿童保护的基本情况，并从法律和实践两方面介绍社会工作服务在荷兰少年司法体系中的具体作用。最后，本章将对这一体系所取得的成就、面临的挑战和改革进行分析，并给出一些结论性意见。

（一）社会工作

在荷兰，现代的社会工作学科起源于中世纪的救济穷人的私人倡议。济贫院的出现可追溯到1122年；13世纪，教堂和公共场所开始分发食物；1492年，荷兰开设了第一家孤儿院。以上所有举措都源自基督教的慈善事业。[①] 到了19世纪，关于贫困和犯罪原因的观点发生了变化。贫困被视为人们懒惰和缺乏责任感的结果，下层阶级受到了"文明运动"（civilizing campaigns）的冲击。这是社会

---

① M. van der Linden. Korte geschiedenis van het social werk in Nederland, retrieved from https://www.bodyofknowledgesociaalwerk.nl/pagina/korte-geschiedenis-van-het-sociaal-werk-nederland.

工作专业化的第一步，第一所社会工作学校成立于 1899 年。[①] 然而，几十年来，对于贫困家庭、困境儿童、寄养和收养等方面的社会工作和儿童保护工作都是由非专业人士提供的。同时，慈善机构和青少年管教所（borstals）的员工受教育程度都很低，并且长时间在恶劣的条件下工作却被支付很少的工资。直到第二次世界大战后，慈善机构的工作人员漫长而缓慢的职业化发展才逐渐开始。[②] 1960 年左右，慈善机构中只有一半的照管人员拥有相关资质，而到了 1968 年，仍有几乎一半的家庭照管者（family guardians）没有相关资质。[③] 幸运的是，这种情况在 20 世纪 80 年代得到了改变。[④] 越来越多的教育项目开始关注社会工作学科，目前已有多所大学（应用科学）教授这一学科。

（二）少年司法

"独立的少年司法体系基于人道主义关怀。"[⑤]

1. 简史与发展

自 16 世纪以来，荷兰的儿童保护和少年司法体系具有福利导向的特征。到了 18 世纪和 19 世纪，人们对童年和青春期的观念发生了变化：儿童必须为成年期做好准备。人们对人身刑罚的反对开始增加；人身刑罚越来越被看作是野蛮和无效的，人们认为应该通过心理社会干预来改变行为。[⑥] 荣格·塔斯（Junge r-Tas）解释说：

"新理性主义寻求对儿童更有影响的、更人道的干预方式。它基于两个理念：第一，偏差和罪错行为与其说是由孩子天生的邪恶造成的，不如说是由孩子所处的成长环境造成的。贫穷、疏于照管和遗弃会导致流浪、偏差和罪错。第二，乐

---

① J. Junger-Tas. "Youth justice in the Netherlands", in M. Tonry and A. N. Doob (eds.), Youth crime and youth justice. Comparative and cross-national perspectives (The University of Chicago Press, Chicago, 2004), pp. 300-301.

② I. Weijers. "Geschiedenis van het jeugdstrafrecht", in I. Weijers (ed.), Jeugdstrafrecht. In internationaal perspectief (Boom Juridische Uitgevers, Den Haag, 2017), pp. 19-38.

③ I. Weijers. De creatie van het mondige kind. Geschiedenis van pedagogiek en jeugdzorg (Uitgeverij SWP, Amsterdam, 2001).

④ Weijers. supra note 4; I. Weijers and T. Liefaard, "Youngsters", in M. Boone and M. Moerings (eds.), Dutch Prisons (Boom Juridische uitgevers, Den Haag, 2007), pp. 127-166.

⑤ Junger-Tas. supra note 2, p. 316.

⑥ Junger-Tas. supra note 2.

观地误以为只要采取矫正的措施，反社会行为就可以被消除。"①

19世纪，许多为被虐待、疏于照管或罪错的儿童提供服务的机构成立了。人们普遍的观点是将这些孩子与堕落的、容易导致犯罪的"下层社会"环境隔离开来。② 因此建立了两种类型的机构：为被遗弃和疏于照管的儿童提供服务的私立机构，以及为罪错儿童提供服务的国家机构。③

1901年，荷兰颁布了三部儿童保护法：《民事儿童法》（Civil Child Act）、《刑事儿童法》（Penal Child Act）和《儿童（框架）法》［Child（Framework）Act］。其中《儿童（框架）法》包含了关于慈善机构、青少年管教所、孤儿院、监护组织（guardianship organisation）和法院等实施和执行其他两部法律中相关措施和处置的条款。这三部法律于1905年生效。这些法律规定的主要原则是，可以限制父母的权力，以及罪错儿童应该被再教育而不是惩罚。在法庭的处置中，以儿童未来的发展而不是罪行本身为指导原则。与此同时，废除了10岁的最低刑事责任年龄（MACR）（由1886年《刑法典》颁布），将法律适用范围改为18岁以下的儿童。④ 此外，法官在量刑或采取措施时，应该以对儿童需求的个体评估为参考，而不是他的罪行或刑事责任。为此，监护组织会对儿童及其家庭进行初步调查。此外，儿童被赋予了某些程序性权利，例如庭审不公开举行，儿童被要求出庭，他的父母也会被邀请，同时会为他们指定律师。⑤ 少年法官被授予了广泛的自由裁量权，儿童通常由一名法官审理（unusjudex）。1921年，专门的少年法庭和法官被写入法律，并于1922年生效。⑥ 福利导向体现为以下几个原则：

——国家亲权理念占主导地位：所有相关参与方都以儿童的最佳利益为重；

——行为与惩罚相称的原则被拒绝：儿童个人的利益在决策中占主导地位；

——处遇优于惩罚：这导致了转处措施的发展；

---

① Junger-Tas. supra note 2, pp. 302-303.

② E. Dumortier, "Under Pressure? The Foundations of Children's Courts in Europe" in B. Goldson（ed.）, Juvenile Justice in Europe. Past, Present and Future（Routledge, London / New York, 2018, pp. 3-23.

③ Junger-Tas. supra note 2.

④ Junger-Tas. supra note 2; Weijers and Liefaard, supra note 5.

⑤ Junger-Tas. supra note 2; Weijers and Liefaard, supra note 5.

⑥ Weijers, Liefaard. supra note 5.

——诉讼程序是非正式的，与成年犯罪嫌疑人相比，儿童受到的程序保障较少。[①]

20世纪60年代，几个西欧国家颁布了新的少年刑事法律。在荷兰，最低刑事责任年龄被重新规定为12岁。此外，社会工作者、心理学家和教育工作者等社会专业人士越来越多地参与到少年司法体系中来。[②]与此同时，从60年代中期开始，受美国最高法院在肯特（Kent）案（1966年）和高尔特（Gault）案（1967年）中作出的里程碑式判决的影响（参见本书中"社会工作在少年司法中的作用：美国经验"章节），荷兰少年司法福利导向开始慢慢瓦解。除了越来越重视儿童的正当程序权利之外，荷兰少年司法体系由于不能提供循证的且能够适用于最困难和最严重的罪错儿童的非监禁措施以替代羁押，导致该体系开始逐渐崩塌。[③]从20世纪80年代起，具有典型意义的荷兰最低限度干预政策消失了，这可以从对未成年人罪错行为的各种司法回应的拓展、青少年监禁机构数量的迅速增加以及大量青少年被剥夺自由等方面得到证明。[④]如下文即将介绍的，转处导致了社区服务等干预措施的大幅增加，以及没有其他地方像荷兰这样大规模地执行羁押候审措施（现在仍是）。[⑤]

1995年，修订后的《未成年人刑法》（Juvenile criminal law）生效，反映了不断增加的惩罚性，并强调了未成年人的责任。例如，判处最高期限监禁刑的判决有所增加，以及16~17岁的未成年人被转送成人刑事司法体系的条件有所放宽。[⑥]不仅如此，少年司法体系被简化，与成人刑事司法体系越发相似，如在未成年人享有正当程序权利方面。[⑦]由于这些立法上的变化，少年法官的主导地位基本上消失了。此前，少年法庭的法官在荷兰儿童保护署（Raadvoor de Kinderbescherming）的支持下独自审理未成年人案件。几十年来，少年法庭是唯一可以

---

① Junger-Tas. supra note 2, pp. 315-316；同时见 Dumortier, supra note 9。

② Weijers, Liefaard. supra note 5.

③ Junger-Tas. supra note 2.

④ Weijers, Liefaard. supra note 5.

⑤ P. H. van der Laan, "Just Desert and Welfare：Juvenile Justice in the Netherlands", in J. Junger-Tas and S. H. Decker（eds.），International Handbook of Juvenile Justice（Springer Dordrecht，2006），pp. 145-172；S. E. Rap and I. Weijers，The Effective Juvenile court. Juvenile Justice procedures in Europe（Eleven International Publishing，The Hague，2014）.

⑥ Weijers, Liefaard. supra note 5.

⑦ Junger-Tas. supra note 2.

对罪错青少年以及与收养、离婚和儿童保护有关的家事案件作出任何裁决的机构。① 检察官在对案件作出任何决定之前都必须和法官商议，而法官会监督刑罚的执行。1995 年以后，法官的这一核心职能被转移给儿童保护署，以保证法官的独立地位，减少家长式的主导作用（paternalistic role）。② 少年法官作为"儿童保护的主导"（central patriarch of the child protection）③ 的独特地位受到侵蚀的另一个原因，可以从 20 世纪 80 年代至 90 年代普及和广泛使用的转处措施中被发现。在荷兰，警方和检察官在办理案件时都获得了广泛的自由裁量权。④

如今，儿童保护署接替了法官过去的主导职能，负责与检察官一起办理少年司法案件。法官对青少年个人背景和情况的了解在很大程度上取决于儿童保护署或未成年人观护服务提供的社会工作报告的内容（详见下文）。⑤

2. 年龄限制

在荷兰，年满 12 岁的儿童实施罪错行为，会被起诉到少年法庭（《刑法典》第 77（a）条）。不满 12 周岁被视为不需承担刑事责任，但当儿童遇到某些问题时，他/她可以通过民事儿童保护体系得到监管和照顾。对于 12 岁至 18 岁的儿童，《刑法典》（Criminal Code）和《刑事诉讼法典》（Criminal Procedure Code）分别作出了规定。但是，如果一个已满 16 岁或 17 岁的未成年人被怀疑犯有严重罪行，那么他可以被移交至成人刑事司法体系。这取决于这一罪行的严重性、被告人的人格或这一罪行是在何种情况之下发生的 [《刑法典》第 77（b）（1）条]。然而，即使适用这一规定，该案件仍然属于少年司法体系；少年法庭的法官将是审理这一案件的三名法官之一，对这一案件的审判也将遵循少年法庭的程序。如果这名青少年被判定有罪，那么法官可以依照成人刑事法庭的规定进行量

---

① I. Weijers, et al. "Juvenile Justice and Juvenile Crime: Tradition and Topicality of an Interdisciplinary Approach", in F. de Jong（ed. ）, Overarching views of delinquency and deviancy. Rethinking the legacy of the Utrecht School（Eleven International Publishing, Den Haag, 2015）, pp. 367-384.

② Junger-Tas. supra note 2.

③ J. C. Hudig. "De macht van de jeugdrechter" in C. Kelk, M. Moerings, N. Jörg and P. Moedikdo（eds. ）, Recht, macht en manipulatie（Aula, Utrecht, 1976）, pp. 294-310.

④ Weijers, et al. supra note 21; P. Vlaardingerbroek, "De samenhang tussen het jeugdstrafrecht en het civiele jeugdrecht", in I. Weijers（ed. ）, Jeugdstrafrecht. In internationaal perspectief（Boom Juridische Uitgevers, Den Haag, 2017）, pp. 61-82.

⑤ S. Verberk, K. Fuhler. De positionering van de jeugdrechter（Raad voor de Rechtspraak, Den Haag, 2006）.

刑。然而，荷兰的研究显示，对于 16 岁或 17 岁的未成年人所实施的成人监禁判决，从未超过青少年羁押最高两年的期限。① 此外，被转送到成人刑事司法体系中的未成年被告人的数量非常少。②

2014 年 4 月，荷兰《青少年刑法》（Adolescent Criminal Law）生效。在这部法律中，将《刑法典》第 77（c）条所规定的 18~21 岁的年轻成年人可适用未成年人刑法中的年龄上限从 21 岁延长到了 23 岁。根据这一条款，年轻成年人视其个人人格或实施犯罪行为的情况等，可以按照少年司法体系进行审判。在实践中，这一规定得到越来越多的应用，但仍然受到一定范围的限制。其中与对符合青少年刑法的适用对象的混淆有关。③

3. 荷兰少年司法体系的数据

在过去的 10 年里，与西欧其他国家一样，荷兰未成年人罪错率急剧下降。④ 警方的统计数字显示，自 2007 年以来，未成年犯罪嫌疑人的数量下降了大约 65%。这种下降在所有类型的犯罪中都可以看到，包括男孩和女孩，以及具有不同种族背景的未成年人。⑤ 表 7 显示，被警方讯问的未成年人的数量在一年之内下降了 12%，而被警方拘留的未成年人数量则下降了 4%。大约 80% 的未成年犯罪嫌疑人是男性。总体而言，47% 的未成年犯罪嫌疑人来自少数民族背景（其中女性占 10%）。⑥

---

① I. Weijers. Jeugdige dader, volwassen straf？（Kluwer, Deventer, 2006）.

② 2014 年，67 名青少年被依照成人刑事司法处以判决，占所有青少年案件的 2.5%。A. M. van der Laan, et al. Adolescentenstrafrecht. Beleidstheorie en eerste empirische bevindingen（WODC/Boom Criminologie, Den Haag, 2016）.

③ T. Liefaard, S. E. Rap. "Het adolescentenstrafrecht in Nederland: de stand van zaken bijna 4 jaar na invoering van de Wet Adolescentenstrafrecht", 60: 3 Tijdschrift voor Criminologie（2018）, pp. 364-375.

④ L. McAra, S. McVie. "Transformations in youth crime and justice", in B. Goldson（ed.）, Juvenile Justice in Europe. Past, Present and Future（Routledge, London / New York, 2018）, pp. 74-103.

⑤ P. R. Smit, R. J. Kessels. "Misdrijven", in S. N. Kaldien（ed.）, Criminaliteit en Rechtshandhaving 2017. Ontwikkelingen en samenhangen（WODC/CBS/Raad voor de rechtspraak, Den Haag, 2018）; B. Berghuis and J. de Waard, "Declining Juvenile Crime-Explanations for the International Downturn", originally published in Dutch under the title "Verdampende jeugdcriminaliteit: Verklaringen van de internationale daling", 43: 1 JustitiëleVerkenningen（2017）, pp. 10-27.

⑥ S. N. Kalidien. Criminaliteit en Rechtshandhaving 2016. Ontwikkelingen en samenhangen（WODC/CBS/Raad voor de rechtspraak, Den Haag, 2017）.

从绝对数量来看，被剥夺自由的未成年人数量从 2007 年的 3500 人下降到了 2006 年的 1000 人多一点。因此，在过去几年里，荷兰有一半的青少年监禁机构已经关闭，但仍然保留 7 个继续运营。① 值得注意的是，这些机构中所羁押的有大约 75% 的是候审的未成年人，他们尚没有被判定有罪或量刑。上述情况可以得出结论，大多数被控犯有（严重）罪行的未成年人在审前阶段就已经被无条件羁押。如果这些青少年最终被判定有罪，一般来说会在刑期中扣除他们审前被羁押的时间，以使他们能够被附条件释放。②

依照未成年人刑法被判决的年轻成年人的数量仍然很低。2016 年，在《青少年刑法》生效后，这一数据从 1% 升至 5%。③

表 7　未成年人罪错率④

单位：人

	2015 年	2016 年	差异
被警方讯问的未成年人⑤	37592	33083	−12%
被警方拘留的未成年人⑥	7450	7116	−4%
在青少年羁押机构的未成年人	1029	1054	+2%

---

① UNICEF Nederland/Defence for Children, Jaarbericht Kinderrechten（UNICEF/DCI, Den Haag/Leiden,2017）.

② Y. N. van den Brink. Voorlopige hechtenis in het Nederlandse jeugdstrafrecht:wet en praktijk in het licht van internationale en Europese kinder- en mensenrechten（Wolters Kluwer,the Meijers Research Institute and Graduate School of the Leiden Law School of Leiden University nr. MI 296,Deventer,2018）（Dissertation Leiden University）.

③ C. S. Barendregt,et al. De toepassing van het jeugdstrafrecht bij jongvolwassenen in de praktijk. Een procesevaluatie van het adolescentenstrafrecht（WODC, Den Haag, 2018）；Van der Laan, et al. ,supra note 27。

④ UNICEF Nederland/Defence for Children, supra note 32.

⑤ 这里涉及的是 12~18 周岁的未成年人。2016 年，荷兰有 220 万名 12~23 周岁的儿童和年轻成人，其中 54% 在 12~18 周岁之间。A. M. van der Laan, M. G. C. J. Beerthuizen. Monitor Jeugdcriminaliteit 2017. Ontwikkelingen in de geregistreerde jeugdcriminaliteit in de jaren 2000 tot 2017（WODC/CBS,Den Haag,2018）.

⑥ 这里涉及的是案件数,而不是人的数量,也就是说警方有过多次接触的未成年人会被重复计算。2016 年,约有 2 万名未成年人被警方登记为未成年犯罪嫌疑人。

4. 少年司法程序的各个阶段

在荷兰，调查法官（investigating judge）主导对未成年人开展初步调查（《刑事诉讼法典》第170条），但是如果案件涉嫌的罪行不严重或不复杂，这一程序通常会被忽略，未成年人也不会被审前羁押。负责初步调查的检察官可以申请对未成年人进行审前羁押（《刑事诉讼法典》第57条、第63条、第65条）或附条件中止审前羁押，同时他可以要求对未成年人进行司法精神病学调查（《刑事诉讼法典》第227条）。上述工作要在未成年犯罪嫌疑人被移交给调查法官之前的90个小时（即3天零18个小时）以内完成，调查法官将对警方实施拘留与羁押行动的合法性进行审查（《刑事诉讼法典》第57条）。根据法律规定，负责初步调查的预审法官应该是专门的少年法庭的法官（《刑事诉讼法典》第492条）。然而在实践工作中，并非每个法庭都可以做到上述规定，因为负责成人刑事案件审判的法官可能被指派到少年法庭作为替补，以完成对未成年人的预审工作。如果检察官要求附条件中止审前羁押，法官应在征求儿童保护署的意见后，决定中止羁押应附加哪些条件［《刑事诉讼法典》第493（6）条］。因此，法官需要了解青少年的现状，例如家庭情况、他的学校记录、他的课余时间等。一般来说，法官会收到一份（初步的）社会调查报告，但由于出具报告的时间期限较短，报告主要是基于对青少年本人的简短访谈以及与其父母的电话访谈而作出的。此外，观护服务部门也会被要求对中止羁押的条件和干预措施提供可行性建议。① 法官将根据社会调查报告和青少年及其父母在庭审上所提供的资料，决定中止审前羁押应附加何种条件。② 参与审前阶段的法官不得作为主审法官出庭审理案件［《刑事诉讼法典》第268（2）条］。

直到2011年，未成年人在被警方拘留并讯问时，仍没有免费的法律援助律师。只有当他被审前羁押时，才会被指派一名代理律师（《刑事诉讼法典》第40条）。随着欧洲人权法院对土耳其的赛尔杜案（Salduz v. Turkey）和塞浦路斯的帕诺维茨案（Panovitz v. Cyprus）的审判，③ 荷兰最高法院规定，未成年犯罪嫌疑人有权事先咨询律师，并在第一次被警方讯问以及此后的每一次讯问时得到律

---

① Van den Brink. supra note 33.

② S. E. Rap, The participation of juvenile defendants in the juvenile court: A comparative study juvenile justice procedures in Europe（Pallas Publications, Amsterdam, 2013）（Dissertation Utrecht University）.

③ ECtHR, 27 November 2008, appl. no. 36391/02；ECtHR, 11 December 2008, appl. no. 4268/04.

师的援助。① 2017 年，《刑事诉讼法典》进行了修订，警方拘留的犯罪嫌疑人被赋予了在接受警方讯问时有律师在场以及咨询律师的权利［《刑事诉讼法典》第28（c）（d）条］。② 此外，未成年人不得放弃在讯问前咨询律师的权利（《刑事诉讼法典》第 489 条）。当未成年人在警察局接受讯问时，警方应尽快通知他的父母或其他家庭成员。③ 如果未成年人被审前羁押，那么应该给他指派一名免费的当值律师（《刑事诉讼法典》第 40 条）。青少年需要出庭［《刑事诉讼法典》第 489（1）（c）条］的案件、被检察官处以 20 小时以上的社区服务令或 115 欧元以上罚款的案件［《刑事诉讼法典》第 489（1）（a-b）条］，也同样适用上述规定。如果未成年人案件被转处，如被警方处理或者被检察官处以比较轻的刑罚，那么将不会被指派免费的律师。

　　警方有对案件进行处置的权力。在警方侦查阶段和检察院审查起诉阶段"存在着各种各样的转处机制"。④ 基本上警方在处理案件时有广泛的自由裁量权，他们将决定哪些案件被移交给检察官。⑤ 警方可以撤案，将青少年送去参加自愿性社会支持服务（由当地的青少年照管组织提供）或者将案件转介给儿童保护署，以调查青少年是否需要支持。⑥ 警方也可以对青少年进行口头警告并通知他们的父母。⑦ 或者，警方可以将犯轻微罪行（如故意破坏他人或公共财物、乱涂乱画或入店行窃）的未成年人转介到一个名为"Halt"的社区服务项目。⑧ "Halt"是一个为首次出现罪错行为的未成年人提供至多 20 小时的恢复性与教育

----

① HR 30 June 2009,LJN:BH3079,NJ 2009,349.

② 有趣的是，对于向警方自首的嫌疑人，情况并非如此。

③ Policy Instruction for the Police,art. 27(1)［Ambtsinstructie voor de politie］.

④ C. Brants,S. Field. "Discretion and Accountability in Prosecution:A Comparative Perspective on Keeping Crime Out of Court",in P. Fennell,C. Harding,N. Jörg and B. Swart（eds.）,Criminal justice in Europe. A comparative study（Clarendon Press,Oxford,1995）,pp. 127-148.

⑤ L. Gelsthorpe,et al. "Diversion in English and Dutch Juvenile Justice",in P. Fennell,C. Harding,N. Jörg and B. Swart（eds.）,Criminal justice in Europe. A comparative study（Clarendon Press,Oxford,1995）,pp. 199-226.

⑥ 如果一名未满 12 周岁的儿童与警方接触，警方将向当地政府报告，当地政府是当地青少年关护服务的"看门人"。

⑦ Directive and framework criminal procedure for juveniles and adolescents,including sentencing guidelines. Halt［Richtlijnen kader voor strafvordering jeugd en adolescenten,inclusief strafmaten Halt（2018R007）］.

⑧ 荷兰语中的"Halt"是"供替代的选择"（Het Alternatief）的缩写。

性服务计划的组织［《刑法典》第 77（e）条］。最后，警方也可以决定将案件移交给检察官做进一步的处理。①

荷兰的检察官有对案件提起公诉或作出不起诉决定的法定权力（依照适当性原则②）。然而，检察官也可以对犯罪情节轻微或被处以 6 年以下有期徒刑的案件作出附条件撤销案件［《刑法典》第 74 条、第 77（a）条］的决定。自 1983 年以来，检察官开始尝试通过刑事处罚令对案件和犯罪嫌疑人进行处置。1995 年，这种转处方式被纳入刑法［《刑法典》第 77（f）条］。2011 年，检察官被赋予更多的权力，自那时起，他们可以宣布被告人有罪并同时通过刑事处罚令（settlement，荷兰语术语为 strafbeschikking）对被告人施以惩罚。被告人如果不同意检察官的决定，可以提出上诉［《刑事诉讼法典》第 257（e）条］。检察官可以对未成年被告人处以 60 小时的社区服务、罚款或 6 个月观护期［《刑法典》第 77（f）条］。③ 同时，检察官必须邀请青少年及其父母出席庭审，就青少年的罪行和个人情况进行讨论（《刑事诉讼法典》第 257 条第 1 款）。④ 综上所述，检察官在未成年人案件的审理过程中占据主导地位，对于案件是否被移送法院起着重要的作用。⑤ 荷兰的检察官设置了专门的未成年人检察官和书记员来处理未成年人案件。⑥

在法庭上，未成年人案件由一名法官审理［《刑事诉讼法典》第 495（1）条］，或者由三名法官组成一个审判小组，其中一名法官是少年法庭的法官

---

① Van der Laan. supra note 18.

② 适当性原则（the principle of opportunity）是荷兰法律的一个原则，意指检察官有决定案件起诉是否适当的自由裁量权，他可以作出不起诉的决定或是撤销案件（《刑事诉讼法典》第 12~13 条）。

③ J. uit Beijerse, L. Dubbelman. "De politie en het Openbaar Ministerie in jeugdstrafzaken", in I. Weijers（ed.）, Jeugdstrafrecht. In internationaal perspectief（Boom Juridische Uitgevers, Den Haag, 2017）, pp. 239~272.

④ Directive and framework criminal procedure for juveniles and adolescents, including sentencing guidelines. Halt［Richtlijn en kader voor strafvordering jeugd en adolescenten, inclusief strafmaten Halt（2018R007）］.

⑤ Uit Beijerseand Dubbelman, supra note 53; VerberkandFuhler, supra note 27; Vlaardingerbroek, supra note 26.

⑥ C. Dronkers, J. M. ten Voorde. "OM-gaan met gestoorde ontwikkeling bij jong-volwassenen" in T. A. H. Dorelijers, J. M. ten Voorde and M. Moerings（eds.）, Strafrecht en forensische psychiatrie voor 16- tot 23-jarigen（Boom Juridische Uitgevers, Den Haag, 2010）, pp. 39~50.

[《刑事诉讼法典》第 495（3）条]。对未成年人刑法的修改于 1995 年生效，这一修改调整了少年法庭法官的角色。在 1995 年以前，少年法庭的法官需要与检察官、儿童保护署保持定期联络。① 现今，少年法庭的法官不用再参与这些会议，与此同时，警方被纳入其中。② 荷兰的法院在处理未成年人案件时的做法各不相同：有些法院的法官处理所有与儿童有关的案件；另一些法院的未成年人刑事案件则由少年法庭的法官审理，而少年法庭的法官不参与与儿童保护、家庭法相关案件的审理。③ 检察官主要负责确保判决得到执行（《刑事诉讼法典》第 553 条）。而其他机构，比如儿童保护署和未成年人观护部门，则负责刑罚的具体实施。如果青少年服刑人员不履行判决或不遵守判决中的规定，那么检察官就会介入。从原则上来说，当一个案件有了最终判决结果之后，法官将不再参与后续的工作。

在审判过程中，法官起主要作用；他负责主导对未成年被告人的庭审工作，以查明其被指控罪行的真相。未成年被告人需自行回答法官所提出的问题，其律师或父母不得干涉。④ 检察官在审前会将案件卷宗准备好，同时儿童保护署会提交一份社会调查报告（《刑事诉讼法典》第 494 条）。庭审过程中可以传唤证人，但是对于不复杂的案件来说，这种情况很少发生。被告人享有传唤证人的明确权利 [《刑事诉讼法典》第 287（3）（a）条]，对于未满 16 周岁的青少年，其律师同样拥有传唤证人的独立权利。⑤

从 2011 年起，父母被要求必须出席其子女案件的庭审 [《刑事诉讼法典》第 496（1）条]。如果父母没有出席庭审，只有未成年被告人及其律师到场，那么依照法律规定，这个案件将被延期审理，未成年被告人的父母则会被通知新的开庭日期 [《刑事诉讼法典》第 496（a）（1）-（2）条]。遵循儿童最佳利益原则，如果未成年被告人的父母无稳定居所或地址，或者此案件已经被延期过一次，那么即便父母不能出席庭审，法院也会继续审理这一案件 [《刑事诉讼法

---

① G. de Jonge, A. P. van der Linden. Jeugd & Strafrecht（Kluwer, Deventer, 2007）.

② Directive and framework criminal procedure for juveniles and adolescents, including sentencing guidelines. Halt [Richtlijn en kader voor strafvordering jeugd en adolescenten, inclusief strafmaten Halt（2018R007）].

③ I. Weijers. supra note 3.

④ De Jonge, Van der Linden. supra note 55.

⑤ G. P. M. F. Mols, Getuigen in strafzaken（Kluwer, Deventer, 2003）.

典》第 496（a）（3）条]。① 在少年法庭的庭审过程中，未成年被告人的父母通常都有机会向法官作出陈述。他们可以对在庭审过程中听到的任何事情发表评论，同时依据法律规定，他们也可以提出任何意见来为子女辩护 [《刑事诉讼法典》第 496（2）条]。

5. 处置

如上文所述，警方和检察官对于未成年人案件有广泛的自由裁量权。因此，很多未成年犯罪嫌疑人被警方或者检察官适用了转处措施。2016 年，司法转处项目"Halt"接收了 17000 名未成年人；检察官对 8700 名未成年人适用了刑事处罚令，将 7700 名未成年人移送至法院。在这 7700 名未成年人中，有 5600 人被法官判处了刑罚。②

总体而言，社区服务令是荷兰少年司法体系中使用最广泛的一种处置方式。自 20 世纪 80 年代以来，"社区服务，除非……"成为主流的思维方式，这意味着相较于更加严厉的量刑，社区服务令成为普遍优先的量刑选择。③ 警方的分流项目"Halt"被看作最低层级的社区服务令。"Halt"项目中的服务具有教育性和恢复性，其最长期限为 20 小时。在检察官审查阶段，社区服务令也是主要的处置措施，这一阶段的社区服务令最长期限为 60 个小时。警方和检察官所作出的转处处遇不能限制任何行为、剥夺任何自由。在法院阶段，刑罚和可以采取的措施（measure）是有区别的。只有在被告人被证明有罪的情况下，才能够对其判处刑罚。而采取措施则不需要证明被告人有罪或有犯罪意图。采取措施的目的是维护社会安全，避免犯罪人再次实施犯罪行为，同时补偿被害人遭受的损失。④

适用于未成年人的刑罚包括罚金（最高 4100 欧元）、社会服务（最高 240 小时）以及青少年监禁刑（12~15 岁最高 1 年，16~17 岁最高 2 年）。最常见的可

---

① 法律要求父母必须到场的原因是为了加强要求民事赔偿的被害人的地位。但在荷兰，父母只对 14 岁以下的儿童承担民事责任（《民法典》第 6：169 条）。如果儿童在 14~16 岁，那么父母只有在他们没有对儿童提供足够的监管以及他们本可以阻止儿童的有害行为时，对儿童承担民事责任 [《民法典》第 6：169（2）条]。

② Kalidien. supra note 31.

③ F. Imkamp. "Taakstraffen in het jeugdstrafrecht", in I. Weijers（ed.），Justitiële Interventies. Voor jeugdige daders en risicojongeren（Boom Juridische Uitgevers，Den Haag，2008），pp. 31-44.

④ G. de Jonge. "Straffen en maatregelen voor jongeren", in I. Weijers（ed.），Justitiële Interventies. Voor jeugdige daders en risicojongeren（Boom Juridische Uitgevers，Den Haag，2017），pp. 151-186.

以采取的措施包括在青少年监禁场所的处遇措施（最高 6 年，外加 1 年的跟进服务）、行为处遇措施（behavioural treatment measure，6～12 个月）、限制自由令（restriction of liberty orders，例如对外界联系或出入地点的禁令）。未成年人观护可以被当作未成年人附条件判决（conditional sentence）的条件。在所有未成年人案件的判决结果中，社区服务令的比例占 54%。2016 年，5700 名未成年人开始接受未成年人观护服务部门的监管。① 观护服务部门是经地方政府认证并运行的青少年照管机构，同时还负责开展志愿青少年照管服务以及法院判处的儿童保护措施。

除了法律规定的刑罚和措施以外，有针对性的行为干预也被应用在法院的判决体系当中。这些干预措施包括家庭干预，比如系统性家庭治疗（multi-systemic therapy）、功能性家庭治疗（functional family therapy），同时也包括针对攻击性行为和药物滥用等行为的个人干预。观护官可以联系一位专门提供青少年照管服务的工作人员开展上述干预措施。②

（三） 少年司法和儿童保护

上文所述的历史发展表明，荷兰的少年司法体系是以罪错未成年人为中心的，目的在于罪错未成年人的再社会化、再教育以及重新融入社会。从 20 世纪 80 年代开始，这一做法从性质上变得更加合法，强调了对未成年被告人的司法保护以及对罪错行为的刑罚回应（例如，社区服务令）。③ 在 1995 年法律修订之前，少年法庭的法官在儿童保护署的支持之下，独自处理所有少年法庭的案件。少年法庭的法官既审理民事案件也审理刑事案件，同时还监督所有涉及儿童及其家庭的案件。如今，少年法庭的法官是属于刑事法庭还是家事法庭，取决于法院的机构设置。只有在后一种情况下，法官才同时处理未成年人刑事案件以及民事儿童保护案件。然而，涉及同一名儿童的刑事案件与民事案件是分开审理的，且不一定由同一名法官负责，因此法官们有时并不了解不同的司法程序和所采取的措施。专业的社会工作者便负责将已采取的儿童保护措施或尚未判决的刑事案件情况，告知法官。④ 从理论上讲，处理少年司法案件的检察官可以要求法官下令

---

① Kalidien. supra note 31.

② I. Weijers, et al. Jeugdige Veelplegers（Uitgeverij SWP, Amsterdam, 2010）.

③ Vlaardingerbroek. supra note 24.

④ Vlaardingerbroek. supra note 24.

实施监督措施［《民法典》第1：254（4）条］或者在少年法庭审判期间将青少年照管起来［《民法典》第1：261（1）条］，但检察官们很少这样做。① 在实践中，通常是儿童保护署要求法官将青少年置于监管之下（由于其违法行为），并对此案件启动单独的民事程序［《民法典》第1：254（4）条］。

在儿童被害人保护以及预防未成年人罪错方面，提供照管服务是主要的干预途径。在荷兰，自2015年1月1日起，地方政府负责提供自愿性和强制性的青少年照管服务。②《荷兰青少年法》（Dutch Youth Act）的一条重要原则是，为儿童提供的照管与支持服务必须以儿童及其家庭本身的能力、参与度和解决问题的能力以及他们自身的社会支持网络为基础（《荷兰青少年法》的解释性备忘录）。地方政府在组织和提供青少年照管服务方面负有广泛的责任。当父母和儿童需要帮助时，他们可以联系当地政府的照管服务团队。如果当地的团队认为由于家庭及其社会支持网络能力不足或不充分，上述求助确实必要时，那么服务提供者将对求助者提供青少年照管服务。③

当自愿性的青少年照管服务不能或者不足以满足儿童被照料和保护的需要时，儿童保护署将开展调查工作，并可能要求法院下发儿童保护令（《民法典》第1：255条和第1：266条）。儿童保护令包括家庭监管，家庭必须接受青少年照管机构的社会工作者的帮助。与自愿性服务的框架类似，上述服务也是由当地的青少年照管服务提供者开展的。④

二、社会工作服务在荷兰少年司法工作中的作用

（一）少年司法社会工作的法律基础

从国际儿童权利的相关规定来看，少年司法体系不应该侧重于镇压与惩罚，而是应当注重促进触法儿童的再社会化以及重新融入社会（联合国《儿童权利

---

① Vlaardingerbroek. supra note 24.

② 2015年以前，各省政府在对青少年提供照管服务方面负有法律责任。

③ S. E. Rap, et al. "Children's Participation in Dutch Youth Care Practice：An Exploratory Study into the Opportunities for Child Participation in Youth Care from Professionals' Perspective", 25：1 Child Care in Practice（2018），pp. 1-14.

④ Netherlands Youth Initiative, Dutch Youth Care System, https：//www. youthpolicy. nl/en/Introduction-to-Dutch-youth-policy/Dutch-youth-care-system.

公约》第 40 条；《儿童权利公约》第 10 号一般性意见 23；29 段）。司法体系对待未成年人的方式应该是促进他们的尊严和价值感的提升，并帮助他们重新融入社会［《儿童权利公约》第 40（1）条］。1985 年，《联合国少年司法最低限度标准规则》（"北京规则"）更加具体地规定了"在所有案件中（……），应适当地调查未成年人生活的背景和环境，以及在何种条件下他们实施了罪错行为"［第 16（1）条规则］。此外，这些规则还规定了儿童的福祉应该成为审判过程中的指导性因素［第 17（1）（d）条规则］。这些规则要求在案件审理过程中，可以提供足够的社会服务，以向法庭提供信息。最近，欧洲委员会（2010）在《欧洲委员会部长委员会关于儿童友好司法的准则》（Guidelines of the Committee of Ministers of the Council of Europe on child-friendly justice）中建议，少年司法体系应该与专业人员合作，以获得"对儿童的综合了解，以及对其法律、心理、社会、情绪、生理和认知情况的评估"［第 IV（A）（16）段］。这些准则强调了评估青少年背景情况的重要性，同时特别提倡多学科方法的介入［第 IV（A）（70-72）段］。

在整个地区层面，欧盟在关于刑事诉讼程序中涉罪儿童的程序保障指令中，① 规定了未成年人有权利受到有资质的工作人员提供的个人评估（第 7条）。② 个人评估的目的在于保障儿童的需要（即使是在刑事诉讼过程中），并为最终裁决提供信息［第 7（1）-（3）条］。对儿童的个人评估应该注重儿童的人格和成熟度，儿童的经济、社会和家庭背景，包括生活环境，以及儿童的任何具体弱点，比如学习障碍和沟通困难［第 7（2）条和第 36 款］。此外，在评估时应考虑儿童被指控罪行的严重性以及如果罪名成立其可能被采取的措施（第 37款）。个人评估应该在诉讼程序中的最早阶段开展，以及无论如何要在庭审之前进行［第 7（5-6）条］。

在荷兰，社会工作者参与少年司法程序的不同部分，并就社会工作者的咨询角色、实施措施与干预的角色进行了区分（详见下文）。儿童保护署负责向少年法庭的法官提供社会调查报告；调查报告是对青少年的个人评估，以对最适当的处置提供建议。如果检察官计划将青少年起诉到法院，那么他应当依法要求儿童保护署提供一份社会调查报告［《刑事诉讼法典》第 494（1）条］。儿童保护署

---

① EU Directive on Procedural Safeguards for Children Suspected or Accused in Criminal Proceedings,2016/800,11 May 2016.

② "有资质的工作人员"没有被进一步定义。

也可以自行通知检察官［《刑事诉讼法典》第494（3）条］。儿童保护署几乎要对每一个必须被起诉或者被审判的未成年被告人进行系统的社会调查。报告包括青少年及其家庭的社会背景信息，并对最适用于该青少年的处置或措施提出建议。措施的具体实施，例如观护，由具有资质的青少年照管组织执行，这些组织由当地政府运作，提供未成年人观护服务［《刑法典》第77（aa）（2）条］。

（二）社会工作在少年司法中的咨询作用

如上文所述，1995年《未成年人刑法》（Juvenile Criminal Law）修订之后，少年法官失去了其在少年司法程序中的中心地位。警察局、检察官、儿童保护署之间形成了新的协商机制。① 最近，警察一级建立了一套快速办理系统，这一系统可以在嫌疑人被拘留后的九小时内对其作出评估（这一制度也被称为"越快越好""ZSM"会议）。此后，警察、检察官和儿童福利署将一起决定案件如何处理，以及适用转处措施是否合适。② 嫌疑人在被拘留之后，快速办理系统要早于警察、检察官和儿童福利署对案件的共同协商。参与协商的部门不断扩充，地方政府、学校、青少年照管机构参与其中，并在地区性的安全之家（The Safety homes，Veiligheidshuizen）举行。通常来说，协商会议上将讨论相对严重或复杂的案件，这些案件在嫌疑人被拘留后的七天之内，通过快速办理程序尚未作出决定。安全之家是司法体系、福利系统以及其他地方机构的合作举措，旨在改善政府当局司法体系、福利系统以及其他地方机构间的合作，以解决涉及有风险的未成年人、重复犯罪、家庭暴力、服刑人员如何重回社会等复杂案件。共同协商的目的在于各部门交换信息，共同决定案件适用何种处置措施，并向法院提出建议。③

在荷兰，一名青少年被警方拘留后，警方会立刻通过"ZSM"会议让儿童保

---

① Junger-Tas. supra note 2.

② Uit Beijerse，Dubbelman. supra note 51；I. Mijnarends and E. Rensen，"De rechtspositie van de jeugdige verdachte op ZSM" in I. Weijers（ed.），Jeugdstrafrecht. In internationaal perspectief（Boom Juridische Uitgevers，Den Haag，2017），pp. 259-272；同见 Openbaar Ministerie，Landelijke invoering van de ZSM werkwijze，https://www. om. nl/@24445/factsheet-zsm/。

③ Directive and framework criminal procedure for juveniles and adolescents，including sentencing guidelines；Halt［Richtlijn en kader voor strafvordering jeugd en adolescenten，inclusief strafmaten Halt（2018R007）］。

护署介入。① 如果这名青少年处于在押状态，那么检察官也要通知儿童保护署
[《刑事诉讼法典》第 491（1）条]。社会工作者将对处于审前羁押阶段的未成
年被告人的福祉情况进行第一次评估，如果这名青少年是在周末被拘留的，也同
样如此。社会工作者将提交一份报告给检察官和预审法官，报告包括对于是否释
放这名青少年，或是延长在押候审期限，以及是否有必要对其进行进一步的个性
调查等方面的建议。② 检察官在申请对嫌疑人继续进行审前羁押前，必须参考这
些建议 [《刑事诉讼法典》第 491（2）条]。③ 一般来说，儿童保护署通常会建
议中止审前羁押，除非确实非常有必要继续羁押某一未成年人。④ 如果决定中止
审前羁押，可以附以特殊条件，例如由未成年人观护服务部门对其进行监督
(《刑事诉讼法典》第 80 条)。此外，这可能意味着要对青少年采取诸如加强监
督、培训计划、接触禁令、地点禁令、宵禁、禁止毒品和酒精、强制验血或验尿
或其他与这名青少年行为有关的干预措施。⑤ 电子监控可以附加在这些特殊条件
中。⑥ 如果检察官决定将青少年起诉到法院，那么他需要依法要求儿童保护署提
供一份社会调查报告，报告中需详细描述该青少年的社会背景，以及对适用何种
量刑或措施提出建议 (《刑事诉讼法典》第 494（1）条)。

如果青少年在被拘留后没有被羁押，他将被邀请到儿童保护署的办公室，由
社会工作者对其进行标准化评估。2012 年，少年司法程序中引入了标准化风险
评估工具 (Landelijk Instrumentarium Jeugdstrafrechtsketen)。通过档案分析、与青
少年及其父母的结构式访谈，以及与学校老师等相关人员电话访谈等方式，进行
资料的收集。评估的目的在于找到降低青少年再犯风险的干预措施。儿童保护署

---

① Directive and framework criminal procedure for juveniles and adolescents, including senten-
cing guidelines; Halt [Richtlijn en kader voor strafvordering jeugd en adolescenten, inclusief strafmaten
Halt (2018R007)].

② Uit Beijerseand Dubbelman, supra note 51.

③ 预审法官也可以要求儿童关护和保护委员会将青少年的情况告知给他/她，例如在继
续审前羁押一段时间之后 [《刑事诉讼法典》第 494（4）条]。

④ Van den Brink, supra note 33.

⑤ Art. 27(1) Decree on the enforcement of juvenile criminal law [Besluit tenuitvoerlegging
jeugdstrafrecht].

⑥ Art. 27(3) Decree on the enforcement of juvenile criminal law [Besluit tenuitvoerlegging
jeugdstrafrecht].

将以这一评估工具为基础提交报告。① 在这一阶段，也可以对青少年采取自愿性监督的措施。基本上所有未成年人刑事案件，儿童保护署都会向检察官（包括附条件撤销的案件）、预审法官或少年法庭的法官提交一份报告，并对适用何种处置措施提出建议。如果需要进一步的司法精神病学调查，将由荷兰司法精神病学和心理学研究所（NIFP）开展，该研究所将安排一位有资质的独立的心理学家或精神病学家进行评估并向法院提供建议。②

如果一个 18~23 岁的年轻成年人涉嫌犯罪，检察官可以下令对其处以适用于未成年人的刑罚。成人观护服务部门和儿童保护署均可以向检察官提供建议。这些组织在提供建议时，适用《青少年刑事法律国家操作指南》（national guidelines on the application of adolescent criminal law）。适用未成年人刑罚的条件是，年轻成年人仍然住在家里，正在上学，由于轻微的智力障碍需要支持以及愿意接受教育支持等。③

在儿童被害人方面，警方有专门的人员对 12 岁以下的被害人进行面谈。这些面谈会在友好的儿童访谈室中进行，荷兰很多城市都有这样的设施。在面谈的前一天，警方会到儿童家中做家访，并告知其有关面谈的事项，使其能够做好准备。面谈时会同步录音录像，另一位警官（在少数案件中是法官和检察官陪同）会在控制室中观察此次面谈。④ 对于 12~18 岁的儿童被害人，法律没有提供这些特别安排（即一个友好的儿童访谈室以及专门的专业人员）。⑤

庭审时，儿童保护署的代表可以出席。不过这要视具体法院的做法而定，一

---

① H. Spanjaard, C. van der Put. "Landelijk Instrumentarium Jeugdstrafrechtsketen", 91 : 5 Proces (2012), pp. 355-370.

② G. Cardol. "Raad voor de Kinderbescherming, NIFP en jeugdreclassering", in I. Weijers (ed.), Jeugdstrafrecht. In internationaal perspectief (Boom Juridische Uitgevers, Den Haag, 2017), pp. 273-290.

③ Directive and framework criminal procedure for juveniles and adolescents, including sentencing guidelines Halt [Richtlijn en kader voor strafvordering jeugd en adolescenten, inclusief strafmaten Halt (2018R007)].

④ Aanwijzing auditief en audiovisueel registreren van verhoren van aangevers getuigen en verdachten, Stcrt. 2012, nr. 26900.

⑤ Y. M. Hokwerda, et al. Minderjarige slachtoffers van seksueel misbruik in het strafproces. Een toetsing aan het internationale kinderrechtenkader (Defence for Children, Leiden, 2015).

般来说，在复杂的案件和当青少年已被审前羁押时，这种情况比较普遍。① 实际执行的措施，如观护，是由当地的社会服务机构执行的 [《刑法典》第 77（aa）（2）条]，而不是儿童保护署。但儿童保护署负责社区服务令的协调工作。协调员会与被判处社区服务令的未成年人联络，并安排他们参加教育项目和社区服务项目。当服务令顺利完成后，协调员会报告给检察官。如果未成年人不配合，这种情况也会报告给检察官，检察官可以对未成年人作出正式警告，并最终报告给法官。

（三）社会工作服务的实施

随着 2015 年《青少年照管法》（Youth Care Act）的生效，未成年人观护服务也成为地方政府的责任之一。经认证的青少年照管组织被依法指定为青少年提供照料、保护和观护服务。观护服务部门作为经认证的组织之一，负责提供未成年人观护措施、电子监控，以及未成年人服刑结束之后的后续照管服务。②

一般来说，强制性观护监督可以由检察官下令作为转处措施的一部分，也可以由调查法官下令作为中止审前羁押的一部分，或是由法官下令作为附条件判决的一部分，并作为羁押后的后续照管举措。观护监督也可以在审判前自愿接受。如果青少年不遵守强制性的命令，观护官将报告给检察官，检察官将决定如何进一步处理 [例如，正式警告青少年，或要求法官执行（监禁）判决中所附条件的部分]。未成年人观护服务部门可以执行 3～6 个月的强化监督，在此期间，青少年必须遵守严格的作息安排，有时会配以电子监控。观护官会与警方、青少年的父母、学校或工作单位紧密配合。此外，未成年人观护部门可以为青少年提供专门的司法治疗或行为干预服务，由专门的司法照管机构具体实施。法官也可以将专门的治疗作为附条件判决中的条件加以实施。

此外，未成年人观护服务部门还负责在不予羁押期间及后续照管期间的监督工作（《刑法典》第 147、494 条）。一项旨在重新融入社会并关注教育和培训的特定计划，允许青少年在监管机构以外的地方上学、工作、休闲活动或参加其他

---

① S. E. Rap. "The participation of social services in youth justice systems in Europe", 18∶5 European Journal of Social Work (2015), pp. 675-689.

② 参见《刑法典》第 77（aa）（2）条。

培训和疗法，最长为 3 个月，目的是协助其重新融入社会。① 这一计划是针对青少年的需要量身定做的，包括每周至少 26 小时的活动。未成年人观护服务部门和儿童保护署都必须就青少年是否需要开启上述计划提供建议。青少年监禁机构负责设计计划内容，未成年人观护服务部门则负责计划的具体实施。这意味着观护官需要向监禁机构主管报告计划实施过程中的变化以及青少年的最新进展。②

当一名青少年被释放时，未成年人观护服务部门负责后续照管工作。在青少年被羁押时，青少年及其监督人、儿童心理医生、儿童保护署以及未成年人观护服务部门就会共同制订监督计划。有关后续照管工作的协议也会包含在这一计划中。③ 在荷兰，一些组织为离开监禁场所的青少年提供了专门的后续照管与再社会化计划，例如"监狱中的年轻人"（Young in Prison）和"180 基金会"（Foundation 180）（详见下文）。④

总体而言，未成年人观护服务部门在执行未成年人观护服务和监督时拥有很大的自由度。在实践中，法官和社会工作者之间没有紧密的联系。⑤ 如果一个未成年人没有遵守观护官的要求，那么观护官可以先对他提出警告，然后报告给检察官。另外，在监督的内容方面，观护官同样拥有相当大的自由裁量空间。⑥ 观护服务旨在控制未成年人的行为，从而达到预防再犯的目的，以及影响未成年人的行为，以帮助他们重新安排生活。⑦ 观护官指出，这些支持服务的中心不是罪错行为，而是未成年人本身。这些做法在教育和教养方面给未成年人及其父母以

---

① art. 3 Youth Custodial Institutions（Framework）Act；art. 4（2）Youth Custodial Institutions Regulation.

② T. Liefaard，M. Bruning. "De justitiële jeugdinrichting"，in I. Weijers（ed.），Jeugdstrafrecht. In internationaal perspectief（Boom Juridische Uitgevers，Den Haag，2017），pp. 393-416.

③ Weijers. supra note 65.

④ See https://180. nl/ and Young In Prison（YIP），https://www. younginprison. org/en/about-yip.

⑤ Rap. supra note 88.

⑥ H. L. Kaal，B. J. de Jong. "Het signaleren en registreren van LVB in het justitiële domein：stof tot nadenken"，43：6 Justitiële verkenningen（2017），pp. 63-73.

⑦ C. van Nijnatten，G. Stevens. "Juvenile Participation in Conversations with Probation Officers"，56：3 International Journal of Offender Therapy and Comparative Criminology（2012），pp. 483-499；C. van Nijnatten，E. van Elk. "Communicating Care and Coercion in Juvenile Probation"，45 British Journal of SocialWork（2015），pp. 825-841；Van den Brink，supra note 33.

支持，并协助促进未成年人的积极发展。① 对未成年人的研究表明，未成年人把他们与观护官之间的互动视为控制与矫正。②

（四）少年司法社会工作的资质与评估

自 1995 年以来，未成年人观护服务经历了重大变化，如今已经相当专业化。在此之前，全国并没有统一的观护服务和工作方法。如今，未成年人观护服务在实施时依照《未成年人缓刑办法手册》（Handbook method juvenile probation），这使得服务提供者们拥有了统一的国家工作方法。此外，自 2015 年之后，青少年照管组织必须经认证后才能开展青少年照管与观护服务。这一资质由政府进行定期审核。③

还有一种保证质量的方法是建立了"有效的未成年人干预数据库"。专家委员会的委员们可以审核青少年照管服务提供者所提供的干预服务是否具有充分的理论依据，以及在实践中是否有效。评估少年司法干预服务的委员会是单独存在的。④

三、荷兰少年司法社会工作的成就、挑战与改革

（一）成就

从历史上看，荷兰的少年司法体系根植于一种福利模式，在这种模式中，罪错行为的潜在问题成为干预措施的重点，以达到预防再犯以及促进儿童再教育与保护的目的。传统的刑事司法理念，如罪责、罪刑相适应和报应等，在少年司法体系中几乎没有发挥任何作用。受美国的影响，这一情况在 20 世纪 60 年代发生了改变。⑤ 然而，在这一章中我们可以清楚地看到，荷兰少年司法实践仍然明确地聚焦于教育，社会工作在这方面扮演着重要的角色。

社会工作服务参与少年司法程序的每一个阶段，无论是向法官和检察官提供建议，还是监督青少年及其父母。后一项任务完全交由未成年人观护服务部门执

---

① Van den Brink. supra note 33.

② Van Nijnatten, Stevens. supra note 97.

③ Cardol, supra note 84.

④ Netherlands Youth Initiative, supra note 71.

⑤ I. Weijers. supra note 3; Van der Laan. supra note 18.

行，未成年人观护服务可以贯穿从拘留至监禁、释放的整个程序。咨询工作由儿童保护署主要负责，该机构独立于法院运作（并在家庭法、儿童保护和收养等案件中向法院提供建议）。其他组织也可以向法院提供建议，例如未成年人观护服务部门和专业的心理学家以及精神病学家。尽管荷兰的少年司法体系已经变得更具惩罚性，更加强调罪责、惩罚与实施更广泛的处置和更长的监禁刑期的可能性，但仍然关注未成年人的社会背景和发展。每一个处置决定都以再教育为目标，并促进未成年人的再社会化。这导致了对风险评估和预防再犯的重视。需要了解的是，大多数触法未成年人都是"一次性犯罪人"，其再犯风险非常低。① 此外，这也导致荷兰出现了大量的转处机制，即在司法程序中的每一个阶段，都可以对未成年人加以处置（例如，警察、检察官和法院）。一些人认为这导致了法网的扩张。② 最近的几项研究表明，预防类项目可以有效地预防持续的未成年人罪错行为，但这些计划应以行为为导向，以家庭或多种方式提供，而计划的强度应与未成年人的风险水平相匹配。③ 后者可能与刑事司法原则（例如，罪刑相适应原则）以及未成年被告人的法律保障发生冲突。下一节将就这一问题以及后续照管、重新融入社会等内容进行讨论。

（二）挑战

1. 公平审判抑或早期干预

如上文所述，对未成年人的审前羁押可以附条件中止，这种情况经常发生。④ 行为干预是这些中止条件的核心目标，这意味着在审前阶段，如果未成年人预期可能会被法院定罪，那么则可以依法对其实施行为干预。范登布林克（Van den Brink）解释说，早期干预是体现荷兰少年司法体系的一种教育路径，旨在预防再犯。法律上承认，干预的目的不应是惩罚或者被法庭定罪。范登布林克与法官等人员的访谈显示，法官看重的是他们所作裁决"在教育上的有效性"

---

① McAra and McVie, supra note 29.

② Weijers, et al. supra note 21；Imkamp. supra note 62；Weijers, Liefaard. supra note 5.

③ L. A. de Vries, et al. "Practitioner Review: Effective Ingredients of Prevention Programs for Youth at Risk of Persistent Juvenile Delinquency-Recommendations for Clinical Practice", 56：2, The Journal of Child Psychology and Psychiatry (2015), pp. 108-121.

④ Van den Brink, et al. Voorlopige hechtenis van jeugdigen in uitvoering. Een exploratief kwantitatief onderzoek naar rechterlijke beslissingen en populatiekenmerken (Meijers - reeks nr. 298, Nijmegen：Wolf Legal Publishers, 2017)；Van den Brink, supra note 33.

（pedagogical effectiveness）。他们尽力结合青少年的学习兴趣和需要，作出量身定做的决定。然而，他们也承认，这种做法有时会与现存的法律框架和对未成年被告人的法律保障发生冲突。① 公平审判的程序保障要求有关当局在审判和作出最终判决之前，对被告人的生活干预要保持克制。从被告人权利的角度来看，刑事案件中社会服务的早期介入是需要被审视的。一个基础的公平审判要求是被告人在被证明有罪之前，被假定为无罪 [《欧洲人权公约》第6条，《儿童权利公约》第40（2）（b）（i）条]。而在审判前采取措施，可以说是侵犯了这一基本权利，因为未成年人的罪错行为还没有在法庭上得到证明。此外，"量身定制"的处置决定与平等原则也存在矛盾，平等原则要求在相似的案件中作出相似的判决。

在包括荷兰在内的西欧大陆国家的少年司法体系福利模式中，早期干预和预防一直以来都是社会工作早期参与的主要原因。实施早期干预可以被视为少年司法福利导向和司法导向之间的结构性区别。② 早期干预意味着青少年可以在司法程序的较早阶段获得帮助和支持，而不是等待着法官的最终决定。为了支持福利模式中的这一实践探索，可以这样认为，即在少年司法体系中，当青少年在家、在学校抑或是其自身受到明显的问题困扰时，社会服务的早期介入是合情合理的。如果青少年所实施的罪错行为体现出其在生活中存在更多困难，早期干预和监管则是有益的。福利模式中对社会工作早期介入的探索，对法官来说是有利的，他可以了解到青少年在已有的照管之下是如何发展的。在这种情况下，法官可以依据青少年的个体发展与进步来调整判决结果。

2. 后续照管和重新融入社会

在过去的几年里，少年司法的后续照管工作在荷兰受到越来越多的关注。这导致在以判决或采取措施形式被剥夺自由的状态结束后，接下来就是强制性的后续照管。后续照管工作可以采取以下形式：以观护监督为条件的附（部分）条件监禁判决，教育和培训项目，以及在青少年监禁场所中需要适用处遇措施时所作出的附条件释放。③ 后续照管应该有助于青少年顺利回归社会，降低剥夺自由之后产生的高再犯率。这一做法已经被纳入了《青少年监禁场所条例》（Youth

---

① Van den Brink. supra note 33.

② Rap. supra note 88.

③ M. R. Bruning, et al. Verplichte（na）zorg voor kwetsbare jongvolwassenen？ Onderzoek naar de juridische mogelijkheden voor（verplichte）hulp aan kwetsbare jongvolwassenen na kinderbescherming（WODC, Den Haag, 2016）.

Custodial Institutions Regulation）以及《未成年人刑法实施条例》（Decree on the enforcement of juvenile criminal law）。① 未成年人观护服务部门原则上负责后续照管服务，但是对于 16~18 岁的青少年，如果其发展与境况需要，成年人观护服务部门也可以介入。② 如果青少年不符合接受强制性后续照管服务的条件（如受刑罚期限的限制），青少年照管机构也可以为其提供自愿性的后续照管服务［《刑法典》第 77hh（2）条］。③ 此外，对于每一个进入监禁场所的青少年，都会制定一个包括司法流程和重新融入社会等内容在内的计划方案。④ 儿童保护署负责制定这些计划，并定期组织与青少年、机构代表以及未成年人观护服务部门的会议。⑤

可以得出结论，荷兰的少年司法体系为后续照管服务提供了法律依据，对于被羁押时已满 18 岁的青少年也同样如此。然而，在实践中并不是所有青少年都能够获得后续照管服务。例如，在离开监禁场所的未成年人中，只有20%的人参与到了教育与培训项目当中。实践经验表明，尽早为青少年制订重新融入社会的计划是至关重要的，这需要少年司法体系和成年人刑事司法体系的共同协作。⑥

（三）改革

1. 小规模接收

随着被送进监禁机构的未成年人越来越少，全国的青少年监禁机构纷纷关闭，司法部开始了对剥夺未成年人自由措施的改革探索。因为监禁机构关闭，以剥夺未成年人自由为出发点的地方性或区域性安置，已不再可能。同时，监禁机

---

① M. R. Bruning, et al. Verplichte（na）zorg voor kwetsbare jongvolwassenen? Onderzoek naar de juridische mogelijkheden voor（verplichte）hulp aan kwetsbare jongvolwassenen na kinderbescherming（WODC, Den Haag, 2016）.

② Directive and framework criminal procedure for juveniles and adolescents, including sentencing guidelines Halt［Richtlijn en kader voor strafvordering jeugd en adolescenten, inclusief strafmaten Halt（2018R007）］.

③ Regulation Voluntary Support Juvenile Probation Service［Regeling vrijwillige begeleiding jeugdreclassering, 12. 01. 2005, no. 5328243/04/DJJ］.

④ Art. 28, Decree on the Enforcement of Juvenile Criminal Law［Besluit tenuitvoerlegging jeugdstrafrecht］.

⑤ Art. 28, Decree on the Enforcement of Juvenile Criminal Law［Besluit tenuitvoerlegging jeugdstrafrecht］.

⑥ Bruning et al. supra note 109.

构和地方性组织合作开展的后续照管服务也更加难以实现。① 因此，2016 年，小规模接收中心（kleinschalige voorziening）试点项目开始启动并实施。14～23 岁的男性可以在这些安保级别较低的中心羁押候审。这样做的目的是让他们能够在自己的环境中继续受到照管与教育，而不是被安置到一个离家很远的机构。白天，这些未成年人可以去自己的学校上学，到了晚上（从 22：00 到 7：00），他们会被锁在房间里，不许携带电话机及其他移动设备。② 截至本文撰写时，这一实践的执行情况及效果正在评估中，尚没有结果。

2. 青少年刑事司法

如上文所述，2014 年荷兰《青少年刑法》生效。23 岁以下的年轻成年人，视其个性特点及案件情况等因素需要，可适用未成年人量刑办法 ［《刑法典》第 77（c）条］。这项法律旨在根据青少年的个体需要对其进行量刑和裁决。这一立法的改变在很大程度上受到对青少年神经和大脑发育的更多了解和关注的影响，青少年神经和大脑的发育在 18 岁时尚未完成，而这种发展对青少年罪错行为有重大影响。③ 这一发现表明，青少年的发展并不适用未成年人和成年人这样明确的年龄限制。立法的改变使得对 23 岁以下的青少年量身定制符合其个体需要的司法干预措施成为可能。④ 出发点仍是适用成人刑事审判，但是被告人的个性特征及其境况可以使其适用未成年人刑事审判。当检察官要求羁押这一类年轻人时，可以下令适用此项规定。如果预审法官同意适用未成年人刑事审判，那就意味着这一类年轻人能够被羁押于青少年监禁场所，而不是监狱，并且可以根据社会工作报告，考虑对其附条件释放。⑤ 最近对于这一立法变化的评估表明，在

---

① J. van Alphen, V. Drost, W. Jongebreur. Verkenning Invulling Vrijheidsbeneming Justitiële Jeugd. Mogelijke richting：lokaal maatwerk voor de jongere（Significant, Barneveld, 2015）.

② Factsheet KV, Kleinschalige Voorziening vrijheidsbeneming justitiële jeugd（Spirit Jeugd & Opvoedhulp, Gemeente Amsterdam, Ministerie van Veiligheid en Justitie）.

③ R. Loeber, et al. "Overview, Conclusions, and Policy and Research Recommendations", in Persisters and Desisters in Crime from Adolescence into Adulthood：Explanation, Prevention and Punishment（Ashgate Farnham/Burlington, 2012）, pp. 335-412.

④ E. Schmidt, et al. "Young adults in the justice system：The interplay between scientific insights, legal reform and implementation in practice In the Netherlands", Youth Justice（forthcoming）.

⑤ M. A. H. van Kempen. "Het adolescentenstrafrecht：een flexibel sanctiestelsel voor jongvolwassenen", 5 Tijdschrift voor Familie- en Jeugdrecht（2014）pp. 1-9；Liefaard and Rap, supra note 28.

实践中，对于年轻成年人的适用对象尚没有明确定义。① 看起来罪行的性质不应太严重，但也不应太轻，这就产生了一个问题，即哪一类罪行可以适用此法律。② 积极的结果是，自从这项法律规定实施以来，越来越多的社会工作报告提交给了法院。同时，观护服务部门在处理年轻成年人案件时开始越来越多地使用风险评估工具。③

四、结语

荷兰的少年司法体系自创立以来，具有福利导向的特征，将触法儿童的重新融入社会以及再教育放在首位。与此同时，社会工作介入少年司法程序的每一个阶段，在少年司法体系中起到了实质性的作用。社会服务的主要任务是为少年司法程序中的司法者作出有针对性的处置决定提供参考建议，同时监督和引导青少年，以预防再犯行为的发生。因此，社会工作服务是在严格的法律环境之下进行的，同时需要在对教育目标的预期（pedagogical goals expectations）、法律规定和规章制度中进行权衡。重要的发展，例如对风险评估、再犯预防和行为改变的重视，必须与法律保障以及最低限度的干预相平衡。在这一方面，社会工作服务仍然面临挑战，即他们何时应当对进入少年司法体系中的儿童开展服务，以及开展何种强度的干预服务。

表8 相关法律法规

荷兰语标题	英文翻译	中文翻译
Burgerlijk Wetboek,01. 10. 1838	Civil Code	民法
Wetboek van Strafrecht,03. 03. 1881	Criminal Code	刑法
Wetboek van Strafvordering,15. 01. 1921	Criminal Procedure Code	刑事诉讼法
Wet Adolescentenstrafrecht,01. 04. 2014	Act on Adolescent Criminal Law	青少年刑法

---

① L. J. C. Prop, et al. Adolescentenstrafrecht. Kenmerken van de doelgroep, de strafzaak en de tenuitvoerlegging（WODC,Den Haag,2018）.

② Liefaardand Rap. supra note 28.

③ Van der Laan. supra note 27；Prop. supra note 121.

荷兰语标题	英文翻译	中文翻译
Beginselenwet JustitieleJeugdinrichtingen,01. 09. 2001	Youth Custodial Institutions (Framework) Act	青少年监禁场所(框架)法
Reglement justitiëlejeugdinrichtingen, 01. 09. 2001	Youth Custodial Institutions Regulation	青少年监禁场所条例
Besluittenuitvoerleggingjeugdstrafrecht, 10. 07. 1995	Decree on the enforcement of juvenile criminal law	未成年人刑法实施条例
Jeugdwet,01. 01. 2015	Youth Care Act	青少年照管法
Richtlijnenkader-voorstrafvorderingjeugdenadolescenten, inclusiefstrafmaten Halt（2018R007）, 01. 01. 2015	Directive and framework criminal procedure for juveniles and adolescents, including sentencing guidelines Halt	青少年刑事司法程序指令与框架,包括判决指南 Halt
Ambtsinstructievoor de politie, 01. 04. 1994	Policy instruction for the police	警方政策指引

社会工作在少年司法中的作用:瑞典经验

一、瑞典少年司法社会工作的基本状况

(一)社会工作

17 世纪之前,儿童照管(child care)是和对穷人、病人的照顾整合在一起的。[①]16 世纪时, 政府通过了一项规定, 要求每个城市必须建收容所, 安置在街边乞讨的被遗弃儿童。当时, 那些需要照管的儿童和犯罪的儿童, 通常是和成年人一起被安置在私营机构。私营机构的目的是帮助儿童脱离贫困和犯罪的生活, 成为负责任的融入社会的一员。关于儿童被安置在这些机构的时间和原因, 目前尚不可知。儿童可能被剥夺人身自由许多年。由于私营机构照管儿童已被视为一项特权, 因此, 欠缺保护个体的程序权利被认为并不重要, 无须提出异议。警察、学校和负责照顾穷人的人士、教会、组织、私人个体, 都可以决定将一名儿童安置在私营机构。处遇方法包括繁重劳动、宗教教义和身体惩罚。被判有罪的儿童也经由法院安置在私营机构。[②]

1902 年, 瑞典政府通过了建立在权利和义务基础上的《营养不良和道德上无人照看之儿童法》(Law on Malnourished and Morally Neglected Children)。家庭负有照管子女的责任, 如果家庭无法履行该责任, 社会有责任确保儿童得到照管, 遵守法律。因此, 儿童获得照管的权利得到确认, 但获得基本程序权利被认

---

① L. Holgersson. Socialvården:en fråga om människosyn,(Tiden,Stockholm,1978),p. 21.

② E. Falbeck. Förvaltningsrättsliga studier I,(Stockholm,1938),pp. 92 – 93; G. Bramstång, Förutsättningarna för barnavårdsnämnds ingripande mot asocial ungdom,(Lund,1964,p. 12,14,15 ff, 21 ff,52 ff,62 f,64,75,77 ff.

为没有必要。不过，在 20 世纪 20 年代，法院可以考虑决定强制照管。①

1870—1920 年，照管穷人和儿童成为一项社会责任。1921 年，中央社会工作协会（Central Association for Social Work，CASW，1903 年成立）启动了第一个社会工作者教育项目。协会在斯德哥尔摩建立了社会政策与市政教育研究所（Institute for Social Policy and Municipal Education and Research）。有些开始由个人建立的社会教育项目，后来转由国家负责管理。社会工作的重心也从最基本的善良和同情转向预防工作，并提供不同层级的服务。② 今天，社会工作以"循证实践"（evidence-based practice）为指导，而循证实践是"一种建立在整合用户体验、从业者专长及最佳科学知识基础之上的实践方法"。③20 世纪 70 年代，社会工作成为大学考试和研究的学科。社会工作学术研究的核心是分析社会问题。社会工作教育的重点和范围由大学独立决定，学科资格审查也由大学开展。如今，瑞典有 16 个社会工作学位项目，可以颁发社会工作博士学位。④

（二）少年司法体系

直到 19 世纪中叶，被法庭判决有罪的青少年还受到和成年人同等的对待。其结果是，青少年在监狱里从成年人那里习得了更多的犯罪方法，也更多地成为攻击的目标。⑤ 1825 年，瑞典成立了囚犯和济贫院机构委员会（Board for Prisoners and Workhouse Institutions），其任务之一是避免将儿童关进监狱，尽量考虑以教育为导向的处遇方法。⑥ 犯罪的青少年被安置在为被遗弃和残障儿童服务的私营机构里。之所以作出这样的改进，是因为儿童在监狱中处境困难，往往会比成年人遭受更多的痛苦。⑦

1864 年，瑞典通过了《刑法典》（Penal Code），确定最低刑事责任年龄为 15 岁（虽然这一规定或多或少在事实上已经存在），同时规定了例外情况，即严

---

① Bramstång. supra note 2，p. 56 f.

② A. Meeuwisse，et al. Socialt arbete，（Natur och Kultur，2016）p. 29 ff.

③ SOU 2008：18，Evidensbaserad praktik inom socialtjänsten – till nytta för brukaren，（Stockholm，2008）p. 22.

④ Meeuwisse. supra note 4，p. 50 ff.

⑤ P. Wallen. Svensk straffrättshistoria，（AWE/Gebers，Stockholm，1973），p. 8.

⑥ Bramstång. supra note 2，p. 7.

⑦ G. Hafström. De svenska rättskällornas historia，（Juridiska föreningen，Lund，1974），p. 193，202.

重犯罪行为的最低刑事责任年龄为 14 岁。从原则上来说，这意味着 14 岁以下的儿童被排除在刑罚制度之外。当然，这并不是说 15 岁或 14 岁以下的儿童被怀疑犯罪时，不会被采取任何措施。这类儿童大多会被安置在为被遗弃和残障儿童服务的私营机构。① 1902 年，根据《营养不良和道德上无人照看之儿童法》，最低刑事责任年龄变更为 15 岁，严重犯罪行为也不例外。

20 世纪之前，少年司法制度的总体特征是建立在私营机构基础之上，儿童不享有程序权利。残障儿童、被遗弃儿童和犯罪儿童是儿童照管的主要对象，经常与成年人一起被安置在收容所。而刑事司法系统包含警察、检察官、初步调查和审判，并不适合青少年罪犯。1902 年，法定最低刑事责任年龄界定为 15 岁。至 20 世纪，儿童的程序权利才得到承认。从 1902 年开始，刑事诉讼法规逐渐进步。例如，1942 年，瑞典通过了《诉讼法典》（Code of Procedure，1942：740），进一步尝试将青少年罪犯与成年罪犯区分开来。这意味着，如果一名 18 岁以下或特殊情况下 18~21 岁的儿童或青少年涉嫌犯罪，需要进行自愿或强制照管，则应启用类似的照管程序。如果这个青少年不需要照管，则可以启用其他惩罚措施。检察官也有更多备替代选择来避免提起诉讼。

瑞典《诉讼法典》（1942：740）中的刑事诉讼规定，主要分布在第 23 章和第 24 章。《初步调查通告》（Preliminary Investigation Proclamation，1947：948）中对于涉嫌犯罪行为开展初步调查作了详细规定。《罪错青少年特别条款法》（Law with Special Provisions for Young Offenders，1964：167）中对青少年犯罪嫌疑人作了特别规定。《刑法典》（1964：700），尤其是第 1 章刑事责任和第 29~32 章惩罚，也有重要意义。

对于 15 岁以下、15~18 岁的未成年人以及 18~21 岁的青少年，少年司法制度的处理方式各不相同。

根据《诉讼法典》（1942：740）和《罪错青少年特别条款法》（1964：167）的规定，当一个人涉嫌犯罪时，可以对他采取几种不同的强制手段，如扣留、拘留和羁押候审。虽然警方不能拘留 15 岁以下的儿童，但当儿童涉嫌犯罪时，仍可能被扣留。15 岁以下的儿童被扣留后，将被带到警察局接受讯问。② 与其他人

---

① G. Hafström. De svenska rättskällornas historia,（Juridiska föreningen, Lund, 1974），p. 193, 202.

② The Code of Procedure（1942:740）chapter 24 section 7.

一样，儿童被警方扣留后，有权要求警方告知涉嫌罪行，以及被扣留的原因。[①]如果儿童是正在实施犯罪时被抓获，且所犯罪行的刑罚是监禁，那么任何人都可以扣留他。这种情况并不常见，一旦发生，必须立即将儿童移交至最近的警察局。[②]

如果一名 15 岁以下的儿童在犯罪现场且警方认为有理由对他进行讯问，也会将其扣留在警察局。儿童也可能被要求到警察局接受讯问。[③]

在警察局里，警察或检察官必须立即决定释放或是讯问该名儿童。在任何情况下，都不得将儿童关进监室（cell）或类似监禁地点。[④] 儿童在警局的停留时间不能超过 3 小时，如果这名儿童对于调查特别重要，可以要求其在警局里再停留 3 个小时。[⑤]

讯问结束后，儿童可以自由离开，也可以留在警局。但是，在获释或讯问结束后，儿童留在警局的时间不应超过 3 小时。在 3 小时的额外时间里，儿童等候父母、其他亲属或社会工作者来接。[⑥]

如果警方怀疑一名儿童涉嫌犯罪，可以进行犯罪调查。此前，由于 15 岁以下的儿童不能被起诉，只有社会服务部门（Social Service）先提出要求，警方才能调查。2010 年，情况发生了变化。如果一名儿童被怀疑犯有至少获刑一年的罪行，警察可以不经社会服务部门自行启动犯罪调查。[⑦] 由于 15 岁以下的儿童不可能被追究刑事责任，调查的目的是根据《社会服务法》（2001：453）（Social Services Act）或《青少年照管特别条款法》（Law with Provisions for Care of Young People，1990：52），查明该儿童是否需要照管。[⑧]

同样，如果社会服务部门认为，这类调查对于确定儿童是否需要社会服务很重要，也可以要求警方进行调查。调查理由包括，评估犯罪对儿童健康或发展造

---

① The Code of Procedure（1942：740）chapter 24 section 9.

② The Law（1964：167）with Special Provisions for Young Offenders section 35.

③ The Code of Procedure（1942：740）chapter 23 section 7-8.

④ The Law（1964：167）with Special Provisions for Young Offenders section 35.

⑤ The Code of Procedure（1942：740）chapter 23 section 9.

⑥ The Law（1964：167）with Special Provisions for Young Offenders section 32.

⑦ The Law（1964：167）with Special Provisions for Young Offenders section 14 and 35.

⑧ K. Nordlöf. Unga lagöverträdare i social-, straff- och processrätt,（Studentlitteratur, Malmö, 2012）,p. 261 ff.

成的损害，或评估儿童是否会多次犯罪。① 调查理由还包括，查明是否有 15 岁或 15 岁以上的人参与了犯罪，查找因犯罪而丢失的物品，或是其他对于公众或个人的利益具有特殊重要性的理由。②

如果儿童不满 12 岁，只有在特殊情况下警方才能开展调查。如果一名儿童涉嫌犯罪，应由接受过儿童讯问方法专业培训的警察加以讯问。参与案件的检察官也必须接受过未成年人罪错问题处理方法的专业培训。如果一名儿童涉嫌犯罪，必须立即通知其父母，并告知儿童接受讯问的时间。这并不意味着父母有权在讯问时在场。如果认为父母在场会影响调查，或者怀疑父母殴打儿童，则不允许父母在讯问时在场。③ 如果父母不能在场，必须通知其他成年人到场，以便给儿童提供抚慰。因为有成年人在场，可以随时照顾儿童。当儿童涉嫌犯罪时，必须通知社会服务部门。儿童接受讯问时，社会工作者也必须在场。④

如果犯罪嫌疑人是 15 岁以下的儿童，警方必须尽快展开调查，并尽快结束。开展调查的期限为 3 个月，必要时可依据调查性质或其他特殊情况加以延长。⑤

在检察官或父母提出请求后，法院可为该儿童指定律师。如果警察已启动调查，儿童对律师的需求也不明确，法院就不能指定律师。如果社会服务部门要求警方展开调查，必须有特殊理由才能指定律师。⑥

如有特殊理由，警方也可以对一名涉嫌犯罪的 15 岁以下儿童实施强制措施。强制措施，是指扣押物品、搜查所在场所、搜查人身，以及给儿童拍照和指纹采样。如果有合理理由怀疑一名儿童涉嫌犯罪，并且涉嫌罪行可以判处一年或以上监禁，那么可以对儿童进行身体检查。但是，只有在身体检查对于澄清犯罪情节特别重要的情况下，才允许使用强制手段。身体检查必须由医务人员执行。除非是采集血液样本、酒精测试或唾液样本进行 DNA 测试，身体检查时在场的其他

---

① The Law (1964:167) with Special Provisions for Young Offenders, section 32.

② The Law (1964:167) with Special Provisions for Young Offenders, section 32.

③ The Law (1964:167) with Special Provisions for Young Offenders, sections 32-33; The Code of Procedure (1942:740), chapter 23 section 10; Nordlöf, supra note 19, p. 277 f., 280 ff.

④ The Law (1964:167) with Special Provisions for Young Offenders, section 32.

⑤ The Law (1964:167) with Special Provisions for Young Offenders section 32; Nordlöf, supra note 19, p. 277 f., 355 f.

⑥ The Law (1964:167) with Special Provisions for Young Offenders section 32; Nordlöf, supra note 19, p. 277 f., 355 f.

相关人士必须与孩子性别相同。① 强制手段的使用也有限制。2010 年，儿童身体检查成为可能使用的强制手段，这被认为与《儿童权利公约》规定的儿童保护措施相矛盾。15 岁以下的儿童正处于个人发展的敏感时期，需要特别考虑他们的个人权利。②

如前所述，15 岁以下的儿童不能被起诉。不过，法庭仍有可能尝试审理案件证据中涉及的事项。这就要求审理符合公共利益，例如，案件已经在媒体上曝光。社会服务部门、国家卫生和福利委员会（National Board of Health and Welfare），或涉嫌犯罪儿童的父母可以提出审理案件证据中涉及的事项。在提出请求后，检察官将要求法院考虑案件证据。但法院只在少数情况下作出审理。③

与儿童或 15~18 岁的青少年相比，18~21 岁的年轻人则受到不同的对待。尽管如此，考虑到他们年龄较低，在启动初步调查时，仍然需要特殊的程序规则。如有法庭审判，还需要特别考虑可以执行的惩罚措施。我们须记住，瑞典承担刑事责任的法定年龄是 18 岁。

与涉嫌犯罪的儿童一样，在与 15~18 岁的青少年打交道时，警察以及检察官必须接受过专业培训。警方应立即通知社会服务部门。在启动案件调查时，应告知父母或其他合适成年人。在不影响初步调查的情况下，父母或其他合适成年人应在询问时在场。④

对于 15~18 岁未成年人来说，重要的是初步调查尽快开展、尽早结束。调查从警察或检察官告知青少年有合理理由怀疑他涉嫌犯下某种罪行之时算起，为期 6 周。如果青少年与被害人一起参与调解，或者由于其他与初步调查相关的情况，期限可以适当延长。⑤

《犯罪调解法》（2002：445）（Law on Mediation on the Grounds of Crime, 2002）中对犯罪者和受害者之间的调解作了规定。调解可以在初步调查期间、审判之前或之后进行。在大多数调解案件中，犯罪者都未满 15 岁。

15 岁或 15 岁以上的青少年，在警察局接受讯问时可被扣留 6 小时。⑥ 如果

---

① The Law (1964:167) with Special Provisions for Young Offenders, section 36–36a-b.

② Nordlöf. supra note 19, p. 277 f. ,299 f.

③ The Law (1964:167) with Special Provisions for Young Offenders, section 38; Nordlöf, supra note 19, p. 277 f. ,333 ff.

④ The Law (1964:167) with Special Provisions for Young Offenders, sections 2 and 5.

⑤ The Law (1964:167) with Special Provisions for Young Offenders, section 4.

⑥ Nordlöf. supra note 19, p. 277 f. ,327 ff.

他被认为有犯罪嫌疑，可以再延长6小时。如果考虑到干预需求、公共秩序或公共安全，如有必要，也可能将青少年关进监室。①

一个15岁的青少年，可以被追究刑事责任，并被施以拘留、羁押候审等强制手段。涉嫌罪行面临一年或一年以上惩罚的青少年，如出现逃逸、毁灭证据或继续犯罪的危险情况时，可将其拘留并羁押。② 但是，只有在适当的非羁押监管明显无法实施的情况下，才能将青少年特别是未满18岁的青少年羁押候审。③《罪错青少年特别条款法》突出强调了这一点，其指出，"必须秉有特殊理由，才可以羁押未满18岁的人"。④限制羁押候审，也是考虑到青少年易受伤害。隔离尤其可能给青少年带来很大伤害。在瑞典，法律并没有限制一个人被羁押的时间。唯一的限制是从一个人被扣留并剥夺自由到被带到法官面前的时间期限（要求尽快，且不迟于4天）。在被扣留、拘留和羁押候审期间，青少年将被独自关在监室里，每天只允许离开房间到外面（通常是楼顶）放风一小时。⑤

在初步调查期间，对于涉嫌犯罪的青少年，检察官不应将其羁押，而应联系社会服务部门，要求按照《青少年照管特殊条款法》（1990）对青少年加以照管。

在犯罪嫌疑人不满18岁且刑罚为有期徒刑的情况下，初步调查必须抓紧开展，尽快结束，并就是否应起诉该青少年作出决定（在告知该青少年涉嫌犯罪后的6周内）。如犯罪嫌疑人参加调解，或者考虑初步调查的性质或有其他特殊情况，期限可以适度延长。⑥

在检察官决定是否起诉该青少年之前，检察官应向负责该青少年的所在市的社会服务委员会提交书面陈述。《罪错青少年特别条款法》（1964）中规定了书面陈述所应包含的内容。

与15岁以下的儿童一样，警察有权让18岁以下的青少年在警察局停留3个小时（基于秩序和安全考虑，甚至会拘留青少年）。与15岁以下的儿童一样，当成年父母、其他关系亲密或相关人士或社会工作者来接的时候，青少年就可以自

---

① The Code of Procedure (1942:740),chapter 23 section 9.

② The Code of Procedure (1942:740),chapter 24 sections 1 and 6.

③ The Code of Procedure (1942:740),chapter 24 section 4.

④ The Law (1964:167) with Special Provisions for Young Offenders,section 23.

⑤ Nordlöf. supra note 19,p. 339 ff.

⑥ The Law (1964:167) with Special Provisions for Young Offenders,section 4.

由离开。① 最重要的是确保有一个对青少年负责的成年人在照顾他。②

对于一名 15~18 岁的未成年人，检察官可以决定不起诉，而是给出一个"刑罚警告"（penalty warning）。对于 18 岁以上的犯罪嫌疑人，也可能是实施刑罚警告而不是起诉。但适用更多的对象还是 18 岁以下的青少年。"刑罚警告"适用的情况是，青少年确定犯有罪行。③

如果犯罪行为很明显是恶作剧或临时起意实施的，嫌疑人年龄小，不能充分了解某一行为可能造成的后果，则可以给予刑罚警告。罪行属于非严重类型，刑罚警告足以防止青少年再次犯罪。如果社会服务部门和青少年一致同意采取一定的措施，预防再次犯罪，检察官也可以给出刑罚警告。如果已经采取了其他形式的支持和帮助措施，检察官也可以给出刑罚警告。家长和其他相关人士也可以建议实施这些措施。检察官在决定是否给予青少年刑罚警告时，应特别注意青少年能够做些什么，以补偿、弥补或减少被害人因犯罪而受到的伤害，或以其他方式补偿被害人或参与罪犯—被害人调解程序。任何重要的公共或私人利益受到损害，则不得实施刑罚警告。如涉及重要的公共利益，应当考虑青少年是否有犯罪前科。④

检察官在作出决定后，应在 2 周内举行会面，向青少年通报刑罚警告。除非特殊情况，家长们也应参加这次会面。如父母不能参加，参与照顾和抚养青少年的成年人士可以代为参加。社会服务机构的代表也会被邀请参加会面。如果不能在作出决定后的 2 周内举行会面，也可另择时日。如果无法安排会面，则应以书面形式通知青少年亲自会面的目的是强调犯罪行为的严重性和不可接受性，如果青少年行为不端或继续犯罪，可以用审判和惩罚等其他措施取代刑罚警告。⑤

18 岁以下涉嫌犯罪的青少年由法院根据检察官的请求为其指定公立辩护人。除非青少年自己主张不需要辩护人，否则公立辩护人是非常必要的。⑥

如果青少年被提起公诉，将被法庭传唤出庭受审。除非有特殊理由可以不出庭，父母或其他参与照顾和抚养青少年的成年人士也应被传唤出席庭审。如果这

---

① The Law（1964：167）with Special Provisions for Young Offenders, section 14.

② Nordlöf. supra note 19, p. 277 f. ,131.

③ The Law（1964：167）with Special Provisions for Young Offenders, section 16.

④ The Law（1964：167）with Special Provisions for Young Offenders section 17; Nordlöf. supra note 19, p. 277 f. ,308 ff.

⑤ The Law（1964：167）with Special Provisions for Young Offenders, sections 18,19 and 22.

⑥ The Law（1964：167）with Special Provisions for Young Offenders, section 24.

一罪行的刑罚是监禁，除非有特殊理由不出庭，审判时父母应被传唤出庭并给出意见。审判时，瑞典没有陪审团，取而代之的是一位受过法律训练的法官，还有三位没有法律教育背景的非专业人士担任法官。如果案件被告人是未满 18 岁的青少年，或者未满 21 岁，审判时的法官和非专业人士应当是特别指定的，受过关于未成年人罪错的专门训练或有相关案件的处理经验。如果处罚结果是罚款，一般的法官和非专业人士可以在审判中任职。如果在法庭审判时，社会服务机构已经提供了报告或者将要在法庭就提供的报告接受询问，也应当被传唤出庭。①

为了保护青少年不受公众的影响，如果犯罪处罚是监禁，法院有义务以不公开的方式处理此案。如果公开审判明显会给青少年带来困扰，审判可以不公开进行。这种情况下亲属和其他人可以获准参加审判。②

被告未满 21 岁的情况下法院应迅速审判案件。如果被告人未满 18 岁且可能被判处 6 个月以上有期徒刑，在被告人被检察官提起公诉后，法院有义务在 2 周内尽快开庭审理案件。如果法庭要求社会服务委员会提供报告，那后者应在 2 周内提交报告。如案件性质特殊，可延缓提交报告。③

被告人不满 21 周岁的案件，应当在审判时口头作出判决。如果有特殊困难，则应以书面形式作出判决。④

对于 18 岁以下或 18~21 岁的青少年，刑罚设有一些特定的规则。事实证明，青少年对惩罚更为敏感。因为大脑还没有发育完全，青少年的行为在一定程度上可以用生物原因来解释。他们无法充分理解某一行为的后果。因为年轻，他们对惩罚很敏感。然而，如果加以适当的惩罚或照管，尤其是经过教育，青少年可能会走上正确的道路，不再犯罪。⑤

在决定对青少年特别是 18 岁以下的青少年施加刑罚时，法院判决的处罚可以比法律规定的更为轻微。被告作为青少年，缺乏发展、经验或判断力的情况也

---

① The Law (1964:167) with Special Provisions for Young Offenders, sections 25 and 26.

② The Law (1964:167) with Special Provisions for Young Offenders, section 27.

③ The Law (1964:167) with Special Provisions for Young Offenders, section 29; The Code of Procedure (1942:167), chapter 45 section 14.

④ The Law (1964:167) with Special Provisions for Young Offenders, section 30.

⑤ SOU 2018:85 Slopad straffrabatt för unga myndiga, (Public investigation 2018:85 Abolition of penalty reduction for young persons 18–21 of age) (Stockholm, 2018), pp. 177–200.

会被考虑进去。① 在特殊情况下，法院也可以不予处罚。② 当然，这种情况很罕见。

对于 21 岁以下的被告人，法官在量刑时应特别考虑年龄问题。法官有权允许对青少年判处比所规定的刑罚更为宽大的刑罚。如果审判时未满 21 岁，监禁年限不能超过 10 年。但是，如果 21 岁以上人士所犯罪行的规定刑罚是 10 年以上或无期徒刑，那么犯下同一罪行的青少年最多可以被判处 14 年，不得超过 14 年。③ 按照规定，不得判处 21 岁以下的青少年罪犯无期徒刑。

当法院必须决定执行何种惩罚时，对于何时判处监禁有一些限制条件。如果被定罪人未满 18 岁，必须有特殊原因才可执行监禁。这类青少年应该被判处封闭式青少年照管（closed youth care）。被定罪的青少年必须在这类机构待上 14 天至 4 年不等。④ 瑞典国立机构照管委员会（The Swedish National Board for Institutional Care）负责监督这些机构。⑤

如果罪行的刑罚价值表明被定罪人应当被判处监禁，或是有特殊的理由判处监禁，只要满足这两个条件之一，即使定罪对象的年龄超过 17 岁未满 21 岁，也可以被判处监禁。对于未满 21 岁的青少年，只有在社会服务部门提交了关于该青少年的报告的情况下，法院才能判处 3 个月以上的监禁。⑥

不过，法院仍可能执行只适用于罪错未成年人的判决：青少年照管（youth care）和青少年服务（youth service）。青少年照管在青少年计划（youth plan）或青少年协议（youth contract）中都有具体规定。如青少年照管是强制性的，则适用青年计划。这两类判决里都涉及社会工作者。⑦

为了帮助罪错青少年顺利复归社会，法院也可以在判决书中要求罪错青少年在被害人同意的基础上，努力帮助被害人减少犯罪所造成的伤害。⑧ 但法院极少采用这一方案。

---

① The Criminal Code（1962：700），chapter 29 section 3 para. 3.
② The Criminal Code（1962：700），chapter 29 section 6.
③ The Criminal Code（1962：700），chapter 29 section 7.
④ The Criminal Code（1962：700），chapter 30 section 5 and chapter 32 section 5.
⑤ The Law（1998：603）on Enforcement of Closed Youth Care，sections 1 and 3.
⑥ The Criminal Code（1962：700），chapter 30 section 5；The Law（1964：167）with Special Provisions for Young Offenders，section 28.
⑦ The Criminal Code（1962：700），chapter 32 sections 1-3.
⑧ The Criminal Code（1962：700），chapter 32 section 1.

如果一位青少年被普通法院（general court）判处青少年强制照管，就需要行政法院（administrative court）重新审判。《青少年照管特殊条款法》（1990）中规定，如果满足青少年强制照管条件，只有行政法院才有权审理此案。①

法院可判处青少年照管和青少年服务，或青少年照管和罚款。如需将两种刑罚结合起来，需要综合考虑犯罪的刑罚价值、犯罪的性质或青少年的犯罪前科（如果有的话）。但是，应尽量避免罚款，因为青少年自己通常没钱（或很少），需要父母或其他人代为支付罚款，这就消解了刑罚的效果。②

如果青少年没有履行青少年协议或青少年照管计划中规定的义务，检察官可以要求法院对青少年施加警告，或者决定执行另一项判决。③

儿童和青少年非常活跃，通常犯罪率较高。但即使没有社会服务机构或警察的干预，大多数人也会慢慢地主动停止犯罪。只有一小部分青少年在 18 岁以后继续犯罪。瑞典的犯罪青少年人数多年来保持稳定，并未增多。

（三）少年司法社会工作

《社会服务法》（Social Service Act，2001）规定了各市社会服务部门的责任。在整个服务过程中，社会工作者与其他政府机构，如警察局、检察院和法院等联合起来工作。服务过程从青少年涉嫌犯罪开始，包括调查或初步调查期间、整个审判期间（如果发生）以及何时或是否实施惩罚。社会工作者的作用，从根本上来说是照管青少年，尤其是那些可能损害自身健康并倾向于犯罪的青少年。社会工作者在工作中必须秉持儿童最佳利益原则，确保青少年的意见得到重视。社会工作者与青少年及其父母（如果青少年未满 18 岁）之间的任何互动都应基于双方达成的协议。④ 如果社会服务机构违背 16 岁以上青少年的意愿而采取照管措施，包括封闭机构中的照管，则必须在一定时限内由法院根据《青少年照管特殊条款法》（1990）进行审查。

---

① The Law（1964:167）with Special Provisions for Young Offenders, sections 1,3-4 and 21.
② The Criminal Code（1962:700），chapter 32 section 3.
③ The Criminal Code（1962:700），chapter 32 sectopms 4.
④ Social Service Act（2001:453），chapter 1 section 2.

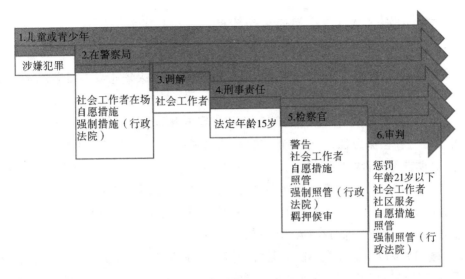

图 5

二、社会工作在瑞典少年司法中的作用

（一） 少年司法社会工作的法律基础

《初步调查通告》The Preliminary Investigation Proclamation（1947：948）；

《罪错青少年特别条款法》The Law with Special Provisions for Young Offenders Lag（1964：167）；

《刑法典》The Criminal Code（1964：700）；

《社会服务法》The Social Service Act（2001：453）；

《青少年照管特别条款法》The Law with Special Provisions for the Care of Young Persons（1990：52）；

《青少年机构照管执行法》The Law on Enforcement of Closed Youth（1998：603）；

《犯罪调解法》The Law on Mediation on the Grounds of Crime（2002：445）。

（二）社会工作在少年司法中的作用：法律与实务

15 岁以下的儿童或 18 岁以下的青少年，在警察局接受讯问时，可在警察局再关押 3 小时。目的是让父母、其他亲属或社会工作者来接儿童，确保儿童得到照管。①

15 岁以下的儿童不能被追究刑事责任。警方开展调查的目的是协助社会工作者根据《社会服务法》（2001：453）或《青少年照管特别条款法》（1990：52），查明儿童是否需要照管。②

当发现 15 岁以下儿童有犯罪嫌疑时，警方应立即通知社会服务部门。在讯问儿童时，社会工作者也应在场。瑞典有几家警察局设立了社会工作者办公室，以便社会工作者在询问时在场，并为儿童提供支持。③

虽然 15 岁以下的儿童不能被起诉，但如果案件被媒体曝光，社会服务委员会可以要求检察官将案件提交法庭，以便审理犯罪证据。这一方案是在 20 世纪 40 年代提出的，只在少数情况下使用。当时，一个 15 岁以下的男孩被认为杀害了自己最好的朋友（一个女孩）。他在一家机构里关了好几年，后来被判无罪。为了确保未被纳入犯罪侦查的证据都能被法院审理，后来引入了这一方案。④

与儿童一样，当 15~18 岁的青少年涉嫌犯罪时，也必须立即通知社会服务部门。⑤

自 2002 年以来，各市的社会服务机构负责根据《犯罪调解法》（2002：445）在罪犯（如果未满 21 岁）和受害者之间进行调解。罪犯参加调解的年龄没有限制，如果他/她未满 12 岁，则必须有特殊理由才可以进行调解。⑥ 社会工作者或者其他人士负责进行调解。犯罪后的调解是以恢复性司法（restorative justice）理念为基础，促成当事人双方的和解。如果被害人和罪犯同意参与调解，调解员（可以是社会工作者）将与他们分别进行会面，并准备双方之间的会面。

---

① The Law (1964：167) with Special Provisions for Young Offenders, sections 14 and 35.

② Nordlöf. supra note 19, p. 261 ff.

③ The Law (1964：167) with Special Provisions for Young Offenders, section 34; Nordlöf, supra note 19, p. 277 f. ,282 ff.

④ The Law (1964：167) with Special Provisions for Young Offenders, section 38; Nordlöf, supra note 19, p. 277 f. ,333 ff.

⑤ The Law (1964：167) with Special Provisions for Young Offenders, sections 2 and 5.

⑥ The Social Service Act (2001：453), chapter 5 section 1c.

在这个阶段,对于罪行本身的认定应当是无争议的。

调解程序如下:在调解过程中,被害人会告诉罪犯,罪行对他的生活有什么影响。受害者可能会询问罪犯的犯罪动机和目标,罪犯会解释他的行为并道歉。被害人也可以要求赔偿,双方在协议中达成一致。关于后续在学校碰面,如何对待对方也达成了协议。如果调解顺利,被害人更容易恢复,犯罪者也可以更好地理解罪行所造成的伤害。调解还可以预防犯罪者再次犯罪。①

根据《青少年照管特别条款法》(1990:52),社会服务委员会在检察官提出请求后,可决定立即将未满18岁的青少年关进一家封闭的机构以剥夺其自由,而不是将其关押在羁押场所。在作出这类决定时,必须根据立法要求对青少年加以照管。其中一条立法要求是青少年罪犯的健康或发展面临着遭遇重大伤害的风险。如社会服务委员会的决定是立即剥夺青少年自由,则必须尽快由行政法院审理,不得迟于青少年被照管后2周内(特殊情况例外)。②

社会服务委员会作出决定后,青少年将被安置在一个封闭机构。③ 瑞典国家机构照管委员会(The National Board of Institutional Care)负责管理类似机构。瑞典共有6家封闭机构,但并非所有涉嫌犯罪的青少年都被安置在那里。原因之一在于,这些机构不能像羁押候审中心(通常设在警察或检察官办公室)那样将青少年进行隔离。在机构中,嫌疑人可以通过联系证人等方式干扰初步调查。如果机构距离初步调查的地点较远,也可能妨碍调查负责人在必要的时候联系嫌疑人进行讯问。④

社会服务委员会在作出"青少年照管"决定后,经行政法院批准,有义务在4周内向行政法院申请执行照管。⑤

检察官在决定是否起诉这名青少年之前,应要求市政府社会服务委员会(负责这名青少年的机构)提供书面报告。依据《罪错青少年特别条款法》的规定,报告内容应包括社会服务委员会以前是否对这名青少年采取过措施、采取了哪些措施。报告内容还应包括一份是否需要对青少年采取特殊预防措施以避免进一步伤害的评估。此外,社会服务委员会还应说明计划对青少年采取什么措施。如果

---

① The Law(2002:445)on Mediation on the Grounds of Crime,sections 5-10.

② The Law(1990:52)with Special Provisions for Care of Young People,sections 3,6 and 7.

③ The Law(1990:52)with Special Provisions for Care of Young People,sections 10-20c.

④ Nordlöf. supra note 19,p. 340.

⑤ The Law(1990:52)with Special Provisions for Care of Young People,section 8.

要根据《社会服务法》（2001：453）在自愿的基础上实行针对青少年的措施，就必须在"青少年协议"（youth contract）中对这些措施加以规定。如果依据《青少年照管特别条款法》（1990：52）强制执行这些措施，社会服务委员会必须在"照管计划"（plan for care）中加以说明。"青少年协议"和"照管计划"中的措施必须特别标明类型、范围和期限。

如果初步调查负责人或检察官认为合适（或社会服务委员会认为有必要），报告中还可以包括对青少年个体发展和生活条件的总体说明。报告中还应包括一份对青少年服务（youth service）是否属于适当惩罚的评估，以及其他相关情况说明。如有需要，社会服务委员会亦须协助初步调查负责人获取青少年的相关资料。还应明确何时向初步调查负责人提交这份报告，如需延迟提交，相关人员之间必须进行沟通。由于初步调查要求尽快完成，在某些情况下（如检察官不起诉，但会向青少年发出警告），社会服务委员会也有可能提供口头报告。① 这部分的规定几经修订，目的是避免检察官、初步调查负责人和社会工作者之间出现误解；规定要求也非常具体，旨在方便检察官作出决定（是否起诉）。如果检察官决定起诉，关于报告的规定也有助于法官作出审判的判决，特别是在青少年被判有罪、可能执行刑罚的情况下。② 如需开庭审判，社会工作者应出席，回答法官关于社会服务部门提供的口头或书面报告的提问。③

如果社会服务委员会将对青少年采取一些特定措施，那么检察官可以据此决定给予青少年刑罚警告。在这种情况下，社会服务委员会已经确定青少年需要照管。如果青少年确实需要照管，但本人及父母都不认可社会服务委员会建议的照管措施，那么社会服务委员会可以向行政法院申请对该青少年执行强制照管。前提是因为犯罪行为，青少年正面临着健康或发展的风险。如果青少年需要紧急照管，经社会服务委员会决定，可将其安置在封闭机构中。④ 在与检察官会面时，应通知青少年关于刑罚警告的决定，且社会服务委员会的代表也应在场。⑤

一般来说，18 岁以下的青少年应被判处在封闭机构中接受照管，而不是监禁。青少年在机构接受照管的时间取决于犯罪的严重程度，最短 14 天，最长 4

---

① The Law (1964:167) with Special Provisions for Young Offenders, sections 11 and 12.

② Nordlöf. supra note 19, p. 277 f. , 322 ff.

③ The Law (1964:167) with Special Provisions for Young Offenders, sections 25 and 26.

④ The Law (1964:167) with Special Provisions for Young Offenders, section 17; Nordlöf, supra note 19, p. 277 f. , 308 ff.

⑤ The Law (1964:167) with Special Provisions for Young Offenders, sections 18,19 and 22.

年。当青少年被送至瑞典国家机构照管委员会管理的照管机构后，社会服务委员会的社会工作者将为他制定照管期间和离开机构的计划安排，同时也会协助青少年完成学业。①

根据《社会服务法》（2001：43）或《青少年照管特别条款法》（1990：52），如果21岁以下的青少年需要特别照管或其他措施，可判处"青少年照管"。当青少年同意某些照管或措施时，可采用上述第一项立法。如果青少年年满16岁且不同意，或者青少年未满18岁且父母不同意，则采用后一项立法。这些措施的目的是防止青少年受到进一步的伤害。②

只有当法院认定社会服务委员会拟定的措施，加上青少年服务或罚款，与刑罚的价值相当时（考虑到犯罪性质和青少年之前的犯罪记录），才可以对青少年判处"青少年照管"。社会服务委员会需要将计划实施的照管和措施形成记录文件，在庭审前交给法院，否则法院不能判处青少年接受"青少年照管"。计划实施的照管和措施必须在"青少年协议"中明确规定。如果法院判决"青少年照管"，应在判决书中说明青少年有义务遵守"青少年协议"中商定的内容。"青少年协议"也必须加入到判决书中。判决书中须明确规定惩罚的内容及如何实施。如果判决是强制照管，则应在判决书中加入照管计划（内容由社会服务委员会决定）。③

如果一名青少年被判处强制"青少年照管"，社会服务委员会将向行政法院提出申请，确认他/她的情况符合强制照管的要求。如果法院认为条件符合，青少年将会一直接受强制照管直至不再需要（只要不超过21岁）。④

在刑事案件中，如青少年被判处强制照管，并不意味着社会服务部门在普通法院作出判决后才提出申请。如果初步调查期间需要照管青少年，但没有获得本人同意或父母拒绝同意（如果青少年未满18岁），社会服务委员会也可以向行政法院申请强制照管。社会服务委员会也可以因为青少年吸毒或实施家庭暴力而申请强制照管。

如青少年在21岁以下且被法院裁定有罪，也可以被判处青少年服务。不过

① The Law (1998:603) on Enforcement of Closed Youth Care, sections 1 and 3.

② The Criminal Code (1962:700), chapter 32 section 1.

③ The Criminal Code (1962:700). chapter 32 section 1; The Law (1964:167) with Special Provisions for Young Offenders, section 28.

④ The Law (1964:167) with Special Provisions for Young Offenders, sections 1,3-4 and 21.

青少年服务大多适用于 18 岁以下，如果年龄较大，判决青少年服务应该有特殊的理由。青少年服务的目标是根据青少年的个性和其他情况，作出适合本人的判决。还必须让法官们信服，青少年服务是对罪行的充分干预，可以平衡各种因素，如罪行的严重程度、犯罪前科和无须照管。法官的判决是基于社会服务机构的报告。青少年服务，是指青少年从事无偿劳动和参加其他活动共计 20~150 小时。社会服务委员会负责安排青少年服务，以书面形式规定青少年应从事何种工作、必须参加哪些会谈。社会服务委员会还应当为青少年指定一名监督者（su-pervisor）。例如，青少年服务可能意味着青少年必须在一个以体育或其他活动为重的组织工作。青少年服务的目的是通过帮助青少年结识新朋友，有效利用时间来提供支持。在社会服务委员会安排的强制会谈上，会讨论与犯罪有关的不同议题。除非特殊原因，判决应在判决公布后的 2 个月内尽快执行。①

社会服务机构还对直接遭受家庭暴力或间接遭受其他暴力侵害的儿童负有责任，同时也有责任向那些被认为是犯罪受害者的儿童提供支持。②

在瑞典，儿童之家（Children Houses）通常是由社会服务机构管理的。在那里，被侵害的儿童将由一名接受过讯问儿童专门训练的警官进行讯问。检察官、社会工作者和一名特别指定的律师可以在隔壁房间观看讯问过程。目的是改进初步调查使之对儿童更加友好，从儿童那里获得更多信息和便于起诉。身体检查也可以在儿童之家进行。③

（三）社会工作者与其他利益相关方的合作

各市社会服务委员会必须参与社区规划，并与其他社会团体、组织、协会和个人共同合作，创造良好的市政环境。④ 社会服务委员会还应与其他社会团体、组织和协会一起，就社会服务的综合信息以及为个人提供的信息进行合作。⑤ 关于个人层面的合作，《社会服务法》规定社会服务委员会的职责是"与个体一起

---

① The Criminal Code (1962:700), chapter 32 section 2; The Social Service Act (2001:453), chapter 5 section 1b.

② The Social Service Act (2001:453), chapter 5 section 11.

③ Myndigheten för skolutveckling, Rikspolisstyrelsen, Socialstyrelsen, Strategi för samverkan - kring barn och unga som far illa eller riskerar att fara illa, (Stockholm, 2007).

④ The Social Service Act (2001:453), chapter 3 section 1.

⑤ The Social Service Act (2001:453), chapter 3 section 4.

谋划与实施，必要时还要与其他社会团体、组织和协会通力合作"。①

各市政府和处理罪错青少年案件的权责机构，如社会服务委员会、警察、检察官和法院，应定期就有关罪错青少年的问题进行合作。②

在立法中也规定了警察、学校和医疗体系的合作义务。③

财政支持、授权合作以及后续跟进与评估，对于合作成功至关重要。如上所述，合作可以在综合层面进行，也可以在个人层面进行。如果在个人层面合作，就应该以儿童个体的最佳利益为基础。要处理这种情况，必须针对结构化工作制定地方策略。成功的合作需要有共同利益，需要尊重和了解其他参与方。合作还必须有明确的目标、共通的工作方法和共享的伦理规范。如果存在隐私问题，为避免暴露个人身份，个体的详细信息必须以笼统的方式进行讨论。④

(四) 少年司法社会工作的资格与评估

国家卫生福利委员会（National Board of Health and Welfare）是瑞典卫生和社会事务部（Ministry of Health and Social Affairs）下属的政府机构。国家卫生福利委员会根据立法和现有的最佳知识为瑞典各市社会服务委员会制定规则和提供指导，并对社会服务委员会的工作进行跟进以及提供统计数据。

关于如何处理涉及罪错青少年的案件，其中一项规则是 SOSFS（2008：30）《处理涉及罪错青少年的案件》。2008 年，国家卫生福利委员会发表了一份有关再犯行为影响的系统性回顾总结，强调了对罪错青少年再犯行为的影响。⑤

---

① The Social Service Act (2001:453),chapter 3 section 5.

② The Law (1964:167) with Special Provisions for Young Offenders,section 39.

③ The Act of Police (1984:387),section3,the Act of School (2010:800),chapter 29 section 13 and the Act of Health and Health Care (2017:30),chapter 16 sections 3-4.

④ Prop. 2002/03:53,Stärkt skydd för barn i utsatta situationer m. m. (Government bill 2002/03:53,Strengthened protection for children in vulnerable situations) (Stocholm 2003), pp. 58-62. Issues of collaboration are also discussed in SOU 2010:95 Se,tolka och agera-om rätten till en likvärdig utbildning,(See,interpret and act-about the right to an equivalent education) (Stockholm,2010) pp. 173-175 and in SOU 2018:65 Informationsutbyte vid samverkan mot terrorism,(Information exchange in cooperation against terrorism) (Stockholm,2018)pp. 83-84.

⑤ Socialstyrelsen,Insatser för unga lagöverträdare,En systematisk sammanställning av översikter om effekter på återfall i kriminalitet (The National Board of Health and Welfare,Interventions for young offenders,A systematic compilation of overviews on the effects of recidivism in crime) (Stockholm, 2008).

三、瑞典少年司法社会工作的经验、挑战和改革措施

（一）经验和成就

2008 年，对于社会服务委员会所采用的面临精神疾病风险的儿童和青少年早期干预方法，国家卫生福利委员会开展了一次全国性调查。委员会的调查结论是，这些早期干预需要国家后续跟进措施。关于法律、金融和专业等不同部门之间的合作，委员会认为需要国家的指导和阐明。①

后续跟进措施可以青少年罪犯的调解为例。在市政当局允许社会服务委员会对青少年罪犯进行调解之后，国家卫生福利委员会开展了后续调查或评估。后续调查显示，该制度存在缺陷，例如，并不是所有的青少年犯罪者都被要求参与调解。②

国家卫生福利委员会的国家指南中包括功能性家庭治疗（Functional Family Therapy，FFT）。功能性家庭治疗是对有行为问题（如表现出外倾性行为、犯罪、吸毒或酗酒）的青少年的家庭使用的一种基于指导手册的治疗方法。功能性家庭治疗是 20 世纪 70 年代由美国心理学家詹姆斯·亚历山大（James Alexander）发展起来的，1991 年开始在瑞典使用。③

2013 年，国家卫生福利委员会公布了市政和社会服务委员会的特定资格联系人（specifically-qualified contact persons，导师）的工作情况。这一方法的目的是帮助有更大的遭受虐待或者实施犯罪行为风险的儿童和青少年。指导通常指的是将处于危险中的青少年与在社会上有良好地位并能作为榜样和支持的成年人连接在一起。特定资格联系人需要具备与青少年打交道的心理、社会方面的教育经

---

① Socialstyrelsen，Socialtjänstens öppna verksamheter för barn och unga-en nationell inventering av metoder The National Board of Health and Welfare，Social services open activities for children and young people-a national survey of methods）（Stockholm，2009）.

② Socialstyrelsen，Medling vid brott avseende unga lagöverträdare Uppföljning av hur kommunerna arbetar med medling samt analys av behov av åtgärder för att stödja medlingsverksamheten（The National Board of Health and Welfare，Mediation in criminal cases concerning young offenders. Follow-up of the municipalities involved in mediation and analysis of the need for measures to support the mediation efforts（Stockholm，2012）.

③ Socialstyrelsen，FFT（Funktionell familjeterapi）（The National Board of Health and Welfare，FFT（Functional family therapy）（Stockholm，2012）.

历或工作经验。这项任务通常需要与青少年保持长时间的密切联系，例如每周10 小时，持续 6 ~ 12 个月。[①]

2014 年，国家卫生福利委员会分析了直接威慑项目（Scared Straight programs）。该项目也被称为青少年觉醒项目，以威慑为导向，主要目标是预防青少年犯罪。直接威慑项目的基础是威慑理论，认为迅速、严厉、明确的惩罚将会有力打击潜在犯罪行为。计划的实施就是参观监狱，甚至可能包括在监狱里待一段时间。综合分析后发现，参加此类项目反而增加了青少年将来犯罪的可能性。委员会的结论是，即使不采取任何措施，也胜过让青少年参加直接威慑项目。[②]

（二）主要问题

社会工作在少年司法制度中占有重要地位。社会服务委员会也面临着一些问题。其中一个问题是在封闭机构中，被定罪的青少年和需要照管的青少年混在一起，而国际公约是应将这两类群体分开。在这些机构中，18 岁以下的儿童与18 ~ 22 岁的成年人混在一起。警方采取的某些强制手段，侵犯了儿童的人身安全，这就要求社会服务委员会进一步实施改进举措，保护儿童权益。当瑞典拟于2020 年 1 月 1 日将《儿童权利公约》纳入立法时，这些改进举措显得格外重要。

各市负责为本市居民提供和实施社会服务。社会服务的资金来源是市民缴纳的税款和政府的某些赠款。有些城市可能因为缺乏资金而不能充分履行社会服务委员会规定的义务。因此，这些城市不会将有关青少年的事项列为优先级。

社会工作者需要接受更多的教育，关注涉嫌犯罪的儿童的权利，特别是那些未满刑事责任年龄（15 岁）的儿童的权利。要认定一个人有罪，要求他/她清楚地知道自己在做什么，知晓该行为属于犯罪行为。一个人如果不能认识到自己的行为是错误的，就不能被惩罚。尽管个体的大脑和自我行动理解能力直到 25 岁才得到充分发展，但正如瑞典在 1902 年所规定的，青少年承担刑事责任的年龄是 15 岁。

---

① Socialstyrelsen, Särskilt kvalificerad kontaktperson（Mentorskap）［The National Board of Health and Welfare, Particularly qualified contact person（Mentoring）］（Stockholm, 2013）.

② Socialstyrelsen, Socialstyrelsens sammanfattning av Petrosinis kunskapsöversikt om Scared straight-program, Socialstyrelsen sammanfattar systematiska översikter-effekter av metoder i socialt arbete,（The National Board of Health and Welfare' summery of Petrosinis knowledge on the Scared straight-program, The National Board of Health and Welfare summerizes systematic reviews-effects of the methods of social work（Stockholm, 2014）.

一个被判有罪的青少年，考虑年龄因素可以施加与成年人不同的惩罚。根据瑞典《刑法典》，21 岁以下青少年可以受到不同的对待。这是因为青少年对惩罚更敏感，而且他们也能对处遇（如教育）作出更积极的反应。此外，一个人的大脑一般要到 25 岁才发育完全。这意味着，当青少年犯罪时，社会必须多加理解，因为她/他实际上并不理解犯罪行为的全部后果。在最近公布的一项立法准备工作中，关于监禁判决是否最为合适这一问题，引发了激烈的辩论。把一个青少年关进监狱，不仅花费更多，而且青少年可能会受到其他囚犯的影响，继续犯罪。①

（三）改革举措

2020 年 1 月，瑞典将《儿童权利公约》（Convention on the Rights of the Child）写入立法。考虑到儿童的最佳利益和个人选择，有关社会服务和少年司法的立法作了改进。不过，在立法和方法上，以及在教育社会工作者、警察、检察官、法官、公设辩护人、教师和医务人员方面，还需要有更多的改进。

必须在自愿和强制的基础上进一步发展对儿童的照管，以确保儿童的人格完整性，培养守法有礼的儿童。

---

① SOU 2018:85 Slopad straffrabatt för unga myndiga,（Public investigation 2018:85 Abolition of penalty reduction for young persons 18–21 of age）,（Stockholm,2018）.

社会工作在少年司法中的作用：南非经验

一、南非少年司法社会工作的基本状况

（一）南非社会工作的发展概况

"南非和国际上社会工作的起源和发展，一直伴随着彼此冲突的历史和故事，并常有缺漏和不连续性。"①

在南非，社会工作的历史是和帝国主义及殖民主义的历史紧密交织在一起的。殖民主义破坏和削弱了社会关系的传统表现形式，从这一背景发展起来的社会工作实践与家长制、歧视性的福利政策紧密相连，而这些政策有利于被视为福利精英的白人群体。"在南非，社会工作这一职业的发展及其所开展活动的本质，是为了解决对白人贫困群体的关切，并希望通过对从业者进行源于美国价值观和意识形态的培训，来解决这一问题。"②

正如大多数西方国家一样，南非社会工作的发展与政治进程相呼应，因为政治进程对社会福利服务有着基础性的影响。20 世纪 20 年代以前，南非的社会工作尚未被认定为是专门的职业。③ 在各地，由社区和家庭来处理社会福利问题。④ 这些福利活动大都是在白人社区开展的短期社会救助，缺乏社区内部或社区之间的协调合作。人们对白人社区贫困现象越发担忧，因此开展了"贫穷白人问题"

---

① L. Smith. "Historiography of South African Social Work : challenging dominant discourses", 50 (3) Social Work (2014) p. 305.

② Smith. supra note 1, p. 309.

③ S. J. Drower. "Conceptualising social work in a changed South Africa", 45(1), International Social Work (2002) 8.

④ Drower. supra note 3, p. 8.

（poor white problem）的调查。在此期间，南非以明显不同的方式来处理白人和黑人的贫困问题。国家的主要关注点是白人群体的贫困问题，即堕落的"贫困白人"。1937年，卡内基调查委员会（Carnegie Commission of Inquiry）提出了关于"白人贫困"问题的建议，据此，社会福利部（Department of Social Welfare）于同年成立，标志着南非决定加大对白人福利项目的投入。[①] 社会工作的行动和努力主要关注白人的要求和需要，具有治疗性的特点。[②]

对非洲人的福利服务则被严重忽视了，种族隔离时期的社会福利服务与当时的经济和政治目标相联系，对被归类为"白人"以外的人口加强社会控制，并强化他们对不公平社会制度的适应程度。

1980年，南非社会工作及相关工作者法定理事会（South African Statutory Council for Social and Associated Workers）开始启动。[③] 理事会被授权制定社会工作教育的最低原则，对社会工作专业学生的职业行为发挥强制授权作用，并规定个人进入该行业的职业资格。[④] 这一机构现已更名为南非社会服务职业理事会（South African Council for the Social Services Professions）。[⑤]

1996年第一次民主选举之后，政府推动了关键的政策变革：社会工作者必须彻底转变种族隔离时期的干预和服务方式；福利部（Ministry of Welfare）[⑥] 废除了社会工作职业的权力分配模式，并推动历史上社会工作以白人和非裔白人为

---

① M. Gray, B. Simpson. "Developmental Social Work Education: A South African Example", 41 (2), International Journal of Social Work, p. 227.

② M. Gray, B. Simpson. supra note 8, p. 227.

③ M. Gray, B. Simpson. supra note 8, p. 227.

④ Drower, supra note 4, p. 9.

⑤ 社会工作专业委员会是上述理事会下属的两个专业委员会之一。理事会与专业委员会一起，通过以下方面管理和督导儿童和青少年照管工作者及社会工作者：教育培训、登记、职业操守和伦理、鼓励遵循职业标准、确保持续的职业发展。儿童和青少年照管工作者一般是指在机构、社区或任何其他雇佣场所，直接与儿童或青少年一起工作的人。例如，下文讨论的在安全照管机构中为候审和被判刑儿童工作的儿童和青少年照管工作者。委员会准许注册观护工作专业：见1998年第110号《社会服务专业法》颁布的有关注册观护服务专业的规定，2013年2月15日第36159号《政府公报》第116条。见南非社会服务职业理事会网站，https://www.sacsp.co.za。

⑥ 此后更名为社会发展署（Ministry of Social Development），社会发展部（The Department of Social Development）在本文缩写为DSD。

主的情况发生转变。①

（二）南非少年司法改革的前因

在南非第一次民主选举之前，司法系统总体上是种族隔离政府的镇压工具，少年司法也不例外。没有专门针对儿童的独立的司法体系。触法儿童通常受到严厉的对待，对罪错青少年最常处以的刑罚是鞭刑。1995 年，后种族隔离时期的临时宪法刚实施不久，在 S 诉威廉姆斯案（S VS Williams）中，鞭刑被判定违宪。②

为响应纳尔逊·曼德拉（Nelson Mandela）在就职典礼上的呼吁——"儿童不应进监狱"，1996 年《矫正服务第 14 号修正案》（Correctional Services Amendment Act 14）明确禁止监禁 18 岁以下的尚未被审判的儿童。③ 这项法律的实施并不成功，因为在审前阶段，没有可供选择的监禁替代措施。那些被控犯有严重罪行的儿童被当庭释放，这引发了公众的强烈抗议。为了应对危机，政府任命了一个风险青少年部际联席委员会（Inter - Ministerial Committee on Youth at Risk，IMC），其任务是制定临时政策建议，推动青少年司法及儿童照管保护制度的改革。④ 同年，司法部部长指定南非法律改革委员会（South African Law Reform Commission，SALRD）下属的一个项目委员会，开始审查南非儿童司法立法的价值和主要内容。⑤

随着风险青少年部际联席委员会的成立，社会工作参与这一概念也开始发展起来，目的是在司法系统裁判人员决定羁押或释放儿童时，为其提供一份基本的社会调查报告，并在一定程度上审查转处的可能性。⑥

---

① M. Grayand F. Mazibuko. "Social Work in South Africa at the dawn of the new Millenium", 11 (1) International Social Work(2002) 192.

② ［1995］ZACC 6.

③ J. Sloth-Nielsen. "A Short History of Time: Charting the Contribution of Social Development Service Delivery to Enhance Child Justice 1996-2006", 34(4) Social Work (2007), p. 317.

④ J. Sloth-Nielsen. "A Short History of Time: Charting the Contribution of Social Development Service Delivery to Enhance Child Justice 1996-2006", 34(4) Social Work (2007), p. 317.

⑤ J. Sloth-Nielsen. "A Short History of Time: Charting the Contribution of Social Development Service Delivery to Enhance Child Justice 1996-2006", 34(4) Social Work (2007), p. 317.

⑥ J. Sloth-Nielsen. "A Short History of Time: Charting the Contribution of Social Development Service Delivery to Enhance Child Justice 1996-2006", 34(4) Social Work (2007), p. 318.

社会工作参与少年司法的基础是 1991 年第 116 号《观护服务法》（Probation Services Act 116）。《观护服务法》界定了观护官（其教育背景为社会工作）的职能和职责。"观护服务的专业化及其在儿童司法程序中的核心地位的确立，是风险青少年部际联席委员会工作的一个重大成果。"①

众所周知，"评估"（assessment）对实现少年司法体系的目标至关重要。2006 年，编者写道："到目前为止，通过社会发展部的推动，社会工作介入已在西开普省试点实施，包括向决定释放或羁押的司法系统工作人员提供有限的社会调查报告，并在一定程度上审查转处的可能性。"这发生在 1994 年，即风险青少年部际联席委员会成立之前不久。此前，1993 年的少年司法改革国际会议首次提出在警察局开展审前评估的重要性。由于评估的干预措施在初期审查中受到了积极评价，它在西开普省进一步推广。更重要的是，尽管有人认为，西开普省（试点评估项目的地方）与整个国家的发展并不同步，在提供社会服务方面资源更为充足，风险青少年部际联席委员会仍然在制定政策时将评估确定为应在国家层面尽力推广的最佳实践。② 在风险青少年部际联席委员会的 8 个项目中，有一个分析了德班（Durban）地方法院评估服务的执行情况。③ 1996 年年底，风险青少年部际联席委员会在开普敦（Cape Town）举办了一个培训班，其结论是应充分肯定并推广评估的作用。

开展儿童评估的适当地点由观护官确定，可以在警察局、治安法院、社会发展部办公室或一站式儿童司法中心，④ 但须注重隐私保护。儿童评估获取的信息必须保密，不得在后续的刑事诉讼程序中援引。

风险青少年部际联席委员会还积极推进转处的实施，开展试点项目，实验不同方案。转处的工作重点是风险青少年部际联席委员会所支持的"早期干预"模式（而不像以前只专注于事后服务）。转处在下文有详细介绍。

① J. Sloth-Nielsen. "A Short History of Time: Charting the Contribution of Social Development Service Delivery to Enhance Child Justice 1996-2006", 34(4) Social Work (2007), p. 325.

② J. Sloth-Nielsen. "Annual juvenile justice review", 8 South African Journal on Criminal Justice (1995) 331.

③ J. Sloth-Nielsen. "Review of the Durban Assessment Centre" (1997) (unpublished, copy on file with the author); IMC "Report on the Pilot Projects" (1998) Government of the Republic of South Africa.

④ 全国只有 3 个一站式儿童司法中心，将警察、观护、检察院和法院的服务集中在一个中心，可以实现部门间服务的无缝链接。

风险青少年部际联席委员会在大选结束之后更换了部长，此后各省①开始指定或任命工作人员为观护官，负责刑事程序评估阶段所需的审前调查，为触法儿童提供更快速、更完善的服务。② 尽管评估的优势主要是在作出审前羁押或释放的决定前，获取更充分的信息，但社会工作者在儿童出庭之前及早介入该案件，也有助于儿童及时获得转处的机会。

根据 2013 年发布的《观护工作条例》(Regulations on Probation Work)，观护服务是指：向个人、家庭、团体和社区提供宣传和教育方案；对罪错和受害儿童的需求、风险和抗逆力进行专家评估，帮助法院确定个性化的干预措施和量刑选择；作为法院的专家证人，提出对儿童和成人适当的量刑建议；帮助从改造学校 (reform schools) 和安全照管机构 (secure care facilities) 出来的儿童重新融入社会；对那些安置在合适成年人家庭的儿童进行监管；抑制罪错行为，帮助罪错儿童认识到犯罪行为对自己、家庭、社区和受害者的影响；撰写儿童遵守监管情况报告；促进转处和恢复性司法程序；为犯罪受害者提供照管、支持、转介和调解服务；以及 1991 年《观护服务法》规定的任何服务。③

南非有 26 所大学。④ 一半以上的公立大学有社会工作专业。目前还没有（少年）司法社会工作的专业方向，只有一所大学开设了观护工作（硕士）项目。

(三) 少年司法体系——简况⑤

经过多年起草，南非法律改革委员会于 2008 年通过了第 75 号《儿童司法法》(Child Justice Act 75, CJA)，该法于 2010 年 4 月 1 日起开始实施。法律制定过程之所以冗长，是担心没有足够的社会工作者来执行评估任务，这些任务现已成为少年司法实践的明确要求。由于"评估"是儿童司法程序中的一个强制

---

① 根据《宪法》，社会福利需要国家和各省政府联合行使职能，决策和立法制定属于国家政府范畴，服务提供（和大多数支出）由省级政府负责。

② Sloth-Nielsen. supra note 13, p. 319.

③ Regulations relating to the registration of a speciality in probation series (supra note 12 above), definitions section.

④ 参见南非大学, https://www.usaf.ac.za；国家基础教育部, https://www.education.gov.za。

⑤ 南非法律改革委员会已经作出决定，为避免"少年"(juvenile)一词带来的标签化影响，在实践中使用"儿童"(child)一词来指代相应的立法和制度。

性步骤，有人担心，如果由于工作人员短缺而无法提供所需服务，政府可能会被起诉。2006 年前后，政府宣布社会工作是一项"稀缺技能"，并为有志于学习和从事社会工作的学生提供了大量助学金，这在一定程度上缓解了人们对政府无法提供评估服务的担忧。①

除了这一主要立法，还有一系列供实务工作者使用的条例（作为附属立法）和规范性文件。此外，南非国家检察长（National Director of Public Prosecutions）还发布了国家指令，以指导检察官进行决策和执行任务；南非国家警察总长（National Police Commissioner）发布了一项国家指示，指导警察执行《儿童司法法》；有关部门还共同制定了实施《儿童司法法》的国家政策框架（National Policy Framework for the implementation of the CJA，2010 年制定，2018 年修订）。这三个文件都具有官方效力，已在政府公报上公布。实施《儿童司法法》的国家政策框架规定了各部门的优先任务（也是它们将全力以赴的领域）。

整个系统旨在实现最大限度的转处。除了引入新的法律规定，明确社会工作者或观护官在儿童背景和犯罪成因早期评估中的作用外，初步调查程序（preliminary inquiry，由司法官员主持）旨在发挥"看门"作用，确保在可以转处的情况下，儿童不会进入刑事司法系统。

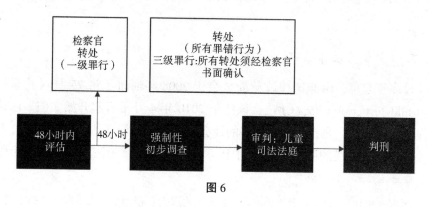

图6

---

① 2005 年第 38 号《儿童法》（儿童保护法规）的成本计算表明，社会工作者严重短缺：J. Sloth-Nielsen. "Child Justice" in C. J. Boezaart, Child Justice in South Africa（Juta and Co, Cape Town）2017, p. 684.

二、南非少年司法社会工作的法律基础

（一）少年司法社会工作的广泛法律基础

综上所述，南非少年司法社会工作的法律基础至少来自 5 项法令。最重要的是《儿童司法法》，此外还包括 1991 年第 116 号《观护服务法》（Probation Services Act 116）（修订版）、1978 年第 118 号《社会服务职业法》（Social Service Professions Act 118）、2005 年第 38 号《儿童法》（Children's Act 38）和 1977 年第 51 号《刑事诉讼法》（Criminal Procedure Act 51）。下文将先阐明《儿童司法法》的重要性，然后简要概述其余 4 项法规。

（二）刑事责任能力

《儿童司法法》规定了社会工作者的广泛职能和角色。首先是与确定 10~14 岁儿童的刑事责任能力相关。对于这类儿童，该法第 7 条保留了罗马法关于无刑事责任能力的推定。它根据儿童犯罪时的年龄自动适用，但若有超出合理怀疑的证据表明儿童在实施犯罪行为时有能力分辨善恶，并且是有意识地实施犯罪行为，该推定可以被推翻。调查法官或法院就该儿童是否具有相应刑事责任能力作出裁定时，必须考虑所有相关证据，特别是观护官的评估报告。因此，观护官必须对 10 岁以上 14 岁以下的儿童进行初步的能力评估，并记录在评估报告中。

值得注意的是，《儿童司法法》中有关刑事责任能力的条款，一直是服务提供者、政府官员和非政府组织广泛讨论的主题。该法第 8 条规定，相关条款必须在该法实施 5 年内加以审查。审查已经进行，且受联合国儿童权利委员会（Committee on the Rights of the Child）针对 2016 年 9 月南非国家报告的结论性意见所推动，近期内阁和议会通过了《儿童司法法》的修订法案（2018 年第 32B 号法案）。① 修订条款试图将最低刑事责任年龄从 10 岁提高到 12 岁，但保留了犯罪时为 12 岁或 13 岁的儿童"无责任能力"这一推定的可驳回性。可驳回的推定在实践中确实容易产生问题，T. V. S② 案和 2016 年司法部关于审查最低刑事责任年龄

---

① 截至 2020 年 3 月，法案还在等待总统签署和颁布。

② Discussed in Sloth-Nielsen. supra note 13.

专家会议的报告，都强调了这一点。① 然而，报告总结道，"无刑事责任能力"的推定所提供的保护，以及只有发育最成熟的儿童才会通过审查程序被认定为具有刑事责任能力这一共识，使维持一个较低的刑事责任年龄是相对安全的。修正案还取消了对 12 岁以上（包括 12 岁）14 岁以下的儿童进行转处时，评估其刑事责任能力的要求，确保这些儿童不再需要进行刑事责任能力评估，这也会减轻开展儿童刑事责任能力评估的案件负担。彻底取消可驳回的推定，将刑事责任最低年龄提高到 12 岁，被认为可能是违宪的，这会导致 12 岁和 13 岁的儿童失去现有的保护。另一个选择是将最低年龄提高到 14 岁，但被认为，"如果没有确凿证据证明，目前依据该法第 9 条为 10 岁以下的触法儿童提供的支持和方案具备切实无疑的有效性、充分性和适当性，那么，（把最低年龄从 10 岁提高到 14 岁）就属于冒险行为。"②

与刑事责任能力相关，该法规定了观护官的另一个职责，即为被指控实施了罪错行为的最低刑事责任能力年龄以下的儿童提供服务。虽然这些儿童被不可驳回地推定为缺乏刑事责任能力（意味着根本不可能采取刑事措施），但他们仍然是《儿童司法法》规定的对象。《儿童司法法》规定，这类儿童不能被拘留，必须将其移交给父母或监护人，并且警方必须在 24 小时内通知观护官。观护官必须在收到通知后的 7 天内对儿童进行评估（评估将在下文讨论），并采取第 9（3）条所述的任一步骤，包括：将儿童移交儿童法院；将儿童转介至咨询或治疗；将儿童送至针对 10 岁以下儿童需求的认证项目；为儿童安排支持服务；安排儿童、父母或合适成年人或监护人必须参加的会议，其他任何可能为会议提供信息的人员也可参加。或者，观护官可决定不采取任何行动。

由此看来，为这类儿童提供服务，包括可能进一步提供认证项目（类似于转处项目），显然属于观护官的职责范围。社会发展部为这类儿童以及 10~12 岁的儿童（在实际工作中很少被认定为具有刑事责任能力）制定了专门的项目，并在全国培训了 119 名主管以实施项目。社会发展部关于《儿童司法法》实施情况的 2015—2016 年度报告记录显示，当年对 10 岁以下的儿童总共进行了 206 次评估（比上一年的儿童数量减少了 11 名）。

儿童司法体系和儿童保护体系的可能交叉点，是对最低刑事责任年龄以下儿

---

① Department of Justice and Constitutional Development，"Report on the Minimum Age of Criminal Capacity" 2017.

② Report supra note 34e，at p. 53.

童可采取措施的相关规定。因为《儿童司法法》确立了将儿童转介儿童法院（依 2005 年第 38 号《儿童法》设立）的可能性。下文将会讨论这个交叉点，以及儿童保护体系的其他触发点。

（三）评估

《儿童司法法》的一个新特色是评估，它为评估提供了立法依据。第 34（1）条规定，每名被指控实施了罪错行为的儿童，均须由观护官加以评估。评估的目的是：（a）确定儿童是否需要照管和保护，以便将其移交儿童法院；（b）如果无法确切得知儿童年龄，估算其年龄；（c）收集关于儿童曾被定罪、转处或有待决指控的所有信息；（d）拟定关于释放、羁押和安置儿童的建议；（e）在适当的情况下，确定转处的可行性；（f）应根据第 9 条的规定，确定对于 10 岁以下的儿童应该采取何种措施；（g）对于 10 岁以上（包括 10 岁）14 岁以下的儿童，提出是否需要第 11（3）条所提之专家证据的建议；（h）确认儿童是否被成年人所利用，去实施被指控的犯罪；以及（i）提供儿童的任何其他相关信息，只要观护官认为这些信息符合该儿童的最佳利益，或者可以促进《儿童司法法》期冀实现的任何目标。

观护官必须按规定的方式填写评估报告，并就以下问题提出建议（如适用）：

（1）（a）是否依第 50 或 64 条将该案件移交儿童法院；

（b）依第 53 条之规定进行转处是否适当，包括转处服务的具体提供者，某项或多项具体的转处措施；

（c）是否依第 24 条之规定，将儿童交由父母、合适成年人或监护人照管，或在具结保释后释放；

（d）如儿童在第一次接受初步调查后被拘留的可能性很大，依第 29 或 30 条将其安置在指定的儿童和青少年照管中心或监狱内；

（e）如儿童为 10 岁以下，依第 9 条之规定，拟定对其需采取的措施；

（f）如儿童为 10 岁以上（包括 10 岁）14 岁以下，依第 10 条之规定确定其是否具备刑事责任能力，包括为证明其刑事责任能力需采取的措施；

（g）是否需要考虑以下第（3）条所提及的情形，对该儿童作进一步的深度评估；

（h）当无法确知儿童年龄时，依第 13 条之规定估算其年龄。

（2）第（1）（d）条所提及的关于将儿童安置在儿童和青少年照管中心的建议，必须依据负责管理该中心的工作人员所出具的如实反映以下信息的表格：

(a) 该儿童是否有住所或其他居住方式；及

(b) 中心的安保程度、设施和特色。

(3) 在以下一种或多种情况时，可作出第（1）（g）条所提之建议：

(a) 该儿童可能对他人或自己构成危险；

(b) 该儿童曾多次实施罪错行为或潜逃；

(c) 该儿童的社会福利史需要进一步评估；

(d) 儿童可能被要求参加性侵者治疗项目、药物滥用治疗项目或其他强化治疗项目。

(4) 观护官必须在评估报告中说明，该儿童是否愿意对所指控的罪错行为承担责任。

评估报告必须在初步调查开始前提交给检察官（见下文）。《儿童司法法》的第 14 项附属条例（Regulation 14 to the CJA）规定，评估报告必须按照法规附录中表格 3 的内容和格式填写。除非免除评估，否则观护官有义务对每一个被指控实施罪错行为的儿童进行评估。如果检察官在初步调查前对被控犯有一级罪行的儿童作出转处，在符合儿童最佳利益的前提下，可以免除评估。

评估作为刑事程序中的一个独特步骤，所产生的影响是显而易见的。社会发展部关于《儿童司法法》执行情况的 2015—2016 年度报告显示，该年度评估了 23787 名 10 岁以上的儿童。这些数据表明，进入儿童司法体系的总人数有所下降，因为与前一年相比，执行评估的儿童人数减少了 5040 人。2018 年修订的国家政策框架，将确保提供评估服务列为关键目标之一。

（四）转处

1. 获得转处的机会

转处是儿童司法体系的核心内容，也是任何可能的时候对未成年人罪错的首选回应。因此，《儿童司法法》对转处作了全面的规定。《儿童司法法》第 51 条规定了转处的目标，包括在正式刑事司法体系之外处理儿童、避免儿童留下犯罪记录、防止对儿童污名化，以及促使儿童重新融入家庭和社区。《儿童司法法》也规定了转处所需的一般条件，即儿童愿意对该罪行承担责任、有初步证据表明儿童实施了罪错行为、儿童和父母（或合适成年人或监护人）同意转处、检察官同意转处。① 根据《儿童权利公约》第 40 条第 3 款（b）项，儿童权利倡导者

① Section 52（1）.

的一个核心目标是，确保所有儿童，不论年龄或被控罪行，都有资格获得转处。这一立场已被《儿童司法法》纳入，但对于犯有严重罪行的儿童，只有在获得检察长（Director of Public Prosecutions，DPP）明确书面同意和特殊情况下，才可以获得转处。

同时，儿童权利倡导者们还倡议，不能因为儿童之前有过转处经历，就将其排除在转处之外。他们认为，为尽量避免刑事审判的消极后果，应为此类儿童提供更为复杂、深入的转处方案。这也是《儿童司法法》秉持的最终立场。

南非法律改革委员会的目标是确保罪错者尽可能地获得转处的机会，包括曾有过转处经历的人、被控犯有较严重罪行的人，以及生活在偏远地区、此前无法获得服务的人。这也带来两个结果：（1）将转处方案分为两个级别，① 严重罪行可以考虑更复杂的转处方案；（2）制定"量身定制"方案，根据具体情况实施个别化方案，并由社会发展部或其他被委托人加以监督。

第一级的方案针对一级罪行（轻微罪行），包括道歉、附条件或不附条件正式警告，根据某一项命令进行的安置，转介至咨询或治疗，参加教育或职业培训项目，恢复原状（restitution），社区服务和支付赔偿金。《儿童司法法》第53（3）条详细介绍了各种方案。第一级转处的最长期限为14岁以下儿童12个月，14岁或14岁以上儿童24个月。

第二级的方案可用于二级和三级罪行（较严重及极严重罪行），也包括第一级的某些方案（但不是全部）。此外，第二级方案还包括在指定地点接受强制教育或职业培训（包括在此居住一段时间）；转介至密集治疗，包括在观护官的监督下居住和安置一段时间，在此期间，未经观护官书面批准，不得离开儿童居住的行政区域。②

分配给第二级转处令的最长时限也表明，二级转处令将比一级转处令更深入、持续时间更长。第54（6）条规定，对于14岁以下的儿童，二级转处令的最长期限为24个月；对于14岁以上的儿童，最长期限为48个月。

恢复性司法方案包括：转介至家庭小组会议或被害人—罪犯调解（或任何其他恢复性司法方案）。它们可取代其他转处方案，也可与其他转处方案合并使用（它们不属于第一级或第二级方案，而是单独提供）。

---

① 南非法律改革委员会曾提出三个级别，但在议会辩论时，被认为过于复杂。

② Section 53(4). C Badenhorst. "Diversion provisions in terms of the Child Justice Act 75 of 2007" vol. 26(3) South African Journal of Criminal Justice(2013), p. 302.

在下达转处令时，必须指定一名观护官或其他合适的人来监督儿童遵守命令的情况。① 如不遵守，观护官须向治安法院或儿童司法法庭（视具体案件而定）报告。② 然后，可以重新拘留该儿童，或将其带回司法系统，询问其未能遵守观护令的原因。③

转介至某个转处服务提供者开展的项目，也是一种可供选择的转处方案（可与其他命令结合使用）。但有些转处方案并不包括参加某个项目。④ 尽管尚不清楚非项目（non-programme）方案的实际适用情况，但法律确实提供了较多的选择，以实现转处的个性化定制。

国家社会发展部依据《儿童司法法》第 60 条，负责保存根据《儿童司法法》被处以转处令的儿童的档案，包括儿童的个人信息、罪错行为、转处方案和儿童遵守转处令的具体情况。但这并不构成刑事罪错记录；除非儿童被判犯有另一项罪行或不遵守转处令，否则当儿童年满 21 岁时，转处记录自动失效。⑤

初步调查被称为新儿童司法体系的"核心"。这项新程序的目的是引入一项强制性的审前程序，要求在案件进入正式的法院审判之前，必须考虑转处。初步调查还被描述为履行"守门"职责——确保只有那些不愿意对罪行承担责任的儿童或不能被转处的儿童，才能跨过这一"障碍"，在法庭上进行抗辩和接受审判。初步调查出台的背景是，在《儿童司法法》实施前，转处完全基于检察官的自由裁量，获得转处的机会是不平等的。初步调查是一项强制性程序，除非该案件已被检察官转处或撤销。初步调查等同于第一次出庭，因此必须在儿童被拘留（如其被拘留）后 48 小时内举行。这是一次非正式的秘密的审前"圆桌会议"，由一名治安法官主持，与会者包括观护官、检察官、儿童和儿童的父母或监护人。根据司法部《儿童司法法》执行情况的 2015—2016 年度报告，⑥ 初步调查是《儿童司法法》实施的十个核心重点领域之一。最新数据显示，2015—2016 年度进行了 18575 个初步调查（低于 2012—2013 年度的 25517 个）。这可能

---

① Section 57(2) of the CJA.

② Section 57(2) of the CJA.

③ Section 58(1) of the CJA.

④ 这些例子包括：报告令、家庭时间令、义务教育入学令、良好行为令、道歉、支付赔偿金或象征性赔偿——完整清单见 S 53 (1)。

⑤ Section 87(6) of the CJA.

⑥ Department of Justice and Constitutional Development, Child Justice, https://www. justice. gov. za/vg/childjustice. html, visited on 6 January 2016.

是因为进入儿童司法系统的总人数下降了（见下文讨论）。初步数据表明，2015—2016 年度，超过 55% 的初步调查记录结果为儿童被转处，因此该程序确实有助于增加获得转处的机会。

2. 转处服务提供者

将儿童从正式的法庭程序中转处出去，最初是由为受害人和犯罪者提供服务的福利服务组织（非营利）开展的。如前所述，风险青少年部际联席委员会扩大了转处项目的对象和地域范围，并沿用了由非营利组织提供服务的模式。非营利组织从国家获得补贴，开发和实施转处项目。项目侧重于生活技能、愤怒管理、对性别和多样化的敏感度、培养抗逆力和抵抗朋辈群体压力等。

《儿童司法法》的实施标志着对转处服务提供者和项目的规制迎来了新时代。立法者认为需要对转处服务的质量进行适当监管，以增强公众对转处有效性的信心。同时，立法者也关注非政府组织的参与对儿童保护的影响。因此，立法者制定了一项全面的服务提供者认证、监测和评估方案。

《儿童司法法》第 56（2）条规定，社会发展部部长应负责建立和管理针对转处服务提供者及服务项目的认证体系，《儿童司法法》规定了一项（新）义务，即儿童只能被转处至依该法获得认证的服务提供者或服务项目。《儿童司法法》还要求社会发展部确保有足够的资源来实施转处项目，这就要求其持续致力于增加转处的机会、扩大辐射范围，以确保满足所有需要转处服务的儿童的需求。

服务提供者可能包括政府机构或官员、非政府组织和教育机构。认证的目的是确保服务提供者达到最低标准，并确保转处项目能够取得有意义的成果。除认证外，《儿童司法法》还规定了质量保证，以及对项目和服务提供者的监测与评估。

因此，国家社会发展部制定了《南非转处服务提供者及项目认证全国政策框架体系》（National Policy Framework and System for the Accreditation of Diversion Service Providers and Programmes in South Africa）。这项政策不仅涉及质量改进，还涉及转处项目和替代刑罚的内容。值得关注的是，在认证实施 7 年之后，2015—2016 年，共有 49 个转处服务提供者获得了全面认证，13 个获得了候选资格。共有 121 个项目获得批准，28 个项目获得候选资格。由于进入儿童司法体系的儿童在增加，这个数字也在稳步增长。

最后，依据国家社会发展部 2015—2016 年度报告记录的数据，8830 名儿童被转介至转处项目（比上一年少 2383 名）；3497 名儿童接受了居家监管（home based supervision，2014—2015 年的人数为 5529 名）。其他转处方案的实际适用情况尚不清楚。

（五）量刑前报告（Pre-sentence Reports）

《儿童司法法》强制性地要求由观护官撰写量刑前报告（这一要求的例外是因不当延误损害了儿童利益，但此情况下法院不得判处剥夺自由的刑罚）。① 撰写量刑前报告的时间不得超过收到此要求后的 6 周。②

法院可以不采纳观护官的量刑建议，但必须在法庭记录上注明不同于量刑建议的刑罚的理由。③

（六）监督刑罚执行

《儿童司法法》刑罚一章的第二部分详细介绍了具体的刑罚措施。首先，以社区为本的刑罚作为量刑的选项，包括了利用转处一章所提及的方案。观护官必须监督相关命令的执行情况，④ 如果儿童不遵守规定，可能会被带回法庭，并调查其原因。⑤

《儿童司法法》也规定了恢复性司法性质的刑罚，包括家庭小组会议、受害者—罪犯调解或任何其他符合恢复性司法定义的恢复性程序。司法部及矫正服务部门 2015—2016 年度报告显示，恢复性司法性质的刑罚的数字在初期上升（2012—2013 年为 508 人）后，目前有所下降——2014—2015 年为 179 人，2016 年仅为 1 人（尽管这可能是由于数据采集错误而出现的结果）。

（七）与 2005 年第 38 号《儿童法》的关系

1. 儿童法庭

2005 年第 38 号《儿童法》（The Children's Act 38）是南非的综合儿童保护立法。它涵盖的内容广泛，从一系列儿童权利，到父母的责任和权利，再到 1980 年《海牙国际性非法诱拐儿童民事事项公约》（Hague Convention on the Civil As-

---

① Section 71(1)(a) and (b).

② Section 71(2).

③ S. Terblanche. "The Child Justice Act: Procedural Sentencing Issues", 16 Potchefstroom Electronic Law Journal (2013) p. 321.

④ Section 72(2)(a).

⑤ 依据《儿童司法法》第 79 条，法院随后可确认、修改或替换原来的刑罚。

pects of International Child Abduction）和《海牙跨国收养公约》（Hague Convention on Intercountry Adoption）。儿童保护制度全面得到细化。① 虽然《儿童法》是由南非法律改革委员会的一个项目委员会单独制定的，但该委员会的部分成员也参与起草了《儿童司法法》，人员的交叉确保了两项法律的整合与一致性。

《儿童法》（重新）设立了地方儿童法庭，以处理儿童保护问题，不过它们既不是真正的民事法庭，也不是刑事法庭，而是具有混合性质。除了大城市地区因为案件数量较多，需要聘用专门的司法官员外，大多数儿童法庭并没有聘用专门人员。未被转处的触法儿童将在儿童司法法庭（child justice courts）受审，但儿童司法法庭是刑事法庭。

如果一名儿童的保护需求反而可能构成其罪错行为的基础，那么根据观护官的评估报告，或根据初步调查或审判期间作出的转介，儿童法庭和儿童司法法庭就可能产生关联。刑事指控可以被检察官撤回（withdraw），即使是定罪后也可以被撤销，以便将案件移交给儿童法院。

2. 安全照管

"安全照管"（Secure Care）的概念，来自20世纪90年代下半叶，是关注监狱中被剥夺自由儿童的斗争所取得的明确结果。截至目前，南非全国有17557个安全照管机构床位，提供封闭的治疗环境。省级和国家社会发展部都负有管理安全照管机构的职责。

如果儿童在初步调查前被警方拘留，而不能被释放回父母或监护人身边或是获得保释，警方需根据儿童的年龄和其被指控的罪错行为，考虑将其安置在安全照管机构。② 对于年龄介乎10~14岁，或超过14岁，并被控犯有一级或二级罪行的儿童，必须考虑将其安置在合适的儿童及青少年照管中心，以替代警方羁押。

2015—2016年，全国的安全照管机构共接纳了5148名儿童，同期共有4713名儿童获释。③ 安全照管机构是根据2005年第38号《儿童法》第14章设立的儿童和青少年照管中心的"子类别"，目的是为候审（和被判刑）的青少年提供合

---

① J. Sloth-Nielsen. "The South Africa Child Protection System", Routledge Handbook of Child Protection Systems（M. Skivenes ed, 2019, forthcoming）.

② Section 26(2)(a) and s 27(a).

③ 2015-2016 Report of the Department of Social Development on the Implementation of the Child Justice Act at 15. 请注意,这一数字显示了与2014—2015年相比入监人数和释放人数的下降,可能是因为进入儿童司法体系的儿童总数减少。

适的项目。儿童被羁押在安全照管机构，等同于被剥夺了自由。目前存在的一大问题是，还缺乏一个独立的监测机制来监督安全照管机构的运作，并为那些羁押于此类机构的儿童提供一个独立的申诉机制。

还必须提到的一点是，虽然安全照管机构雇用了社会工作者提供社会工作服务，但大部分照管工作是由儿童和青少年照管工作者（child and youth care workers）承担的。这类员工不具备社会工作的教育背景，但可以通过文凭课程获得职业培训。如前所述，其文凭可能获得南非社会工作理事会的认可。

目前已经有一些诉讼涉及安全照管机构，尤其是在东开普省和西开普省。在 S 诉格林艾斯（S v. Goliath）案①中，一位治安法官在阅读了报纸的一些报道后，突击造访了一家安全照管机构。他发现孩子们在到处闲逛、听音乐，一点也不做功课。他的调查显示，保安因为非常害怕这些孩子，晚上会把自己锁在房间里。他还发现，许多儿童在夜间潜逃出机构，吸毒猖獗。建筑遭到了破坏，窗户、门、灯具、游泳池水泵、家具和电视机以及安全摄像头都被破坏或损毁。孩子们摧毁了主计算机中心，并试图烧毁大楼。简言之，该机构已完全失控。法官描述了他看到的破坏性场面，不得不让人想起威廉·戈尔丁（William Golding）的寓言故事《蝇王》（Lord of the Flies）中的情景。该机构目前暂时关闭，孩子们被转移到了监狱和其他地方。可以确定的是，在本文写作期间，该事件还没有得到充分解决。

（八）1977 年第 51 号《刑事诉讼法》

《刑事诉讼法》（Criminal Procedure Act）是关于刑事诉讼程序的综合性立法。该法涵盖搜查、扣押、拘留和其他方法，确保被告人出庭、抗辩、审判以及证据事项。《儿童司法法》尽可能不重复或替代普通的刑事诉讼程序。它只是作为《刑事诉讼法》的补充，为儿童制定专门的条款（如关于初步调查、父母出庭协助、转处和各种量刑的规定）。因此，儿童司法法庭在对 18 岁以下的人进行审判时，会同时适用《儿童司法法》和《刑事诉讼法》。

（九）1998 年第 111 号《惩教服务法》（Correctional Service Act）

《儿童司法法》明确规定了哪些机构可用于剥夺儿童的自由（审前羁押或作为刑罚）。监禁的刑罚受到严格的限制（根据儿童的年龄和可能被判处监禁的罪

---

① Review case no：2012000247，CA&R no：CA&R36/2014.

行类别）；自《儿童司法法》实施以来，监禁机构中的儿童人数减少了73%（根据最新数据，自法律实施以来，被判处监禁的儿童从2010年的717名减少到2016年3月31日的187名）。①

《惩教服务法》规定了如何服刑（如因犯的权利、分类制度、硬件设施等），其运行规则与2005年第38号《儿童法》规定的安全照管机构，以及社会发展部管理的其他机构是基本一致的。

三、南非少年司法社会工作的经验、挑战和改革措施

（一）社会工作者与其他利益相关方的合作

尽管利益相关方之间的合作是《儿童司法法》的核心目标，但在实践中仍然难以实现。作为《儿童司法法》的最初设想之一，联合报告制度（joint reporting system）很早就"流产"了。立法修正案对这一要求作了修订，回到由各部门和机构单独报告。② 据称，一个关键因素是各部门无法将这些数字统一起来——例如，警方数据统计的是对18岁以下的人提出的指控数量，而不是被拘留后进入司法体系的儿童数量，所以这些数据不能与被转处的儿童人数、评估的数量和初步调查的数量等相融合。另一个挑战则是报告的延迟——本文写作时，已发布的最新报告仍为2015—2016年度报告。

社会发展部在省级和国家层面同时开展工作，因此，如何处理政府部门之间的关系也是一个问题。在触法儿童的处置上，各省的社会发展政策各有不同，儿童的处遇也不尽相似。各省的差异还影响到非政府组织（属于省级管辖）的资源分配，以及儿童和青少年照管中心的管理问题，包括安全照管机构（可能还涉及维护问题）。③

（二）服务质量

2018年《国家政策框架》指出，令人担忧的是，有些观护官的评估报告质

---

① Sloth-Nielsen. supra note 31, p. 721.

② 南非警察机关［South Africa Police Service (SAPS)］、国家检察机关、司法部、惩教署和社会发展部（国家一级）。

③ Department of Social Development Report on the implementation of the Child Justice Act 2015-6, p. 9.

量不佳，这不利于对触法儿童采取积极有效的措施。[①]

保证农村地区转处项目的充足性也是一大挑战，这关乎获得服务的平等性以及不同项目的覆盖面。[②] 保障服务质量、保证可持续性，将是为促进《儿童司法法》实施需要持续作出的努力。

（三）下降的数量

自 2010 年《儿童司法法》实施以来，核心问题是通过该体系处理的儿童数量急剧下降。指控的总数从 2010—2011 年度的 80106 项降至 2015—2016 年度的 47644 项。[③] 数量下降的原因并不明确，可能是因为被拘留的儿童越来越少。一个推测是，警方认为，执行《儿童司法法》增加了工作负担，因为采取各种行动（如将儿童拘留，而不是在等候评估和初步调查期间将其带到福利机构）都需要提交一系列报告。于是有传言说，与其撰写报告，不如选择不拘留这名儿童。[④] 儿童数量的下降涉及儿童司法体系的方方面面：参与转处项目的儿童数量减少，评估和初步调查的数量减少，接受庭审的儿童数量也减少了。这会影响整个体系的资源配置，因为罪错儿童的数量不足导致相应的财政支出不能正当化。

（四）严格限制监禁剥夺儿童的自由

关押在监狱的儿童（无论是未决羁押还是被判刑的囚犯）数量在减少，这是值得赞许的。2000 年以来，安全照管机构替代性方案的发展，部分可归因于进入司法体系的儿童数量下降，但毫无疑问，这也必须归功于儿童司法体系的各利益相关方日益增强的法律实施意识。依据宪法和国际法原则，剥夺儿童自由仅可作为最后的手段，并限制在最短的合理时间内。实践表明，《儿童司法法》对监禁的严格限制取得了预期的效果，适当地规制了司法的自由裁量权。

---

① Department of Social Development Report on the implementation of the Child Justice Act 2015-6, p. 8.

② Department of Social Development Report on the implementation of the Child Justice Act 2015-6, p. 9

③ SAPS Annual Report on the Implementation of the Child Justice Act, 1 April 2015-31 March 2016 at p. 5. 注意由于一名儿童可能面临多项指控，这不一定是进入司法体系的儿童总数。

④ 在本文写作期间，一项委托研究处于停滞不前的状态。这项研究本应调查《儿童司法法》的总体实施情况，并就这一问题进行分析。

（五）改革措施

编者认为，提高最低刑事责任年龄的法案很可能很快就会颁布，将最低刑事责任年龄定为 12 岁。不过，这不会对儿童司法体系的运作产生实质影响，因为就此前的情况来看，很少有低于 12 岁的儿童进入司法体系。但最低刑事责任年龄的提高使南非在遵循国际最佳实践的道路上又前进了一步。目前看来，政府似乎还没有考虑更进一步的（法律）改革措施。不过，在实践层面，政府正在进行的努力包括：提供更多培训、提高实务工作者的技能水平，以及整合相关部门的职能使《儿童司法法》的实施更为顺畅。

社会工作在少年司法中的作用：津巴布韦经验

一、津巴布韦少年司法社会工作的基本状况

（一）社会工作

社会工作在津巴布韦属于新兴职业，其在形成过程中受到了殖民主义的深远影响。[①]卡斯柯（Kaseke）指出，津巴布韦社会工作的发展是对工业化和城镇化过程中所产生问题的直接回应，这一情况与许多国家相同。[②]资本主义带来的货币经济使得土著居民对工作的需求增加，从而带来了城乡间的人口流动。人口向城市的聚集使得"城市病"（包括贫困、失业、适应问题和社会失序、过度拥挤和住房短缺等）愈演愈烈。因此，津巴布韦社会工作的发展被视为殖民政府提供的以当时的英国为范本的福利服务的一项尝试。[③]奇特利卡（Chitereka）补充道，当时的殖民政策制定者遵循的哲学是，如不重视并解决社会弊病，会破坏社会秩序和稳定。[④]因此，在当时的社会情境下，社会工作主要被视为社会控制的工具，并未真正地触及社会问题的根源。

在津巴布韦，最早的社会工作可以追溯到 1936 年，对不属于非裔社区的青

---

① C. Dziro. "Trends in social work education and training：The case of Zimbabwe" 2：2, International Journal of Development and Sustainability (2013) p. 1424.

② E. Kaseke. "Social Work in Zimbabwe：A Short Country Statement ASWEA 6th Annual General Meeting", Abidjan March 1987 (Conference Presentation).

③ E. Kaseke. "Social Work Education in Zimbabwe：Strengths and Weaknesses, Issues and Challenges" 20：1 Social Work Education (2001) p. 102.

④ C. Chitereka. "Social Work Practice in a Developing Continent：The Case of Africa" 10：2, Advances in Social Work (2009) p. 149.

少年犯罪、逃学问题进行干预和控制。①当时为了应对青少年犯罪和逃学问题，政府设立了名为观护和就学情况官（probation and school attendance officer）的职位。由于当时国内没有接受过培训的人员，该职位的官员需要从英国招募。这一举措最终促成了 1948 年罗德西亚（津巴布韦在 1980 年以前的旧称——译者注）社会福利部的成立。该部门成立初期的工作内容包含了对所有种族青少年犯罪情况进行调查。② 1949 年，政府任命了第一位黑人观护官。同年，为提供行为改变必需的可控环境，政府在哈拉雷（Harare，津巴布韦首都——译者注）、布拉瓦约（Bulawayo）、格韦鲁（Gweru）和穆塔雷（Mutare）建立了相应的机构。③随着社会福利服务需求的增加，社会福利部（the Department of Social Welfare，DSW）于 1964 年扩大了管理及服务范围，包括公共援助计划、贫困人口救济服务、观护服务、收养及未成年人福利服务、家庭咨询服务和面向不同人群社会服务（包括孤儿院、老人院、难民收容所等）的管理和监督。1980 年，津巴布韦独立后，社会福利部的职权已分散下放各省的社会福利办公室，细至每个行政区、选区，遍布全国。④

然而，社会工作作为一种职业的发展并未与社会工作教育的发展同步，后者在发展上明显滞后。⑤ 1964 年，哈拉雷罗马天主教会的神父们建立了社会服务系，标志着津巴布韦社会工作教育的肇始。在此之前，泰德·罗杰斯（Ted Rogers）神父对津巴布韦的社会工作教育需求进行了深入调查，调查显示：随着城市中失业、贫困、卖淫、青少年犯罪、过度拥挤等社会问题愈加突出，需要更多的社会工作者向赞比亚和南非的社会工作者学习，尤其需要为非裔人口提供服务。⑥当时为数不多的社会工作者，面临着工作量日益增加的处境，这为发展社会工作教育提供了令人信服的证据：只有社会工作教育的不断发展，才能培养出协助个体、群体和社区实现和维持满意的社会功能水平的骨干队伍。

---

① Kaseke. supra note 3.

② R. S. Mupedziswa. "Social Work Practice in Zimbabwe and the Factors Instrumental in its Development", Paper Presented During an Exchange Visit to the University of Zambia, Lusaka, June 6-1988.

③ E. Kaseke. "Social Work Practice in Zimbabwe", 6:1 Journal of Social Development in Africa (1991) p. 37.

④ Kaseke. supra note 8, p. 37.

⑤ Kaseke. supra note 4, p. 102.

⑥ Kaseke. supra note 4, p. 102.

1966 年，社会服务系正式招生。1969 年，社会服务系更名为社会工作系，同时成为了当时罗德西亚大学（现为津巴布韦大学）的第一个联合学院，授予学生罗德西亚大学社会工作专业三年制文凭。① 1975 年，社会工作学士学位设立。面向辅助专业人员的一年制社会工作证书项目也于 1978 年开设。1983 年，津巴布韦大学开设了可以取得临床社会工作（荣誉）学士学位的课程。1984 年，开设了社会工作硕士学位、理学学士学位（社会康复方向）的课程。紧随其后的是 1985 年的《非洲社会发展期刊》。

在社会工作职业、教育不断发展的同时，另一个显著进步就是 2001 年 11 月通过了《社会工作法》（Social Work Act）。② 2010 年，宾杜拉理工大学引入社会工作四年制学位，非洲女子大学开始授予社会工作两年制文凭。2017 年，非洲女子大学开始颁发四年制社会工作学位。③这些发展打破了津巴布韦大学长期以来对社会工作培训与教育的垄断局面，并极大地扩展了津巴布韦对于本国社会工作者的培训。

关于课程设置，卡斯柯表示在社会工作教育的形成发展时期，课程中虽然也包括社区工作，但实际上更加强调个案工作。④然而，鉴于津巴布韦面临的经济、社会的结构性挑战，近年来的课程设置经历着根本性转变——由强调个案工作转变为重视社会发展课程，目的是使学生作为社会变革的推动者更有效地参与到社会情境中。⑤

（二）少年司法制度

津巴布韦目前尚未出台专门的《儿童司法法》。因此，与少年司法相关的事项依据多种法律来处理，主要依据有《儿童法》（Children's Act）⑥、《刑法（编

---

① Mupedziswa. supra note 7.

② 《社会工作法》第 27 章第 21 条。

③ V. Mabvurira. "Social Work in Zimbabwe: Past, Present and the Future", Lecture notes prepared for the Bachelor of Social Work students for HSW 119 Foundations for Social Work Course; Department of Social Work, (2017), University of Zimbabwe.

④ Kaseke. supra note 3.

⑤ G. R. Mushongera. "Hearing the Voice of the Child: Participatory Practice in Statutory Child Protection in Zimbabwe", 5:8 International Journal of Humanities and Social Science (2015) p. 62.

⑥ 《儿童法》第 5 章 第 6 条。

纂和修改）法》［Criminal Law（Codification and Reform）Act］① 和《刑事诉讼和证据法》（Criminal Procedure and Evidence Act，CPEA）②。由于没有专门的《儿童司法法》，津巴布韦没有明确规定少年司法的目标，但上述法律及《津巴布韦宪法》③ 等旨在确保涉罪儿童的最佳利益，并尽量减少使用惩罚性的措施。

根据《津巴布韦宪法》第 70（1）（a）条，每个被指控犯罪的人（包括未成年人）在被证实有罪之前，都作无罪推定。具体来说，未成年人的犯罪能力取决于津巴布韦《刑法（编纂和修改）》规定的未成年人年龄组。根据该法的第 6~8 条：

第 6 条　未满 7 岁的未成年人应被视为缺乏刑事责任能力，不得对其被指控犯下的任何罪行进行审判或定罪。

第 7 条　7~14 岁的未成年人，除非有排除合理怀疑的相反证据支持，否则被推定为缺乏实施犯罪所必需的形成犯罪故意的能力；或当过失是犯罪构成要件之一时，则推定未成年人不具有与理性成年人在特定情境下实施相同理性行为的能力。

第 8 条　14 岁以上的未成年人被视为有能力形成任何犯罪所需要的犯罪故意；或当过失是犯罪构成要件之一时，具有与有理性的成年人一样的行为能力。在法律上，他们是未成年人，但在刑事责任能力上，他们被视为与成年人相同。尽管如此，他们的法庭诉讼程序和可适用的刑罚仍然符合儿童最佳利益的原则。这意味着虽然他们可能为自己的行为承担刑事责任，但法律仍然在将其视为未成年人的前提下进行判决：他们可以在法庭上有父母的陪同、他们案件的诉讼过程有录像，量刑会因为未成年人的身份得到宽大处理。

然而，根据《宪法》第 81（1）条，津巴布韦未成年人的年龄上限为 18 岁，因此，这也是少年司法的上限年龄。

津巴布韦的少年司法遵循两种不同的程序，程序的区分取决于罪行的性质与严重程度、被告人的年龄和犯罪行为的管辖地。第一种程序通常适用于由年龄较大的未成年人实施的非常严重的犯罪，或适用于其所在管辖地没有有效转处机制的被告人，是在适用于成年人的正常法庭程序的基础之上，对未成年人的适用进行微调。这一程序通常始于警察拘留一名未成年人或警察通过父母邀请未成年人

---

① 《刑法（编纂和修改）法》第 9 章第 23 条。
② 《刑事诉讼和证据法》第 9 章第 7 条。
③ 《津巴布韦宪法修正案（第 20 号）》（2013）。

到警察局参与调查，在此过程中未成年人必须由监护人代表、保护其合法权益。在拘留过程中，除非面临的是顽固、强硬的未成年嫌疑人，否则警方几乎不会给未成年人戴上手铐。警方需展开调查、起草起诉材料，并在法律规定的 48 小时内将未成年人移交法庭，由法庭决定是否羁押候审。

如果未成年人未满 12 岁，检察机关需将案卷提交检察长（Prosecutor General，PG）获得起诉批准后，才能继续推进诉讼程序。根据《刑事诉讼和证据法》第 9 部分（第 9∶07 章），检察长或其代表在同时符合以下条件的情况下有权决定不予起诉：被告未满 21 岁；被告人切实承认了所犯的罪行；被告所犯的罪行通常不会被判处超过 12 个月的监禁。如果检察长已经批准了对 12 岁以下未成年人或 12 岁以上已被拘留的未成年人进行起诉，检察官或警方可以按照适用于成年人的正常程序推进审判，也可以将该事项送交如下文所述的审前转处机制。

当对未成年人适用普通法庭程序时，法庭会依据《儿童法》第 3~5 部分的规定立即转变为未成年人法庭。未成年人法庭需要采用儿童友好的形式，适当放宽适用于成年人的严格的程序规则。在此阶段，社会福利部的观护官（probation officer）会被分配到具体案件中，或主审法官要求将案件提交给观护官。此后，观护官将按照《儿童法》第 46 部分的规定接受程序性指导。卡斯柯表示，观护官必须提供关于未成年人犯罪前情况的报告。[①] 观护官应调查未成年人的社会、经济环境，并特别重视其成长经历、家庭背景、家庭关系、家庭规则、财务状况、同辈群体交往情况、学业表现和校内关系情况、未成年所居住社区的性质及特点、可能导致未成年人犯罪的原因等内容。根据《刑事诉讼和证据法》第 351、389 条，由观护官提出的各种建议，主审法官在处理该案件并决定定罪和量刑时应予以考量。

在津巴布韦，处理青少年问题的第二种程序是启动转处机制，使未成年人远离正式的刑事司法体系。目前，该程序仅在 5 个正在试行审前转处项目（Pre-Trial Diversion，PTD）的地区［哈拉雷、布拉瓦约、奇通圭扎（Chitungwiza）、格韦鲁和穆雷华农村地区（rural Murewa）］进行了大量、有效的实施。2009 年，政府推出审前转处项目，作为应对未成年人犯罪问题的一种探索，这一项目避免了在不必要的情况下起诉和监禁未成年人，避免他们年纪轻轻便留下犯罪记

---

① Kaseke. supra note 8,pp. 37-38.

录（2016年审前转处报告）。该项目通常可以实现以下目标：①

- 使未成年人对他们的行为负责；
- 提供了修补损害的机会；
- 避免未成年犯罪人在生命早期留下犯罪记录并被贴上犯罪人的标签，因为这样的标签可能会通过自我实现的过程被强化、巩固；
- 开启了以教育、恢复为目标的司法程序，以便为受该罪行影响的所有相关方谋求利益；
- 在某种程度上，减轻了正式司法体系的案件量。

审前转处制度作为一种少年司法机制需具备以下资格条件：未成年犯罪人必须：

- 是未满18岁的青少年。
- 犯下非严重罪行的青少年。非严重罪行，是指不会被判处超过12个月监禁的罪行。
- 未成年人如果犯下谋杀、强奸、抢劫等严重罪行，将不符合资格。
- 累犯和系列犯罪者不符合资格。
- 在未被胁迫的情况下，愿意对自己的犯罪行为负责；不认罪的未成年人没有资格享有转处程序。
- 愿意参与由转处执行官确定的活动计划。

津巴布韦少年司法审前转处机制的程序与各方角色，根据2016年审前转处机制报告，② 津巴布韦目前使用的审前转处机制包括以下几个阶段和角色分工：

警方：转处过程开始于向警方提交关于嫌疑人情况的报告。到达被指控的犯罪现场后，警方应将拘留作为最后的手段。③ 警方有权转处情节轻微的案件，并可以选择不指控未成年人，而是进行附条件或不附条件的警告。当在犯罪现场发出非正式警告时，往往意味着案件的终结——未成年人被转移出刑事司法体系。对于情节比较严重的罪行（如盗窃、殴打或财产损失等），警方可以决定：（a）

---

① Pre Trail Diversion, Ministry of Justice, Legal and Parliamentary Affairs（2018）, https://www.justice.gov.zw/index.php/departments/policy-legal-research? showall=&start=4, visited on 16 June 2018.

② Pre-trial Diversion Programme in Zimbabwe：End of Pilot Programme Evaluation Commissioned by UNICEF and Ministry of Justice, Legal and Parliamentary Affairs November 2016.

③ Ministry of Justice, Legal and Parliamentary Affairs, "Zimbabwe Pre-Trial Diversion Programme for Young Persons Consolidated Guidelines", September 2012. p. 3.

拘留这些未成年人并将其带到警察局进行深入调查；或（b）不拘留这些未成年人，但仍将他们带到警察局进行深入调查。

检察官和治安法官：对于被拘留的未成年人，警察开展刑事调查并完成案卷（其中包含调查结果的摘要概述），然后将案卷提交给检察官。检察官是转处过程的重要参与方，因为他们有权决定不起诉或继续起诉，检察官将以案卷中的信息为依据作出是否继续起诉的决定。当检察官作出转处决定后，案件转处办公室会被告知相关决定。

转处执行官（Diversion Officer）— 社会调查：一旦转处办公室接到案件，转处执行官（社会工作者）应前往警察局，陪同未成年人完成警方的办案程序，然后带未成年人回家。在未成年人的家中，转处执行官将进行社会调查，评估未成年人及其家庭的社会、经济、心理和物质环境。在社会调查过程中，转处执行官通过对未成年人及其监护人开展访谈以了解背景信息。访谈过程中，转处执行官通常会为未成年人及其家人提供非正式的咨询服务。此外，转处执行官也会促进受害者与犯罪人之间的调解。治安法官接收到社会调查报告后，会在此基础上决定对该未成年人采取的行动计划，具体说来就是适合该未成年人的转处选择。

转处委员会（Diversion Committee）：严格来说，根据社会福利部的操作指南，转处执行官提出的任何建议都应在转处委员会召开会议并提出建议后执行。然而，现实中的转处过程更加流畅和灵活：未成年人和他的家人往往需要及时的支持。转处委员会不会就每个案件立即召开会议。通常是有若干案件需要商议时，转处委员会才会召开会议。转处委员会由检察官、治安法官等人员组成，他们的工作日程往往十分繁忙且具有挑战性。为了克服这一过程中的延误，转处执行官通常会以非正式的方式提供服务（如咨询服务、受害者—犯罪人调解服务等），以确保及时满足未成年犯罪人及其家人的需要。

转处选项：当转处委员会召开会议时，有九种转处机制可供选择：警方有权发出：（1）非正式警告，并且（2）可以在转处委员会的指导下进行正式警告。如果转处委员会认为未成年人应被转处，委员会应同时对转处活动及其持续时间提出建议。根据转处委员会的建议，未成年人可以通过采取以下一项或多项措施以备撤回指控或不予起诉：（1）做出赔偿；（2）提供社区服务；（3）接受辅导；（4）在特定的教育或职业机构接受培训；（5）建设性地利用闲暇时间；（6）参与受害人—犯罪人调解；（7）参与家庭小组会议。

儿童福利和观护官（Child Welfare and Probation Officers）—监测和后续跟进：一旦未成年人从刑事司法体系中转移出去并采取转处措施，转处小组应将未成年人转介到儿童福利和观护服务机构，以便不断监测和支持转处活动的进行。这是该系统的一个关键"瓶颈"：在许多情况下，未成年人没有被转介到福利机构中；或当未成年人被转介时，他们没有得到足够支持，造成这一问题的主要原因是儿童福利官的个案负担很重。

由于程序烦琐，在社会福利部获得有关少年犯的统计数据较为困难。然而，通过审前转处项目，我们已获得了一些关于津巴布韦少年司法的指示性数据。据2016 年的审前转处机制报告，自联合国儿童基金会和救助儿童会向该项目提供预算支持以来，2013 年 1 月 1 日至 2016 年 9 月 28 日，约有 1728 名涉罪未成年人从津巴布韦的正式刑事司法体系中转移出去。与此同时，仅有 429 名未成年人被转介到正式刑事司法体系（正当程序）中。这意味着在此期间有 2157 名涉罪未成年人经历了司法流程，即平均每年有 540 名未成年人犯罪并经历司法流程。

（三）少年司法社会工作

1948 年社会福利部成立以来，围绕社会工作参与少年司法制定了法律法规，促进了该领域的长足发展。

如今，虽然大学层面没有关于少年司法的专门培养项目，但在现有的社会工作教育项目中，少年司法可能会作为一门课程或课题出现。在津巴布韦大学、宾杜拉理工大学、米德兰国立大学和非洲妇女大学的学位项目中均可看到与少年司法社会工作相关的课程或课题。其中在津巴布韦大学社会工作系，与少年司法社会工作最贴近的是儿童福利政策和实践课程。

在津巴布韦，关于学生对成为少年司法社会工作者的兴趣状况尚不明确且值得怀疑，因为少年司法社会工作本身在津巴布韦没有明确界定为特定的专业领域。社会工作者通常接受的是通用的可应用于广泛的社会工作实践的专业培训，没有具体的专业方向。因此，学生对少年司法社会工作的兴趣可能很小，毕竟这一职业的界定不甚明确。直到最近，随着社会福利部推出审前转处试点项目，才开始有一批社会工作者专门从事少年司法工作。根据 2016 年审前转处机制报告，截至 2016 年 11 月，在审前转处试点项目中，只有 16 名全职的转处执行官。此外，有极少数社会工作者在非政府组织（NGO）部门工作。可见，本国就业机会的缺乏阻碍了少年司法社会工作的职业化、专业化道路。

图 7 显示了津巴布韦的少年司法流程以及社会工作者参与其中的过程。

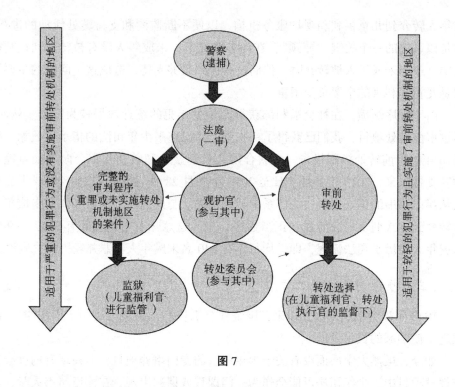

图 7

二、社会工作在津巴布韦少年司法中的作用

（一）少年司法社会工作的法律基础

《儿童法》对社会工作者参与少年司法具有指导意义。它首先将"观护官"定义为根据《社会工作者法》注册为社会工作者，并根据该法第 46 条任命为观护官的人。这使得社会工作者作为少年司法中的观护官得到了法律的确认。《儿童法》第 46 条"观护官"明确规定了该官员在少年司法中的作用。

除了由社会福利部雇用的观护官外，第 46（1a）条进一步允许有关当局任命有社会工作者资质的个人在必要时担任观护官。第 46（2）条明确指出观护官为高等法院、所有儿童法庭和所有地方法院的官员。据此，社会工作者在津巴布韦少年司法中的参与和角色不仅仅是推测，而是有明确的法律规定。专业社会工作者作为观护官的角色在附表 1 的《社会工作者法》中进一步提及，其中包括根据《儿童保护和收养法》（现为《儿童法》）和其他法律规定履行观护官的职能。《刑事诉讼和证据法》第 351、389 条也提到了观护官，这再次体现了社会工作者在津巴布韦法律中的角色。另外，2012 年审前转处指南等规则也对社会工作者参与少年司法作出了明确规定。①

在遵守国际标准方面，最值得注意的国内规范性文件是 2012 年的《审前转处指南》（仅具有指导性但无约束力），它反映了当前少年司法的国际标准。其他文件则与国际标准不尽相符，主要是因为其中许多文件是在现行少年司法国际文件之前颁布的。根据如帕然加达（Ruparanganda）所述，② 少年司法的国际和区域性法律框架包括《联合国儿童权利公约》（Convention on the Rights of the Child，UNCRC)③、《非洲未成年人权利和福利宪章》④《联合国少年司法最低限度规则（北京规则）》⑤《联合国预防青少年犯罪指南（利雅得准则）》⑥《联合国保护被剥夺自由少年规则（哈瓦那规则）》⑦《联合国关于在刑事事项中使用恢复性司法方案的基本原则》以及《刑事司法系统中未成年人行动准则（维也纳准则）》。其中，《联合国儿童权利公约》是少年司法的基石，该公约第 40 条第 1-4 款提供了一个各国有义务遵守的关于少年司法制度的全面框架。

津巴布韦于 1990 年批准了《联合国儿童权利公约》，并于 1999 年批准了《非洲儿童权利和福利宪章》，因此有义务根据这两项条约的规定制定少年司法制度。《津巴布韦宪法修正案》规定了犯罪嫌疑人包括未成年人的权利。然而，这远远没有正确执行国际法中关于少年司法的规定，只有制定一个专门的儿童司法法才能弥补这一不足。

（二）社会工作在少年司法中的作用：法律与实践

根据如帕然加达所述，劳动和社会福利部于 2014 年设立了儿童福利服务部。该部门现设有观护官，依据《儿童法》的规定为涉罪未成年人提供服务。⑧ 这一新设置保证了由社会工作者专门处理儿童福利问题，从而加强对未成年人权益的

---

① Pre Trial Diversion Guidelines of 2012 supra note 24.

② B. Ruparangandaand, L. Ruparanganda. "Reformations in Zimbabwe's Juvenile Justice System",6:1 African Journal of Social Work（2016）pp. 8-9.

③ 津巴布韦于 1990 年 9 月 11 日批准。

④ 津巴布韦于 1995 年 1 月 19 日批准。

⑤ 也叫《北京规则》，1985 年 11 月 29 日联合国大会第 40/33 号决议通过。

⑥ 也叫《利雅得准则》，1990 年 12 月 14 日联合国大会第 45/112 号决议通过。

⑦ 1990 年 12 月 14 日联合国大会第 45/113 号决议通过。

⑧ B. Ruparangandaand, L. Ruparanganda. supra note 28.

保障。因此，在津巴布韦，隶属于儿童福利服务部的观护官根据警方和法院的要求对青少年犯罪人进行评估。其中，警方需在所有涉及青少年的案件中提出评估的要求。评估结果将提交给检察长，以便他决定是否起诉少年犯。如果在未提交此评估报告的情况下向检察长提交案卷，检察长则会将案卷返还给警方要求其补充报告。法院还要求观护官在量刑前再提供有关再犯与回归社会风险的评估报告。观护官作为专业人士向主审法官提出量刑建议。然而，社会工作者参与的性质可能因其所在管辖区而有所不同，其中一些可能适用审前转处项目，而另一些因在试点地区之外可能还在适用不严格转处的普通法庭程序。

如上所述，当对未成年人适用普通法庭程序时，法庭会依据《儿童法》第3~5部分的规定立即转变为未成年人法庭。未成年人法庭需要采用儿童友好的形式，适当放宽适用于成年人的严格的程序规则。在此阶段，社会福利部的观护官会被分配到具体案件中，或主审法官要求将案件提交给观护官。这些规定源于未成年人因年龄较小、心智不成熟而易受伤害的事实。①社会调查报告对于解释未成年人面临的特殊境遇至关重要。因此，法院应认真考虑观护官针对青少年案件的处理所提出的建议。

观护官需遵照《儿童法》第46条在程序上的指导。根据卡斯柯的观点，观护官必须向刑事法庭提交有关涉罪未成年人的报告。②观护官应调查未成年人的社会、经济环境，并特别重视收集成长经历、家庭背景、家庭关系、家庭规则、健康状况、受教育情况、特殊问题和优势等方面的资料。根据评估期间收集的信息，进行并完成临床社会工作干预。根据《刑事诉讼和证据法》第351、389条，观护官可以提出多种建议，主审法官在处理案件并决定定罪和量刑时应予以考虑。社会工作者还应在监禁期间为未成年人提供支持，促进未成年人与其他资源系统的联结，协助未成年人顺利回归社会。此外，社会工作者应提供符合未成年人切实需要的支持，包括确保未成年人在监禁期间进一步接受教育；社会工作者还应为未成年人的释放做好准备，促进家庭团聚，并提供释放后的家庭咨询等支持以帮助未成年人重新适应家庭环境。

在津巴布韦处理青少年问题的第二个程序是未成年人从正式刑事司法体系中转移出去。据如帕加达所述，依据2012年《审前转处指南》，第二个程序的核心

---

① B. Ruparangandaand, L. Ruparanganda. supra note 28.

② Kaseke. supra note 8 pp. 37-38.

是转处执行官，他们是在审前转处过程中发挥促进作用的社会工作者。① 这形成了一个新的社会工作领域，专业社会工作者作为转处执行官，专门处理涉罪未成年人的有关事宜。②他们在此过程中扮演着关键的角色，超出了上述观护官所承担的社会调查职能。

如前所述，一旦转处办公室接到案件，转处执行官（社会工作者）通过社会调查程序与警察局的未成年人接触，评估未成年人及其家庭的社会、经济、心理和物质环境要素。同时，转处执行官还可以推荐一系列活动计划，作为未成年人的转处选项。该官员必须对未成年人在其选定的机构参加活动继续进行监督。与此相关的是儿童福利官的监督和跟进角色。如上所述，一旦未成年人被转离刑事司法体系并实施转处，转处小组应将未成年人转介到儿童福利和观护服务部门，以便不断监测和支持转处活动的进行。前文已有所强调，这是该系统的一个关键"瓶颈"：在许多情况下，未成年人未被转介到儿童福利机构；或当未成年人被转介时，他们没有得到足够支持，造成这一问题的主要原因是儿童福利官的个案负担较重。由于津巴布韦社会工作者面临着众所周知的巨大案件量，通常情况下，如果社会工作者没有完成关于青少年犯罪人的工作，而以工作量作为正当理由，似乎也不需要承担严格的责任。

除了政府部门的观护官和转处执行官提供的社会工作服务外，来自非政府组织的社会工作者也为涉罪未成年人提供服务。2015 年《孤儿和弱势儿童国家行动计划战略二》 ［The National Action Plan for Orphans and Vulnerable Children（NAP for OVC）II Strategy］将社会工作专业人员纳入指定的法律援助组织，以便采用综合的方法处理青少年犯罪案件。法律资源基金会（Legal Resources Foundation）和"以关爱为人道之核心"（Care at the Centre of Humanity，CATCH）等组织一直对政府在少年司法方面的努力进行补充，特别是在未成年人犯罪预防工作方面。社会工作专业也将个案管理系统的纳入作为《孤儿和弱势儿童国家行动计划战略二》的成果之一，该方法旨在实现儿童福利案件行政管理相关的广泛的社区参与。如如帕加达所述，它的成效已惠及少年司法体系。③

上述各项活动最终体现在社会福利部所掌握的大量少年司法案件的相关数据中。如国际儿童防御（Defence for Children International，DCI）发布的《少年司

---

① B. Ruparangandaand, L. Ruparanganda. supra note 28 p. 11.

② B. Ruparangandaand, L. Ruparanganda. supra note 28 p. 11.

③ B. Ruparangandaand, L. Ruparanganda. supra note 28.

法通讯》（2011 年）所述，这些数据包括观护官向检察长提交的报告、关于少年犯的社会学报告、少年法庭登记记录、再犯数据、在判决结束前被释放的少年名单、每月的案件联络、统计回报、月度和年度报告、程序性资料（由司法、法律和议会事务部提供）、有关少年犯的审查令等。

（三）社会工作者和其他利益相关方的合作

社会工作者和其他利益相关方的合作在很大程度上已在前文中详细说明。最重要的相关参与方是警察和司法官员，有时也包括相关机构的负责人（这些机构可能是在审判前或作为监禁的替代办法用于安置违法未成年人的场所）。正如前文所言，所有这些都是以《儿童法》为指导，其中部分内容受到《刑事诉讼和证据法》《社会工作法》等法律的规制。作为少年司法工作的一部分，这些相关参与方基本都愿意与社会工作者一同工作。这一定程度上是因为，作为观护官或转处执行官的社会工作者减轻了相关参与方的工作量。不同于深入调查、形成完整案卷、进行全面审判、判处监禁这一系列会给监狱当局带来较大挑战的过程，社会工作者可以采用更简化的审前转处方式或其他对儿童友好的替代方案对涉罪未成年人进行干预。当然，也有社会工作者和少年司法体系的相关参与方合作不顺畅的情况，这主要是由于社会工作者的工作量很大，社会工作者的参与会推迟司法官员的办案进度。在这种情况下，社会工作者作为观护官被排除在流程之外，没有社会调查报告，案件的处理与成人无异。如果发生这种情况，司法官员不需要承担明确的责任。可能的后果是，当高等法院对诉讼记录进行审查时，将其退回重新审议，包括补充观护官的社会调查报告。司法官员个人不会受到处罚。

（四）少年司法社会工作的资格与评估

正如前文所述，在津巴布韦不存在严格意义上的少年司法社会工作。现有法律要求社会工作者在未成年人被指控犯罪时担任观护官或转处执行官，任何在津巴布韦境内外有社会工作者的资质并在社会工作者委员会登记的人都可以任职，没有其他具体要求。关于少年司法社会工作者的具体要求可以在前文中介绍的转处执行官部分找到。转处执行官可以从一般的社会工作者中招募，此外相关组织会开展以具体的少年司法知识和技能为主题的培训与继续教育。然而，这些培训往往是临时性的，不足以构建具有一致性、可预测性的系统化的专业知识能力体系。

至于观护官，严格来说，他们的工作没有任何内部或外部评估。除外部捐助者资助的项目外，津巴布韦政府不对自己的项目进行评估，最接近评估的是针对政府雇员完成其本年预期目标情况的年度评估。然而，这更加流于表面，因为它更关注个体员工而不是服务项目本身及服务受益者。如果有外部资助，如前文讨论的审前转处项目，那么评估往往是资助协议的重要组成部分。就目前的项目而言，迄今为止唯一的评估是关于津巴布韦的审前转处项目：由联合国儿童基金会与司法、法律和议会事务部于 2016 年 11 月委托进行的试点项目结项评估。只要项目仍有外部资助，就需要进行更多这样的评估。

三、津巴布韦少年司法社会工作的经验、主要挑战和改革方向

（一）经验和成就

尽管津巴布韦拥有少年司法体系的零星要素，但它仍然处于欠发达的状态，这从前文多角度的解释中可以看出。例如，国内的社会工作系近期才开始增多，打破了津巴布韦大学对社会工作专业的长期垄断。由此带来的影响是社会工作者数量不足，社会工作者的工作量巨大。少年司法等一些领域则因社会工作者的工作量过大而受到影响。即使现在有越来越多的大学教授社会工作课程，仍然没有一所大学拥有少年司法专门领域的培养项目甚至专业课程。由此可以看出，在津巴布韦，少年司法还没有成为一项专门的职业。而在就业问题上，直到审前转处试点项目启动后，有一些社会工作者成为专职的转处执行官，这才有了可以说是专门从事少年司法社会工作的职业。在审前转处项目试点地区之外，涉罪未成年人按照适用于成年人的普通司法体系处理，这意味着津巴布韦的少年司法体系仍然存在令人担忧的缺乏统一性的问题。

然而，审前转处项目虽然面临着覆盖面有限的挑战，但却使津巴布韦的少年司法制度朝着与少年司法国际标准一致的目标迈进。该项目符合现代国际标准的所有要求，如果扩展到全国各地，就意味着津巴布韦将建立起现代化的少年司法体系。

（二）主要挑战

1. 根据卡斯柯的观点，缺乏对观护官在办案过程中所作贡献的认同是少年

司法制度中最令人沮丧的不足之一。① 在许多情况下，司法官员处理少年案件却不参考社会调查报告。此外，司法官员很少认真对待社会调查报告，仅仅将整个社会调查报告的评估撰写工作当成例行公事。少年法庭主要被视为一个法律机构，导致保障儿童福利的目标被降级、被边缘化。库里瓦科维苏（Kurevakwesu）认为观护官的"专业范围模糊"。②

2. 津巴布韦的少年司法社会工作往往更多地充当了社会控制的工具，倾向于以牺牲少年犯的福利为代价来保护社会。参与原则和儿童最佳利益原则通常是次要的。卡斯柯认为现有体制通常围绕为少年犯提供支持以使其适应所在环境，很少关注根本原因，即不利于实现与保障未成年人福利的社会、政治和经济因素。③ 另外，似乎普遍缺乏通过有意识地创造保护性环境来预防未成年人犯罪的努力，而在这种保护性环境中，未成年人不会遭受犯罪侵害且不会从事犯罪活动。

3. 津巴布韦的少年司法社会工作面临着严重的资源短缺现状，其中最缺乏的是人力资源，就连社会福利部也无法雇用到称职的社会工作者。④根据库里瓦科维苏的研究发现，⑤ 津巴布韦的未成年人—社会工作者比例最高时，1 名社会工作者对应 5000 名未成年人。⑥然而，这一比例已经进一步扩大到 1 名社会工作者对应超过 14000 名未成年人。因此，可用的少数社会工作者过度劳累，往往没有足够的时间和精力去工作，包括少年司法领域。而社会工作者的薪酬待遇较低则使情况变得更加严峻。至于如车辆等其他资源同样较为短缺，即便在较为完善的审前转处项目中也是如此，资源缺乏的局面导致转处执行官需依靠警察或他人的善意协助来开展工作。⑦

4. 津巴布韦的少年司法制度仍缺乏明确全面的立法和政策框架。在目前没

① E. Kaseke. "Juvenile Justice in Zimbabwe: The Need for Reform", 8:1 Journal of Social Development in Africa（1993）11–17, p. 14.

② W. Kurevakwesu. "The Social Work Profession in Zimbabwe: A Critical Approach on the Position of Social Work on Zimbabwe's Development", 3:1 Afro Asian Journal of Social Sciences（2017）p. 3.

③ Kaseke. supra note 41 p. 13.

④ B. Ruparangandaand, L. Ruparanganda. supra note 28 p. 12.

⑤ Kurevakwesu. supra note 42 p. 10.

⑥ A. Wyatt, R. Mupedziswa, C. Rayment. "Institutional Capacity Assessment–Department of Social Services Final Report"（2010）Zimbabwe Emergency Food Security and Vulnerability Assessment.

⑦ Pre Trial Diversion Report of 2016 supra note 23.

有明确框架的情况下，少年司法领域的社会工作者对于可适用的法律或政策方面会感到困惑。

5. 如前文所述，虽然社会福利部拥有大量关于少年司法案件的数据，但这些信息不会在相关机构之间进行分享、分析或协调，而只有信息共享才能在津巴布韦建立一个更强大、更有效的少年司法制度。

6. 与审前转处项目区域具有多种可选方案不同，在未实施审前转处项目的地区，法院面临着十分有限的选择。①这导致少年司法缺乏一致性，例如犯下同一罪行但来自两个不同地区的少年经历的是不同的流程和处置。②

7. 津巴布韦的少年司法仍然将人身刑作为少年犯的一种惩罚形式，特别是在没有转处或犯有严重罪行的情况下。尽管高等法院的两项判决都判定这种做法违宪，但历经三年，判决仍在等待宪法法院的确认。这期间，未成年犯罪人仍然可能遭受残忍、有辱人格和不人道的体罚。

8. 未成年人刑事案件在法院最终判决之前常常需要几个月的时间，在此过程中存在案件中的未成年人被多次羁押的现象，这是令人担忧的。羁押本应被用作最后的手段，多次羁押只会剥夺未成年人的自由，侵犯未成年人的权利。

（三）改革方向

1. 津巴布韦少年司法社会工作改革清单中最重要的是司法、法律和议会事务部试点的审前转处项目，该项目始于 2009 年，并于 2012 年在五个地区稳步推行，得到了联合国儿童基金会和救助儿童会的预算支持。该项目是针对未成年人罪错行为的过程与社会人口学需求，有效地引入具有复归性、教育性、恢复性的替代性方案，从而取代由监禁、羁押和正式刑事审判构成的惩罚性和报复性做法。这个项目下一步是从试点阶段全面推广到全国各地。但至关重要的是，这一项目属于政府，而不是由外部资助者、非政府组织来主导，因为该项目只有纳入政府的项目和财务计划才具有可持续性。

2. 根据如帕加达的观点，即使在没有实施审前转处项目的地区，近年来，少年司法制度也发生了变化，通过纳入恢复性司法的要素变得对儿童更友好，从

---

① Kaseke. supra note 41 p. 13.

② B. Bhaiseni. "Zimbabwe Children's Act Alignment with International and Domestic Legal Instruments：Unravelling the Gaps",6：1 African Journal of Social Work（2016）p. 5.

而逐渐从报复性、惩罚性转变为恢复性司法。① 津巴布韦现在设有儿童法院（Children's Courts），这在很大程度上有助于建立对儿童友好的少年司法制度。

3. 2014 年，劳动和社会福利部门设立了儿童福利部，儿童福利部设有观护官；依据《儿童法案》的规定，观护官扮演着为涉罪未成年人提供福利服务的关键作用。这一新设置保证了由社会工作者专门处理儿童福利问题，从而加强了对未成年人权益的保障。

4.《孤儿和弱势儿童国家行动计划（2012—2015）》还引入了"未成年人诉诸司法方案"，要求法律援助理事会与法律资源基金会（非政府组织）合作，向涉罪未成年人或未成年被害人提供免费法律援助。②该项目通过提供专业的法律、社会心理支持服务，将司法/福利模式纳入少年犯的帮教过程中；这期间律师提供法律援助，社会工作者提供社会心理支持服务。不同专业各尽其能是该项目的一个重要组成部分，因为未成年人需要法律援助和社会心理支持，所以这些资源被整合起来，以更加全面、系统地帮助未成年人。

5.《孤儿和弱势儿童国家行动计划战略二》也将个案管理系统纳入社会工作专业，该方法旨在在未成年人福利案件行政管理方面探索更为广泛的社区参与。③ 它的成效已惠及少年司法体系，因为在协助未成年人恢复与回归社会的过程中已经成功地利用了该系统。

6. 一项新的儿童司法法案正在起草，这将为津巴布韦带来一个新的、先进的少年司法制度。虽然这个过程花费了很长时间，但正在制定该法案的事实是令少年司法的相关参与方欢欣鼓舞的。该法案将为津巴布韦的少年司法提供急需的全面系统的法律框架和指导。

---

① B. Ruparangandaand, L. Ruparanganda. supra note 28 p. 10.

② B. Ruparangandaand, L. Ruparanganda. supra note 28 p. 10.

③ B. Ruparangandaand, L. Ruparanganda. supra note 28, p. 11.

社会工作在少年司法中的作用：中国大陆经验

一、中国少年司法社会工作发展的基本情况

（一）社会工作发展概况

要对中国社会工作发展的情况进行分析，应从专业化发展和职业化推进两个维度进行考察。在专业化发展方面，1988 年，中国在 4 所大学恢复建立了社会工作专业，随后获得了快速发展，截止到目前，已经有 300 多所大学和相关机构设立了社会工作专业，培养包括大专、本科、硕士和博士学历层次的社会工作专业人才。在社会工作专业人才培养方面，高等学校制定了专业人才培养方案和培养体系，同时，从事社会工作专业人才培养的高校教师也为此开展了扎实深入的学术研究，出版和发表了大量研究成果。

在职业化推进方面，2008 年，中华人民共和国人力资源和社会保障部推出了《社会工作者职业资格认证制度》，社会工作者作为专业技术人才，成为独立的社会职业。与此同时，国家和相关部门也制定了大量推进社会工作职业化发展的政策和文件。司法社会工作是中国最早发展的社会工作实务领域之一，其起源于 21 世纪初，并在近年来获得了快速发展。

（二）少年司法制度发展概况

中国少年司法制度改革起源于 1984 年，上海市长宁区法院建立了中国第一个少年法庭，经历 30 多年的发展，中国少年司法制度改革取得了诸多成果。首先，"儿童权利最大化"的基本理念得到了广泛的支持和认同。其次，建立了以《未成年人保护法》《预防未成年人犯罪法》为核心的未成年人法律保护体系。再次，在公安局、检察院、法院、司法局设立了未成年人案件办理机

制，初步形成了政法部门对未成年人保护的特殊机制。最后，在司法部门的倡导下，相关社会组织、社会专业力量参与到司法环节中来，开展未成年人司法保护相关服务。

关于具体司法实务，中国刑事法律规定未成年人犯罪承担刑事责任的年龄起点是 14 岁，14~16 岁为相对负刑事责任年龄阶段，只对 8 类严重刑事犯罪承担刑事责任，16 岁以上则是完全负刑事责任年龄阶段。但法律规定对于已满 14 岁不满 18 岁的未成年人犯罪应从轻或减轻处罚。对于涉嫌犯罪的未成年人，在刑事诉讼的过程中，警察、检察官、法官都具有减少羁押、分流处理的权限。同时，司法机关不仅关注涉嫌犯罪的未成年人，同时也将刑事犯罪被害人纳入受案范围，强调对于未成年人的综合司法保护。

（三）少年司法社会工作发展概况

21 世纪以来，中国开始在社区矫正领域大力推进司法社会工作，上海、北京等地也开始在青少年犯罪预防、禁毒等领域不断拓展司法社会工作的服务范畴。在此进程中，少年司法社会工作开始萌生和发展，综合起来说，中国少年司法社会工作经历了以下几个发展阶段：

第一阶段，萌生和零星化探索发展阶段（2003—2009 年）。自 21 世纪初起，中国一些省市和地区开始尝试在一些涉及少年犯罪预防的领域开展少年司法社会工作。比如，自 2003 年起，上海开始以专业社会工作力量为支撑在社区层面开展以青少年犯罪预防为宗旨的社会工作专业实践。2005 年，上海浦东新区检察院开始尝试与专业社会工作者合作，在刑事诉讼过程中开展少年司法社会工作服务。2004 年，编者在北京开始带领社会工作团队在北京市未成年犯管教所、北京市海淀区工读学校等场域开展社会工作服务，教育矫正具有不良行为及犯罪行为的未成年人。2006 年，云南省昆明市盘龙区检察院开始尝试使用专业社会工作者开展合适成年人服务。也就是说，自 2003 年起，我国开始出现少年司法社会工作的服务探索，但从全国的情况来看，尚属于初始化发展阶段。

第二阶段，系统化探索阶段（2010—2020 年）。在零星化探索阶段，其显著特征是国内只有少数省市探索少年司法社会工作服务内容和服务体系，很多省市尚未系统开展少年司法社会工作实践。自 2010 年起，在国家相关部委政策的引领下，各地纷纷开展系统化的少年司法社会工作服务实践。比如，北京以大学社会工作专业力量为支持，开始与司法机关密切合作，系统开展少年司法社会工作，并逐渐形成稳定的合作机制。而上海则在社区青少年服务的基础上也开始注重与工读学校、检察院和法院等相关部门合作，逐渐拓展少年司法社会工作的服务范畴，少年司法社会工作不断走向系统化与专业化，而国内其他省市的探索也如雨后春笋般快速成长与发展。

第三阶段，制度化建构发展阶段（2020 年至今）。在此发展阶段，中国少年司法社会工作发展具有以下几个基本特征：首先，国内开展少年司法社会工作实践的范围不断扩大，不再是少数地区的尝试和探索；其次，少年司法社会工作已经拓展到犯罪预防、犯罪侦查、犯罪检察、犯罪审判以及行刑等多个领域，从而形成了纵深化的发展态势；再次，少年司法社会工作的服务内容不断增加，不仅在犯罪预防领域、违法犯罪少年教育矫正领域，而且在民事司法、行政司法等相关领域，都出现了少年司法社会工作的相关实践，有些发达的省市和地区逐渐形成了相对完整的少年司法社会工作服务体系。最后，相关政府部门开始着手制定相关政策鼓励社会组织参与少年司法社会工作服务，其中最为典型的是最高人民检察院和共青团中央制定的相关政策与文件。① 更为重要的是，2020 年，在中国新修改的《未成年人保护法》中明确界定了社会工作参与司法保护的角色定位，少年司法社会工作服务具有明确的法律支持，中国少年司法社会工作进入制度化建构的发展新阶段。

综合以上分析，中国少年司法工作以及与其合作开展的社会服务内容如图 8 所示：

---

① 2015 年 5 月 27 日，最高人民检察院发布《加强未成年人司法保护八项措施》，其中第八项明确提出"推动建立未成年人司法保护借助社会专业力量的长效机制"，要求各级检察机关主动链接专业社会组织开展未成年人司法保护服务。2018 年 2 月 9 日，最高人民检察院和共青团中央签署了《关于构建未成年人检察工作社会支持体系的合作框架协议》，其中明确界定了社会组织参与未成年人司法保护服务的介入路径和制度保障。

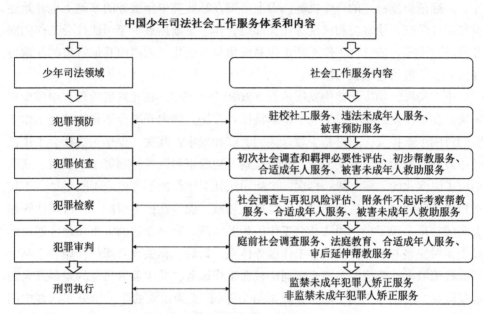

图8　中国少年司法社会工作服务体系和内容

二、少年司法社会工作相关问题分析

（一）少年司法社会工作的法律基础

1. 理念基础

社会工作专业与少年司法领域得以开展合作，具有深厚的理念基础。具体而言，现代少年司法理念强调的核心观点是：对于孩子的犯罪问题，可以通过教育的方式解决；对于一个已经犯罪的孩子，国家负有教育矫正其顺利回归社会的责任，这一理念是社会工作得以进入少年司法场域开展服务的根本原因。站在另一方的社会工作是以价值为本的专业，人道主义和社会福利思想是其主要的价值基础。人道主义强调以人为本，社会的主要目的是实现人的物质和情感需要，如果人的需要被满足，那么人就会获得善良、成熟、正义或生产的状态，通过它们，人和社会的大部分问题都将被解决，人和社会最终会达到完美的境界。人道主义强调了对人的关注和尊重，并承认人与生俱来的在政治、经济、社会、文化等方面享有的一切权利。社会福利观念也是社会工作价值的灵魂，社会福利观体现了对人的关怀，提出人是有需要的个体，这种需要首先来源于物质和身体的需求，其次来源于发展及社会功能增强方面的需求，社会也应为满足这些需求提供全方位的服务。社会福利观念的提出同样在强调对人的尊重及社会对公民应尽的责任，而不是将服务对象遇到的问题归咎于个体本身。

通过以上分析可见，少年司法理念与社会工作基本理念具有很强的一致性。双方都认为人有与生俱来的权利，而这些权利应该得到社会的尊重，同时，每个人都是有需求的个体，而这些需求应该得到社会的支持和满足，即使是已经实施了犯罪行为的人，他的行为应该被否定，但其作为人的尊严应该被社会尊重。在以上基本理念的指引下，少年司法和社会工作都坚持通过满足人的需求，通过教育而不是惩罚的方式解决犯罪人的问题，并相信需求的满足与教育的方式可以帮助犯罪人顺利回归社会。理念的契合，是社会工作得以进入少年司法场域开展服务的先决条件和根本原因。

2. 法律基础

中国社会工作进入少年司法领域开展服务具有明确的法律支持，其中一个支持源于国际法的规定，另一个支持则源于国内法的规定。在国际法规定方面，中国作为联合国相关法律文件的签署国，承诺要遵守相关法律文件的具体规定。联合国关于少年司法的指导性文件中最重要的有三个，分别是《儿童权利公约》《联合国少年司法最低限度标准规则》（简称《北京规则》）、《联合国预防少年犯罪准则》（简称《利雅得准则》）。以上三个法律文件对世界各国少年司法制度构建的一个总的指导思想是：对于违法犯罪的儿童不应强调监禁和惩罚，而应更多地使用非监禁的社会化手段帮助其顺利地回归社会。这样的指导思想为社会工作介入少年司法领域开展服务提供了可能。

我国少年立法与联合国青少年立法可以说是一脉相承的。其法律文件《中华人民共和国未成年人保护法》，强调了社会力量介入少年司法过程开展服务的必要性。而《中华人民共和国预防未成年人犯罪法》则同样强调了少年犯罪预防工作需要政府部门、司法机关、人民团体、有关社会团体、学校、家庭、城市居民委员会、农村村民委员会等各方面共同参与，各负其责，为少年身心健康发展创造良好的社会环境。

为了适应少年司法实践的需要，最高人民法院、最高人民检察院、公安部等司法机关陆续颁布了一些司法解释、通知、意见。其中也对社会专业力量介入作出了相关规定。2010 年 8 月中央六部委会签出台了《关于进一步建立和完善办理未成年人刑事案件配套工作体系的若干意见》（以下简称《意见》），《意见》除了规定司法机关在刑事诉讼各个阶段采取有效措施，维护涉诉未成年人的合法权益以外，还对法定代理人到场、社会调查、法律援助等制度作出明确规定。另外，要求公安机关、人民检察院、人民法院、司法行政机关在办理未成年人刑事案件和执行刑罚时，应当结合具体案情，采取符合未成年人身心特点的方法，开展有针对性的"教育、感化、挽救"工作。要求有关部门配合社区矫正工作部门、专门学校、未成年犯管教所等专业机构，做好相关未成年人群体的日常矫治、收容教养和安置帮教等工作，预防该类群体重新违法犯罪。

2012 年修订的《中华人民共和国刑事诉讼法》增加了未成年人刑事案件诉讼程序专章，以强调对涉罪未成年人的司法保护。其中明确规定了合适成年人、社会调查、附条件不起诉等几项特殊制度，这几项特殊制度的确立，是少年司法制度改革的重要成果。既在刑事诉讼过程中强化了对少年权益的保护，同时也对社会专业力量介入少年司法过程提出了明确的需求。

通过对以上少年立法基础的考察我们不难看出，社会工作专业介入少年司法制度开展相关服务是联合国立法和国内立法的内在要求，同时相关立法也为社会工作专业介入少年司法领域开展服务提供了制度保障。

(二) 少年司法社会工作的具体内容

目前，中国少年司法社会工作已经涵盖了预防类和补救类在内的多项服务内容，具体而言包括：

1. 维权类少年司法社会工作服务

此类服务的核心宗旨是维护未成年人的合法权益不受侵犯，因未成年人特殊的生理和心理状态，需要全社会对其基本权利给予特殊保护，在相关法律的支持下，中国已经开展的维权类少年司法社会工作服务有以下几项：

第一，合适成年人服务。2012 年 3 月，我国修订的《刑事诉讼法》第 270条首次对相关内容进行规定："对于未成年人刑事案件，在讯问和审判的时候，应当通知未成年犯罪嫌疑人、被告人的法定代理人到场。无法通知、法定代理人不能到场或者法定代理人是共犯时，也可以通知未成年犯罪嫌疑人、被告人的其他成年亲属，所在学校、单位、居住地基层组织或者未成年人保护组织的代表到场，并将有关情况记录在案。到场的法定代理人可以代为行使未成年犯罪嫌疑人、被告人的诉讼权利。"[1] 在合适成年人制度实施过程中，很多地区依托专业社会工作者承担合适成年人服务。

---

① 现为《刑事诉讼法》第 281 条。

第二，被害人救助服务。此类服务的对象是被犯罪行为侵害的未成年人，这类未成年人服务的跟进不仅是保护儿童权益的要求，同时在犯罪预防方面意义明显，相关研究显示，如果不能及时给予被害人关注和支持，其极易实现"恶逆变"，从而衍生犯罪行为。

第三，民事观护服务。此类服务对象是涉及监护权、探视权纠纷的民事案件中的未成年人，相关研究显示，未成年人犯罪与其家庭因素密不可分，尤其是父母处于离异状态的未成年人，更需要社会工作专业服务的跟进。因此，近年来很多地方出现了司法社工介入民事领域开展服务的探索。

2. 预防犯罪类少年司法社会工作服务

此类服务群体尚未实施违法犯罪行为，但存在犯罪风险，需要社会工作专业服务予以跟进。此类服务对象主要包括：

第一是具有不良行为的未成年人。社会工作者与社区、学校尤其是专门学校合作，针对具有不良行为的未成年人开展个案、小组以及家庭和社区等相关服务。

第二是具有吸毒行为的未成年人。众所周知，吸毒与违法犯罪行为息息相关，吸毒极易引发违法犯罪行为，目前国内有些地区开始开展吸毒未成年人社会工作专业服务，通过戒毒实现犯罪预防。

3. 补救类少年司法社会工作服务

此类服务对象已经实施了违法犯罪行为，需要深入开展相关教育矫正，从而实现对其再次犯罪的预防，具体的服务内容包括：

第一，违法未成年人的训诫服务。此类服务的对象是已经违法而尚未构成犯罪具有一定的偏差认知及行为习惯的未成年人，囿于中国少年立法缺位以及刑事司法的窄幅制管辖特征，目前尚未搭建起此类未成年人的社会工作服务体系，自2014年起，北京市海淀区公安局未成年人预审中队与北京超越青少年社工事务所合作，开展此类未成年人社会工作服务，取得了显著成效。近年来，国内公安部门建立未成年人案件专门机构和工作机制的数量越来越多，相信一定会促进违法未成年人社会服务体系的发展和建设。

第二，涉罪未成年人社会调查服务。2012年3月，中国修订的《刑事诉讼法》第268条首次对相关内容进行规定："公安机关、人民检察院、人民法院办理未成年人刑事案件，根据情况可以对未成年犯罪嫌疑人、被告人的成长经历、犯罪原因、监护教育等情况进行调查。"① 涉罪未成年人社会调查服务是少年司法社会工作的重要内容，社会工作者依托社会学、心理学等专业知识，通过建立关系、收集资料、分析资料完成社会调查报告，分析涉罪未成年人回归社会的有利因素和不利因素，并提出教育矫正的建议。

第三，涉罪未成年人教育矫正服务。在社会调查的基础上，专业社会工作者针对涉罪未成年人的偏差认知和行为习惯，坚持"人在环境中"的基本理念，运用社会工作的理念、知识和方法系统开展相关服务，以实现涉罪未成年人的正向发展与改变，从而实现对其再次犯罪的预防。

（三）社会工作与相关利益方的合作

为了更好地帮助涉罪未成年人顺利回归社会，社会工作者应该与教育、警察、检察官、法官和司法矫正人员形成密切的合作关系，保障对未成年人的持续保护与服务。目前在中国，社会工作者与相关利益方合作的内容主要有以下几项：

一是与教育部门的合作。主要是针对学校具有不良行为和严重不良行为学生所开展的教育矫正服务，服务的目标在于有效实现未成年学生的犯罪预防。

二是与警察的合作。针对涉罪的未成年人开展社会调查服务、教育矫正服务、合适成年人服务，对被害未成年人开展救助服务。针对严重违法但尚未构成犯罪的未成年人开展训诫和教育矫正服务。

三是与检察官的合作。社会工作服务的内容主要有针对涉嫌犯罪未成年人的社会调查服务、合适成年人服务、教育矫正服务，针对刑事犯罪被害人开展的救助服务等。

四是与法官的合作。社会工作服务的内容除了与警察、检察官的各项服务外，还包括出庭开展法庭教育服务、民事案件中未成年人观护服务。

五是与行政司法人员的合作。主要是针对已经判刑的未成年人开展监禁矫正和社区矫正服务。

以上谈到的社会工作者与相关利益方的合作，在中国一些发达地区开始建立相对完善的服务体系。但遗憾的是，这只是少数发达地区的经验和做法，在中国很多地区，社会工作者尚未与各个相关利益方建立起密切的合作关系。

---

① 现为《刑事诉讼法》第279条。

（四）少年司法社会工作者的专业资格与评估

作为专业性很强的社会工作服务，少年司法社会工作确实需要社会工作者具有较强的实务能力，社会工作者的专业资格认定与评估也尤为重要。具体而言，以下三个方面需要引起高度重视。

首先是专业资格的认定。从事少年司法社会工作的社会工作者首先需要进行严格的社会工作专业训练，其间强调社会工作价值观的确立、社会工作知识的培养以及社会工作专业方法的训练。尤为重要的是，需要在专业训练过程中注重实务训练，从而培养出娴熟的服务技巧和服务能力。在专业培养结束后，应参加国家社会工作师职业资格认定的考试，并获得助理社工师、社工师或高级社工师专业资格。

其次是专业培训与督导。少年司法社会工作要处理和解决的是复杂的个体问题和社会关系问题，对社会工作者的服务能力提出了很高的要求。因此，不间断的社会工作服务培训与督导是对一线社会工作者极大的支持，也为其继续开展有效服务提供了重要动力。

最后是专业评估。没有科学的评价机制就无法建立起科学的质量观，专业评估也是提升少年司法社会工作专业能力的重要手段。因此在少年司法社会工作实务推进过程中，需要加强对少年司法社会工作机构和服务能力的科学评估，从而推动少年司法社会工作的有效开展。

以上提及的少年司法社会工作专业资格认定、专业培训与督导、专业评估都是涉及少年司法社会工作能否健康发展的重要问题。在中国的实践中，无论是服务的购买方，还是服务的提供方，都开始重视以上三个问题，并开始着手推动其中难点问题的解决。

三、少年司法社会工作的经验、存在的挑战和改革方向

（一）取得的经验

自中国的社会工作进入少年司法程序开展服务以来，取得了显著的经验与成效，具体而言有以下几点：

首先，社会工作服务的参与和介入，有效帮助了陷入困境的少年顺利回归社会。社会工作介入少年司法场域开展服务，极大提升了涉罪未成年人教育矫正工

作的质量和水平。社会工作对于涉罪未成年人的帮助更是不言而喻。涉罪未成年人是特殊的弱势群体，他们存在诸多服务需求，其无论是认知水平、行为习惯，还是社会支持网络，都需要社会工作服务介入。通过社会工作服务，很多涉罪未成年人的生命状态发生了改变，重新回归了健康的生活，有效实现对其再次犯罪的预防。

其次，社会工作介入少年司法场域开展服务，极大提升了少年司法的规范化、科学化以及人性化发展水平。关于规范化，目前社会工作服务的介入已经成为中国刑事司法的明确规定，假如没有社会工作服务的介入，刑事司法的规范性甚至是合法性就会被质疑，因此，社会工作服务对于少年司法机构而言，是规范其司法行为的重要支持。关于科学化，社会工作者以科学知识为基础开展社会调查工作，这样司法人员能够从社会工作者的服务中真实地、动态地了解涉罪未成年人，并可以个性化地适用法律，真正提升其适用法律的质量和水平。关于人性化，是指在司法过程中给予涉罪未成年人人文关怀，实实在在地走近孩子的生命和生活世界，去了解孩子的需求与渴望，并通过相关服务力所能及地给予支持，从而实现少年司法人性化发展的价值追求。

再次，社会工作介入少年司法程序开展服务，势必推动中国少年立法的发展。目前中国正处于少年立法与司法改革的重要发展阶段，在近几年，《未成年人保护法》《预防未成年人犯罪法》等基本法律都会进行修改，而无论是未成年人犯罪预防工作，还是未成年人司法保护工作，都需要社会专业力量的参与和介入，而成熟的实践经验也势必会在立法中得到体现和倡导。基于目前中国少年司法社会工作的开展情况，立法者已经考虑将成熟的经验在立法中充分体现，这无疑是实践推动立法的成功案例。

最后，中国各地少年司法社会工作发展路径差异显著，然殊途同归。比如，在少年司法社会工作开展较早的上海，其发展路径是浅层预防转向深层预防。即发展初期更关注社区青少年服务，随后逐渐拓展到关注涉法涉诉青少年服务。而在北京，少年司法社会工作最早的关注对象是犯罪青少年，近年来开始将服务往前延伸到具有违法行为或不良行为的青少年，即由深层预防转向浅层预防。也就是说，各地少年司法社会工作发展路径虽然略有不同，但大家对少年司法社会工作整个服务体系应涵盖内容的设计逐渐趋同，一致认为预防类和矫正类服务都需要纳入少年司法社会工作服务体系之中。

（二）存在的挑战

总体而言，中国少年司法社会工作开展的历史很短，未来若想进一步发展仍存在诸多挑战。

第一，中国各地区少年司法社会工作发展不平衡特征显著。上海、北京、云南、深圳、陕西等地发展较早，服务机制相对完善，服务内容也相对完整。然而从全国发展情况来看，大部分地区发展缓慢，呈现严重不平衡的状态。比如，在一些省份，社会工作服务机构发展缓慢，即使已经成立了一些社会工作服务机构，但并不了解少年司法过程中所产生的社会工作服务需求，社会工作服务尚未与少年司法机构建立合作关系。

第二，各个司法机关对社会工作接纳的程度差异显著。总体而言，检察部门、审判机关对社会工作等专业力量介入接纳度较高，相对而言，公安机关对社会工作专业介入的接纳度较低。应该看到的是，近年来，随着《刑事诉讼法》未成年人刑事诉讼程序专章等法律和制度的出台，少年司法制度改革的推进，一些地区的公安部门成立了专门的未成年人犯罪侦查机构并配备了专门的人员，社会工作与之的合作关系相继建立。但总体而言，公安机关对社会工作专业服务接纳的程度要低于检察院和法院。

第三，少年司法社会工作服务的专业化发展水平有待进一步提升。服务标准、服务模型、服务衔接机制、服务有效性评估等相关问题研究亟待在实践的基础上不断提升。前面讲过，中国开展少年司法社会工作服务的时间较短，很多地区尚未开展少年司法社会工作。因此，少年司法社会工作者的服务能力和水平亟待提升，既需要高校加强司法社会工作专业人才培养工作，同时也需要国家制定专门的政策推动青少年司法社会工作的职业化发展，从专业化和职业化两个维度推动少年司法社会工作服务专业化水平的提升。

第四，少年司法社会工作需要更多的政策支持和保障。如前所述，通过对中国《未成年人保护法》和《预防未成年人犯罪法》的考察可以发现，它们为社会专业力量介入司法保护问题提供了基本依据。但同时由于法律的规定过于笼统，缺乏可操作化的制度设计，其无法为社会专业力量参与少年司法过程开展专业服务提供强有力的制度支持。总而言之，囿于目前中国社会发展的基础，少年立法中缺乏社会力量介入少年司法程序开展专业服务的具体制度设计，也就是说，社会工作等专业力量介入少年司法领域开展服务处于"有立法的宏观支持，但缺乏可行性制度设计"的发展阶段。这样的一种政策背景显然无法为社会工作介入少年司法开展服务提供具体的场所、资金等相关保障。

第五，少年司法社会工作研究尚未形成完整的理论体系，目前已有研究较少且处于分散化、碎片化的状态。通过对已有研究成果的梳理发现，一方面，目前大家对少年司法社会工作中的一系列基本问题尚未达成清晰的理解和认识。另一方面，已有的研究成果尚未形成清晰的脉络体系，需要来自法律和社会工作学科的交叉研究。

总而言之，历经十多年的发展，中国的少年司法社会工作获得了快速发展，无论是在制度机制建设方面，还是在服务内容和服务领域拓展等方面都取得了重要成就。然而，结合少年司法社会工作发达地区的经验和做法，目前中国少年司法社会工作发展还存在明显的差距和不足，比如少年司法社会工作服务的制度体系尚未建立，稳定的少年司法社会工作服务机制尚未形成，少年司法社会工作服务机构和服务人员相对不足，服务水平亟待提升等，这些特征的存在都会成为限制我国少年司法社会工作发展的重要因素。

（三）改革方向

根据目前中国少年司法社会工作的基础与实践，未来少年司法社会工作的发展尤其需要推动以下几个部分工作的改革与发展。

第一，在具体服务方面，除了刑事司法领域的各项服务，未成年人民事权益保护、被害未成年人救助应成为未来重要关注的服务领域。在过去十多年的发展历程中，在司法机关和社会组织的共同努力下，涉嫌违法犯罪未成年人社会工作服务得到了高度重视与推动，相对而言，也形成了比较完善的服务体系和服务内容。但是在近几年的司法实践中，随着中国离婚率的不断上升，离婚家庭未成年人子女的权益处于不稳定状态，存在高度风险，假如不加以关注和介入，会引发未成年人成长的重大问题，因此我们强烈倡导少年司法社会工作对此领域给予关注和介入。另外，随着中国青少年犯罪预防工作成效的显现，刑事犯罪的未成年人人数逐年下降，相反，刑事犯罪被害未成年人的数量在持续上升。众所周知，无论是基于未成年人的司法保护还是犯罪预防，都应该密切关注和服务刑事犯罪被害未成年人，因此，刑事犯罪被害未成年人服务应成为司法社会工作服务的重点领域。

第二，在机制建设方面，应建立和完善社工参与少年犯罪矫正、儿童权益维护的工作机制。立法保障只是推动社会工作参与儿童司法保护、犯罪预防的原则性规定，在实践中，还需要建立一个强有力的部门，领导、协调少年司法社会工作服务。目前中国协调少年犯罪预防的机构是各级共青团组织，众所周知，共青团组织也是群众性团体组织，并不具备强大的资源协调能力，难以统筹更多的资源服务于少年司法预防及综合保护实践。因此，在未来的发展中，政府需要考虑由更加强大的行政部门负责少年犯罪预防工作，并依托其行政能力协调社会工作专业力量与司法机关开展专业合作，并能够有力地解决双方合作中遇到的困境和问题。

第三，在人才队伍建设方面，应进一步加强对少年司法社会工作人才的专业培养和职业化建设。前面已经分析了培养和提升少年司法社会工作者专业能力的必要性和急迫性。在未来发展与改革中，应着力开展少年司法社会工作人才的专业化培养和职业化推进工作，从而有效提升少年司法社会工作者的专业能力和水平，实现其服务效果的最大化。

第四，在研究方面，需要来自法学和社会工作两个学科的学者开展深入研究。作为法学和社会工作的交叉学科，司法社会工作研究需要法律界和社会工作界专家的合作与参与。在法律角度，需要研究刑事、民事司法问题的专家仔细研究司法活动对社会支持体系建设的需求。在社会工作角度，需要深入研究社会工作服务如何与司法体系衔接，从而找到二者合作的契机和切入点，也为司法社会工作实务的推进搭建起理论支持体系。这些研究既需要对司法和社会工作两大宏观场域的背景进行分析，也需要对中观场域的互动及规律进行梳理，同时更重要的是需要通过微观的社会关系研究，为司法社工的实务推进提供理论支持。目前学术界存在法学学科学者对社会工作学科不甚了解而社会工作学科学者对法学学科又知之甚少的状态，需要两个学科学者进一步加强沟通、研讨与合作，共同建构少年司法社会工作的知识体系。

社会工作在少年司法中的作用：
中国香港特别行政区经验

一、中国香港特别行政区少年司法社会工作的基本状况

（一）社会工作的发展概况

在第二次世界大战期间，华人社团（Chinese Voluntary Associations）和传教士在香港本地推行社会福利项目。这些付出见证了许多非政府组织的诞生。香港地区政府首次真正参与社会服务是在 1947 年，彼时成立了社会福利办公室（Social Welfare Office）。社会福利办公室的主要活动包括提供公共援助、儿童福利、感化服务、工人培训计划以及与非政府组织联络等。1958 年，社会福利办公室成为一个独立的政府部门，称为社会福利署（Social Welfare Department）。[①]

20 世纪 60 年代，随着香港地区经济的改善和社会形势的稳定，社会服务开始往专业化方向发展。政府委托海外专家就社会服务的未来、社会工作者的培训和青少年工作服务等方面进行规划。这些报告的研究结果，促成政府于 1965 年首次推出社会福利白皮书，即《香港社会福利的目标与政策》。[②]

社会工作训练最初由社会福利办公室资助，香港大学（University of Hong

---

① G. T. Ng. "The Context of Social Welfare in Hong Kong: History, Economics, and Politics", Singapore Association of Social Workers, https://www. social - dimension. com/2013/08/the-context-of-social-welfare-in-hong-kong-historyeconomics-and-politics. html 访问时间：2019 年 4 月 27 日；N. Peter, A History of Youth Work in Hong Kong, (Youth Outreach, 2008).

② Hong Kong Government. Aims and Policy of Social Welfare in Hong Kong, (Hong Kong Government Printer, 1965).

Kong）于1950年推出两年制的社工训练课程及研究生课程。这是香港地区最早的社会工作训练项目。培训项目在20世纪60年代开始扩大。1961年，开始设立社会工作训练基金。1962年，新成立的社会福利署建立了社会工作培训部门。到20世纪60年代，有4所专业学院开设了社会工作专业。1966年，首批社会工作专业学生毕业于香港中文大学。1967年，香港大学成立社会工作学系，1970年首批学生毕业。这标志着社会工作培训在香港地区的大学全面铺开。[①]

1997年6月，香港政府制定了《社会工作者注册条例》，规定社会工作者必须与医生一样进行注册。具有社会工作资格但未注册的个人，在职业上不再被认定为社会工作者。社会工作者注册委员会（下称"委员会"）于1998年1月16日成立，这是根据《社会工作者注册条例》成立的法定机构。委员会在财务上保持独立，其职权严格受条例监管。条例提供监管制度审查社工的质素，从而保障被服务者和市民的利益。根据社会工作者注册委员会的资料，截至2019年4月23日，香港地区共有23174名注册社工。

（二）少年司法的基本状况

1997年以前，香港地区被英国侵占，在少年立法和司法架构方面均遵循英国普通法。因此，香港地区的法律制度直接移植英国模式。20世纪30年代以前，少年犯被当作成人罪犯对待。[②]

1933年，当地政府任命了第一个感化主任。在1939年之前，感化服务由警务处负责，随后由监狱部门（1982年更名为惩教署，Correctional Services Department，CSD）接管。第二次世界大战后，1949年社会福利办公室成立。1950年，来自澳大利亚训练有素的社工D·彼得森（D. Peterson）先生被委任为首席感化主任，负责社会福利署新成立的感化服务。[③] 随着改革的进行，香港地区少年司法逐渐由惩罚导向转变为康复导向。

---

① W. H. F. Lai, K. T. T Chan. "Social Work in Hong Kong From Professionalisation to 'Re-professionalisation'", 2:2 China Journal of Social Work, (2009) pp. 95-108.

② G. B. Endacott. Government and People in Hong Kong 1841-1962: A Constitutional History (Hong Kong University Press, 1964).

③ I. T. Heath. "The Sentencing of Juveniles in Hong Kong", Hong Kong Law Journal, 17:2 (1987), pp. 193-198.

1933 年，香港地区制定了第一版《少年犯条例》（Juvenile Offenders Ordinance）。16 岁以下的少年犯将被送上少年法庭。根据该条例，拘留或候审的少年犯必须严格地与成年犯分隔。该条例规定，为了使少年法庭能秉承儿童或青少年利益最大化的原则处理相关案件，在决定如何处理少年犯之前，法院有责任了解少年犯的行为、家庭环境、学习情况和过往病历等。

1951 年，《保护妇女及少年条例》（Protection of Women and Juveniles Ordinance）正式颁布。1956 年，《罪犯感化条例》（Probation of Offenders Ordinance）获准实施，其中规定：所有罪犯，不论年龄或性别，均可获感化。改革一直持续到 20 世纪 60 年代初，其中包括由监狱部门牵头的一些改革。20 世纪 60 年代，大部分 14~21 岁的青少年犯被送往芝麻湾监狱，与成年犯人分开。法律明确规定向少年犯提供的后续服务亦须得到加强。①

警务处在少年司法系统中也发挥了重要作用。1962 年，警务处首次颁布警司警诫计划（The Superintendent Discretionary Scheme）。1963 年，每个警区都成立了青少年联络组（Juvenile Liaison Section）。到 20 世纪 60 年代中期，香港地区已经建立了完善的更生康复的少年司法体系。

从 1933 年至 2003 年 7 月，香港地区法定最低刑事责任年龄一直是 7 岁。低于刑事责任最低年龄的儿童被假定为无犯罪能力。现在刑事责任的最低年龄则是 10 岁。在 10~15 岁有犯罪行为的被称为少年罪犯（Juvenile Offenders），16~20 岁的被称为青年罪犯（Young Offenders），21~25 岁则被称为年轻成年人罪犯（Young Adult Offenders）。

仅仅将英国的普通法制度移植到香港地区实在不够完善。1966 年和 1967 年发生的骚乱迫使当地政府正视青少年问题。为了使青少年远离暴乱，政府开展了大型青少年活动和暑期项目，如户外活动和制服团（Uniform Groups）等。政府各部门通力合作，成立了康乐事务署。政府希望青少年在参与有组织的活动时，能更好地利用时间，获得更多的正能量，从而减少他们参与反社会活动的机会。

---

① T. Tam. Juvenile Delinquency Policy in Hong Kong：The Role of Outreaching Social Workers（University of Surrey，Britain 1984）.

　　除了开展传统青少年活动之外，当地政府亦着手研究如何解决青少年越轨问题。1973 年，政府委托香港中文大学社会研究中心，就香港地区青少年暴动犯罪的社会成因进行研究。研究报告于 1975 年发布，指出青少年犯罪是由多种因素造成的，包括性格问题、父母不负责任、不良的朋辈影响和学习成绩低下。[①]报告建议为青少年建立个性化的社会工作服务，包括更多的青少年外展社会工作、学校社会工作和家庭生活教育。这些建议在 1977 年被采纳，后来此类服务成为青少年社会服务的支柱。报告中提到的社会服务大部分由政府资助，由非政府组织营运。自 20 世纪 80 年代以来，少年司法制度基本上保持不变，规模和人手则有所增加。[②]

　　少年司法体系仍在发挥更生康复的功能，并朝着个性化处遇的方向发展。这也反映在社会服务令（Community Service Order，CSO）的报告中。法院将犯罪者视为需要帮助、威慑和惩罚的个体。[③]

　　1987 年 4 月，量刑的个别化原则得到进一步加强。当时根据扑灭罪行委员会（Fight Crime Committee）辖下的青少年罪犯问题常务委员会提出的建议，政府成立了青少年罪犯评估项目小组。该小组由社会福利署及惩教署的代表组成。该小组成立的目的是协调两个部门向少年法庭的法官提供意见，准确评估罪犯的个别需要，并根据他们的最佳利益量刑。个别化方法也适用于预防犯罪——相信青少年罪犯可以通过个人、心理和社会层面的介入来预防。

　　少年司法制度中另一个最重要的原则是分流（Diversion）。这一职能由司法过程中已经建立的两个主要机制来执行。第一个是警务人员拥有的酌情权，可以选择不起诉青少年犯。第二个是感化。被判接受感化主任监管的青少年犯可避免被监禁。其他较轻的刑罚包括：撤销控罪、罚款和缓刑等。

　　1986 年，仿效英国的做法，香港地区建立了第三种分流机制——社会服务令（CSO）。根据香港法例第 378 章《社会服务令条例》（Community Service Orders Ordinance），社会服务令是一项以社区为基础的量刑选择。法院可以签发社会服务令，要求年满 14 岁或以上并可能被判处监禁刑罚的人员，在感化主任的

---

①　A. Ng. Social Causes of Violent Crime Among Young Offenders in Hong Kong, (The Chinese University of Hong Kong, 1975).

②　Heath. supra note 6.

③　Hong Kong Government. Report on Community Service Orders (Topic 7) (The Law Reform Committee of Hong Kong, 1983).

监督下从事若干小时的无薪工作（12 个月内不超过 240 小时），感化主任也会为青少年犯提供辅导和指导。①

成为少年罪犯或者青年罪犯的过程如下：青少年被怀疑从事非法行为且被告发，犯罪嫌疑人被警方拘留，青少年承认或否认罪行，警方在具有证据的基础上进行起诉，法院根据审讯进行定罪和量刑。在香港地区如果青少年违法，则由香港警务处、律政司、司法机构、社会福利署及惩教署处理。

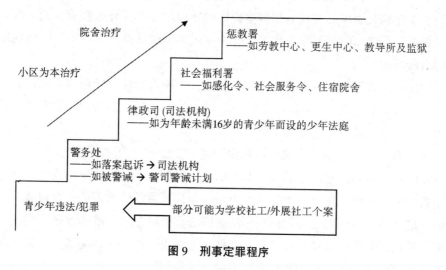

图 9　刑事定罪程序

（三）少年司法社会工作的发展概况

为呈现少年司法制度的涵盖范围，表 9 所示包括预防犯罪服务、警司警诫、社区为本的感化服务、社会服务令计划，以及院舍处理。

---

① Hong Kong Ordinances. Community Service Orders Ordinance CAP 378, Part 2, Section 4.

表9　社会工作者在少年司法中扮演的角色

预防犯罪	轻微罪行		（重复）犯轻微罪行	严重罪行
综合青少年服务中心	警司警诫计划	罚款	感化院舍	劳教中心
	青少年保护组（警务处）	自签担保守行为	感化院	教导所
地区青少年外展社会工作服务		照顾及保护令		更生中心
	社区支持服务计划（由非政府机构社工提供服务）	感化令	*上述服务由社会福利署社工提供	*上述院所由惩教人员管理，他们多具备社会工作知识
青少年深宵外展服务		社会服务令		
学校社会工作服务		*除罚款及自签担保守行为，其他由社会福利署社工提供		
*上述服务由非政府机构社工提供				

　　如前所述，1950年，香港地区委任了一名训练有素的澳大利亚社工为第一位首席感化主任。这标志着社会工作进入香港地区的少年司法系统。如今，社会福利署的感化主任均是大学社会工作专业毕业，其职级为助理社会工作主任（或更高职级）。他们曾接受过社会工作价值观、原则和介入技巧方面的训练。然而，在大学里感化并不是一门独立的课程。

　　感化主任必须履行法定职责，他们必须在正式履职前接受培训。社会工作专业的学生如有意成为社会福利署的感化主任，必须先被社会福利署聘请为公务员岗位的社会工作者。届时，他将被派往感化服务单位接受在职培训。培训持续约30周，内容具体、全面且高度地涵盖相关条例、法庭审讯和对司法的理解。此外，培训内容亦包括感化服务的价值和职责、与不同组别的感化人员合作时的需求、特点和技巧，以及撰写社会调查报告的技巧和知识等。

　　2013—2018年，社会福利署共培训109名感化主任，未成年人被判感化令的（16岁以下）人数为2140人，进入感化院所（Probation Homes）的未成年人感化人数为 199 人。①

刚毕业的社会工作专业学生可以进入青少年社会工作服务的各个领域。他们可以受雇为非政府机构的社会工作者，包括学校社工、青少年外展社工、青少年服务社工或家庭服务社工等。学院社会工作专业的训练具有共性，一般社会工作专业的学生都会学习基本的法律知识。若要提升司法和法律知识，社会工作者须自行主动探索。

在香港地区，社会福利署、受资助或非资助的非政府组织，均有为受虐儿童提供不同的福利服务。社会福利署辖下的家庭及儿童服务课（Family and Child Protective Service Units）由经验丰富的社会工作者负责。他们为受虐儿童及其家庭成员提供一站式服务，包括外展、社会调查、危机介入、法律规定的保护和个人及团体辅导，如有需要，将提供转介服务，例如法律援助、学校或住宿安排等。②

二、香港地区社会工作在少年司法中的作用

（一）少年司法社会工作的法律基础

社会福利署和惩教署是为 10~20 岁的青少年犯提供复归社会项目的两个主要法定机构。劳教中心（Detention Centre）同时为介于 21~24 岁的年轻男性青少年犯提供康复服务。

---

① Social Welfare Department, email Reply by @ 1823 on 17 November 2018 (Social Welfare Department, 2018a).

② Social Welfare Department, "Family and Child Protective Services", Social Welfare Department, 2018b, https://www. swd. gov. hk/en/index/site_pubsvc/page_family/sub_listofserv/id_family-andc/visited on 15 December 2018.

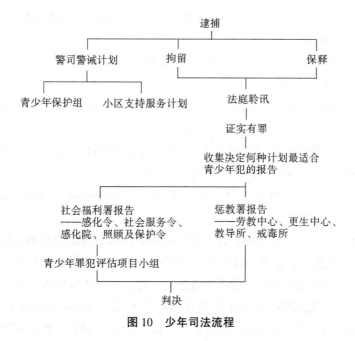

图 10 少年司法流程

根据香港法例第 221 章《刑事诉讼程序条例》（Criminal Procedure Ordinance Cap. 221）的规定，任何法院不得判处 21 岁以下人员入狱，除非认为没有其他适当的处理方法。[1] 为决定何种计划最适合青少年犯，法庭会搜集并考虑未成年犯的特性及其身心精神状况的相关资料。

社会福利署为青少年违法者提供服务的整体目标是，协助他们重新融入社会，成为守法公民。社会福利署采用社会工作的方法，包括以社区为本的法定监管感化服务、社会服务令计划、院舍住宿训练及续顾服务，为违法者提供指引。社会福利署的服务规定符合法例及有关国际公约的标准和规范。通过适当的监管、辅导、职前和社会技能培训，让青少年违法者能够获得必要的技能，重新融入社会。[2]

社会福利署根据以下法律规定，为青少年违法者提供康复项目：

1. 香港法例第 226 章《少年犯条例》（Juvenile Offenders Ordinance，Chapter 226，1933）；

① Hong Kong Ordinances. CAP 221, Criminal Procedure Ordinance, Section Sections 109A（1）.

② Social Welfare Department. "Services for Offenders", SWD, 2018c, https://www. swd. gov. hk/en/index/site_pubsvc/page_offdr/ visited on 15 December 2018.

2. 香港法例第 298 章《罪犯感化条例》（Probation of Offenders Ordinance，Chapter298，1956）；

3. 香港法例第 378 章《社会服务令条例》（Community Service Order Ordinance，Chapter 378，1984）；

4. 香港法例第 225 章《感化院条例》（Reformatory Schools Ordinance，Chapter 225，1933）；

5. 香港法例第 213 章《保护儿童及少年条例》（Protection of Children and Juveniles Ordinance，Chapter 213，1933）；

6. 香港法例第 115 章第 1 节《入境条例》[Immigration Ordinance，Sec（1）of Chapter 115，1972]。

上述条例是在不同时期制定的，而相关的服务则是根据当时的具体情况而发展和建立的。根据上述条例，社会福利署的职责包括：执行法定职责、准备社会调查报告、提供感化服务、执行社会服务令、提供社区支持服务、少年羁留院与住宿院舍服务，以及透过青少年罪犯评估项目小组（Young Offender Assessment Panel，YOAP）向法庭提供综合项目意见，供法官或裁判官在对将定罪的青少年罪犯作出判刑时参考。

为精简和整合服务模式，社会福利署完成了以社区为层面的青少年违法者服务，包括感化服务、社会服务令服务和社区支持服务计划的统合。新的综合模式于 2012 年生效。经过审查检讨，事实证明全面的一站式服务更切合青少年违法者的需要。

惩教署的使命是保护市民和预防犯罪，为被拘留人员提供安全、可靠、人道、合适和健康的环境；与社区利益相关方合作，创造更生康复机会；以及通过社区教育推广守法和包容的价值。[1] 虽然没有规定惩教署人员必须是社会工作专业的毕业生，但惩教署已与各大学的社会工作专业联络，为其人员提供社会工作实务及技能训练。

惩教署除了重视安全监管和更生康复外，亦致力于与不同的社区利益相关方合作，推行全面的社区教育，以推广守法的价值和预防犯罪。

惩教署根据以下条例为青少年犯提供更生康复项目：

1. 香港法例第 239 章《劳教中心条例》（Detention Centres Ordinance，Cap.

---

① Correctional Services Department. "Mission"，CSD，https://www.csd.gov.hk/english/about/about_vmv/abt_vis.html，visited on 15 December 2018.

239，1972)；

2. 香港法例第280章《教导所条例》(Training Centres Ordinance，Cap. 280，1953)；

3. 香港法例第234章《监狱条例》(Prisons Ordinance，Cap. 234，1954)；

4. 香港法例第244章《戒毒所条例》(Drug Addiction Treatment Centres Ordinance，Cap. 244，1969)；

5. 香港法例第567章《更生中心条例》 (Rehabilitation Centres Ordinance，Cap. 567，2001)。

1994年，香港地区通过了联合国的《儿童权利公约》。1991年，中国批准了《儿童权利公约》，1997年香港地区主权移交后，《儿童权利公约》继续适用于香港地区。目前，香港地区有许多保护儿童权利的法律。上述条例与青少年司法程序息息相关。

《儿童权利公约》规定应确保儿童不受剥削、虐待或其他不利影响，同时确保儿童参与家庭、文化和社会生活的权利。[1] 如前所述，少年司法制度的主要目标是通过社会工作和更生康复方式让青少年重新融入社会。在香港地区，儿童和青少年的权利受到法律和条例的广泛保障。

(二) 社会工作在少年司法中扮演的角色：法律与实践

普遍认为，香港地区在处理青少年犯方面比较通情达理和宽大。少年司法体系将青少年的福利需要考虑在内，而且所采取的措施高度重视治疗康复导向。在评估犯罪时，该体系不仅考虑司法因素，还考虑年轻罪犯的个人（包括社会、情绪和教育）需求。介入措施基于整体、综合、跨学科和机构间合作的考虑。

如果不加以介入，青少年犯的越轨行为的严重性可能与日俱增，青少年犯可能最终成为成年罪犯。在此过程中，牵涉的团体将由非正式机构转为政府法定部门，最终被监禁在惩教署的院所内。[2]

---

① Constitutional and Mainland Affairs Bureau. "Convention on the Rights of the Child"，March 2009.

② F. W. L. Lee. "Services for Young Offenders：The Way Ahead. In Children and Youth Division，HKCSS (ed.)，Youth Work in the 21st Century- Challenge，Change and Development"，3 Resource Book on Children and Youth Services，(1996) pp. 147-158.

　　香港地区有三种青少年越轨行为控制策略。它们分别为：正向成长预防策略（Positive Youth and Preventive Strategy）、全校参与策略（Whole-School Strategy）和法定刑事司法策略（Statutory Criminal Justice Strategy）。前两种策略是为青少年提供的非正式预防服务。这些服务由非政府机构提供，并受社会福利署资助。没有具体的条例来管理这些服务。社会工作者根据他们的专业价值、实践和技能提供服务。所有注册社工均受《社会工作者注册条例》监管，其专业行为受该条例规范。表10概述了非政府机构为青少年提供的服务。

表10　2015—2017年非政府机构青少年社会工作服务资料①

	服务单位数目（个）		会员人数（人）／个案的数目（件）	
	2015—2016	2016—2017	2015—2016	2016—2017
儿童中心(Children Centre)	5	5	6260	7129
青少年中心(Youth Centre)	4	4	4005	3963
儿童及青少年中心（Children & Youth Centre）	14	14	21588	22420
综合青少年服务中心（Integrated Children and Youth Services Centre，ICYSCs）	138	138	296369	315779
青少年外展服务（Youth Outreaching Team，YOT）	19	19	6577	6584
青少年深宵外展服务（Overnight Outreaching Service for Young Night Drifters，YND）	18	18	16938（接受服务的夜游青少年人数）	17083（接受服务的夜游青少年人数）

---

　　①　Social Welfare Department. "Social Welfare Services" in Figures,（2017）pp. 11-12,https://www. swd. gov. hk/storage/asset/section/296/en/swdfig2017. pdf visited on 15 December 2018.

续表

	服务单位数目（个）		会员人数（人）/ 个案的数目（件）	
社区支持服务计划 （Community Support Service Scheme， CSSS）	5	5	2473	2299
滥用精神药物者辅导中心 （Counselling Centre for Psycho- tropic Substance Abusers，CCPSA）	11	11	2151	2230
为青少年感化人员提供住宿服务 （Residential Service for Young Probationers）	1	1	41	45
学校社会工作服务（School Social Work Service）	465 （学校数目）	465 （学校数目）	15499	15665

1. 正向成长预防策略

正向成长预防策略的核心价值是通过人格发展和性格训练来帮助儿童与青少年成长，从而及早识别和预防少年越轨。该策略采用综合整体的方法来加强对儿童、青少年和高危青少年的支持。

综合青少年服务中心的宗旨是为青少年提供一站式的以中心为基础的社会工作、学校社会工作和社区外展服务，其团队由一名督导及其管理的社会工作者组成。社会福利署协助非政府机构营办综合青少年服务中心，采用个性化和社区的方法，以满足6~24岁青少年的不同需要。综合青少年服务中心提供专业的社会工作介入服务，包括预防、发展、支持及补救服务，为儿童及青少年、与他们关系密切的人和社区人员提供服务。中心提供指导和辅导、支持计划、发展及社交活动项目，以及社区参与活动。①

19个地区青少年外展社会工作队由社会福利署资助非政府机构营办。社会

---

① Social Welfare Department. "Services for Young People"，Social Welfare Department，2018d，https：//www. swd. gov. hk/en/index/site_pubsvc/page_young/ visited on 15 December 2018.

工作者致力于为 6~24 岁通常不参加传统青少年活动且易受不良影响的青少年提供辅导和指引。

为了更全面地满足夜不归宿之青少年的需要，政府自 2001 年起延长服务时间，委托 18 所综合青少年服务中心为全港夜不归宿之青少年提供深宵外展服务。18 所被指定的综合青少年服务中心获得提供额外人手及用于购买 7 座客车及流动电话的经常性（以及非经常性）拨款，以便及时迅速地响应服务需要。相关的支持服务包括通宵偶到中心、危机住宿服务和室内康乐深宵活动。

社区支持服务计划旨在协助警司警诫计划（Police Superintendent's Discretion Scheme，PSDS）下的青少年重返学校或工作岗位（下文将详述）。

社会福利署辖下共有 11 所滥用精神药物者辅导中心，旨在为惯性、偶尔、有可能吸食危害精神毒品者，以及为边缘青少年提供辅导和协助。目的是协助他们戒除吸食危害精神毒品的行为，并建立健康的生活方式。社会工作者提供的服务包括辅导、预防教育项目、专业训练和实地医疗支持服务。

2. 全校参与策略

2000 年以前，非政府机构为中学生提供社会工作服务，协助他们处理学业、社会关系和情绪等方面的问题。从 2019—2020 学年起，每所中学的学校社会工作者人数增加至 2 名，同时增派督导支持。更多的非政府机构运用"全校参与策略"协助学校处理危机，建立和谐的学校文化。学校社会工作者在学校服务中扮演着多重角色。除了提供辅导、小组工作和全校性的活动外，学校社会工作者需要与家长、心理学家、警员和政府部门合作，为教师提供培训、组织课后活动和生命教育活动，以及培训学生和参加危机管理小组。学校社会工作服务已扩展至小学及幼儿园，成效显著。

3. 法定刑事司法策略

起诉的替代选择：警司警诫计划及随后的转介。

警司警诫计划的重点，致力于协助犯轻微罪行的少年重新融入社会，并通过矫正性的监管而非法律制裁加以处理。当 10~18 岁的未成年人出现违法行为，且有足够的证据对其提出指控时，警方可向法庭提出诉讼或根据警司警诫计划作出警告。①

未成年人可受警方监管两年，或直至年满 18 岁（以较早者为准）。警务人员从受到警诫的未成年犯身上提取指纹，并记录在案。当然，一旦未成年人满 18

---

① Fight Crime Committee. Report No. 37（Hong Kong Government Printer,2017）.

岁或两年后（以较早者为准），警方将销毁这些记录。①

　　根据扑灭罪行委员会第32-37号报告所提供的数据，在2011年，被警司警诚的人数共有1987名；在2017年，共有579名未成年人接受警司警诚计划。这些接受警司警诚计划的青少年在被拘捕的青少年数量中所占比例分别为37.1%和36.8%。

表11　被拘捕的青少年（10~18岁）及被警司警诚的青少年（2011—2017）
（被拘捕的青少年人数＝释放人数＋被控人数＋被警司警诚人数）②

年份	被拘捕的青少年人数（10~20岁）（人）	被捕的未成年人数（10~18岁）（人）	被警司警诚的人数（人）	被警司警诚人数所占比例
2011	7693	5355	1987	37.1%
2012	6522	4198	1453	34.6%
2013	5397	3413	1059	31%
2014	4324	2534	834	32.9%
2015	4135	2346	757	32.3%
2016	3366	1883	603	32%
2017	2732	1575	579	36.8%

　　未成年犯自被警诚起满2年内或者未满18周岁（以先到者为准）再被拘捕的，视为重犯者。2015年，被警诚的少年犯的重犯率为9.1%（69名少年）；2014年为6.8%（57名少年）；2013年为9.3%（98名少年）；2012年为15.6%（226名少年）；2011年为12.6%（251名少年）。由于2年期限的规定，2016年及以后被捕的未成年犯的重犯率还没有统计。③

---

① Fight Crime Committee. Report No. 37（Hong Kong Government Printer, 2017）.
② Fight Crime Committee. Report No. 32-37（2012-2017）.
③ Fight Crime Committee. Report No. 32-37（2012-2017）.

表 12　接受警司警诫计划的少年（10～18 岁）的重犯率（2011—2015 年）

年份	被拘捕的未成年人数（10~18 岁）（人）	被警司警诫的人数（人）	被警司警诫人数所占比例	被警司警诫的青少年重犯率（未成年人数）（人）
2011	5355	1987	37.1%	12.6%（251）
2012	4198	1453	34.6%	15.6%（226）
2013	3413	1059	31%	9.3%（98）
2014	2534	834	32.9%	6.8%（57）
2015	2346	757	32.3%	9.1%（98）

在发出警诫后，警司会评估是否需要转介。如有需要，可在警诫后由警方青少年保护组进行探访，或转介给社会福利署、教育局（Education Bureau，EDB）或推行社区支持服务计划的非政府机构。

（1）警务人员监管：青少年保护组（Juvenile Protection Section，JPS）

被警诫者的个案会转介至警方青少年保护组跟进。包括家访的后续工作的主要目的是确保青少年不会再次犯罪或与被警员认为不良的人来往。警方会决定家访的次数，通常从被警诫当日起最多持续两年，或者直到未成年人的 18 岁生日，以先到者为准。

（2）社区支持服务计划

若该名青少年辍学、失业或没有参加任何青少年活动，但又受惠于参与活动，便可将其转介至社区支持服务计划。如前所述，社区支持服务计划由非政府机构在社会福利署的资助下运作。这项计划旨在协助接受警司警诫计划的未成年人改善人际关系，培养他们的社会责任感，使他们重返学校或工作岗位，从而降低他们再犯的可能性。在大多数情况下，被警诫的青少年会同时参加青少年保护组和社区支持服务计划提供的服务。服务内容包括个人及家庭辅导、治疗小组、技能训练、教育小组、历奇活动，以及康乐和社区服务。社会福利署共资助了 5 个非政府机构，负责管理社区支持服务计划的团队，它们分别隶属于 5 个现有的综合青少年服务中心。①

---

① SWD. supra note 15.

（3）家庭会议（Family Conference）

除了获得社区支持服务计划的服务外，社会福利署亦可为 10~18 岁的未成年人提供家庭会议服务。一旦社会福利署评估发现青少年的问题或需求需要三方或以上的介入，或青少年在警司警诫计划中被两次或以上警诫时，便可召开家庭会议。家庭会议的目的是把被警诫的未成年人、其家人及来自不同专业的人士聚集在一起，评估未成年人的需要，并制订全面的跟进计划。家庭会议指派的社会工作者会跟进在会议上通过的行动计划。跟进行动包括：为未成年人及其家人转介至有关服务单位，并在会议后就行动计划的实施，与警方青少年保护组及其他利益相关方联络。教育局亦有代表出席家庭会议，就未成年人的就学和学校适应需求提供意见。①

（4）自签担保守行为（Bind-Over）

自签担保守行为虽然在未成年犯中并不常用，但是一种预防性的司法方式，少年被告人可以避免被定罪，但要求他必须在一年内确认有良好的行为或没有惹是生非。为跟进自签担保守行为青少年，相关个案可被转介至社会福利署或非政府组织。社会工作者会照顾未成年人及其家人的需要，并提供跟进服务。社会工作专业在香港地区是被公认的，每当未成年人需要协助时，其他专业团体会建议未成年人及其家人向社会工作者寻求协助。

（5）感化服务

如有需要，社会福利署会为未成年违法者提供法律规定的干预措施，相关的种类可以是照顾及保护令等措施。根据香港法例第213章《保护儿童及青少年条例》（Protection of Children and Juveniles Ordinance Cap. 213），少年法庭可以委任社会福利署署长为儿童或少年的法定监护人，或把儿童或少年付托给任何愿意照顾他的人或机构，或命令其父母或监护人给予适当的照顾和监护；或令其在指定期间（不超过3年）接受法庭委任的感化主任监管。②

---

① SWD. supra note 15.

② SWD. supra note 15.

表13　社会福利署为青少年违法者提供的服务（2015—2017）①

	服务单位数目（个）		个案数目（件）	
	2015—2016	2016—2017	2015—2016	2016—2017
感化服务（Probation Service）	8	8	1781	1797
社会调查（感化服务）［Social Enquiries (Probation Service)］			4181*	4116*
社会服务令计划（Community Service Orders Scheme）			926	974
社会调查（社会服务令计划）［Social Enquiries (Community Service Orders Scheme)］			2715*	2619*
感化院舍(Probation Home)	1	1	29	39
羁留服务（Remand）			20	13
感化院（Reformatory School）			13	18
善后辅导服务(Aftercare Service)			9	9

*这个图表的数字包括所有年龄的罪犯。

感化服务是一项以社区为基础的计划,根据香港法例第298章《罪犯感化条例》,罪犯须接受感化主任的法定监管,为期1～3年。感化是对任何10岁或以上人员的量刑选择。年满14岁的可根据《感化院条例》处理。最终目标是协助青少年重新融入社区,成为守法公民。如果被感化的青少年表现不佳,并被发现不再适用感化监管,法院可以解除感化令,并以原有罪行重新判决。②

所有感化主任都是注册的社会工作者并经过训练, 而且必须经过正式任命。他们的职责是为被感化者提供建议、帮助和指导。③

（6）社会服务令计划（CSO）

此外, 法庭亦会考虑实施社会服务令计划。这些服务的目的是通过辅导、监管及参与社会服务来协助青少年。社会服务令计划是另一种基于社区的量刑

---

① Social Welfare Services in Figures. 2017 Edition,SWD.
② SWD. supra note 15.
③ SWD. supra note 15.

选择，法庭可以对 14 岁或以上的罪犯判决社会服务令。这是一种参照英国实践并针对可判处监禁罪行的量刑选择。社会服务令计划由感化主任监管执行。它们被认为是具有康复和补偿社会功能的量刑选择。根据社会服务令，罪犯必须在 12 个月内从事不超过 240 小时的无偿社区工作。负责监管的感化主任既负有法定职责，又负有行政职责。法定的工作包括准备社会调查报告、安排无薪社会服务工作地点和监管。行政工作包括与提供工作的机构联络，以及监督兼职的服务现场管理者。在社会服务令中，所分配的工作既可以是任务工作，也可以是服务。①

（7）住宿院舍介入（Residential Treatment）

表 14　为青少年犯提供的住宿院舍介入类型

类别	年龄	时段	负责部门
感化宿舍	10~15	最多 12 个月	社会福利署
感化院	10~15 岁	12~36 个月	社会福利署
教导所 （Training Centre）	14~20 岁	6~36 个月	惩教署
劳教中心 （Detention Centre） （只为男性提供）	14~20 岁 21~24 岁	1~6 个月 3~12 个月	惩教署
更生中心 （Rehabilitation Centre）	14~20 岁	3~9 个月	惩教署
戒毒所 （Drug Addiction Treatment Centre）	14~20 岁	2~12 个月	惩教署
青少年监狱 （Youth Prison）	14~20 岁	由法庭决定	惩教署

---

① SWD. supra note 15.

（8）感化/住宿院舍：屯门儿童及青少年院（Tuen Mun Children and Juvenile Home，TMCJH）

若法庭认为采用监禁措施较为适当，社会福利署和惩教署会提供多项服务，以满足少年违法者的不同需要。为少年违法者提供住宿服务是另一种量刑选择，通常被视为量刑的最后手段。屯门儿童及青少年院落成，可容纳388人，由6间感化或住宿院舍重置后组成一所综合服务院舍。它既是收容所、羁留院，也是核准院舍（感化院舍）和感化院。感化院舍是对被判处不到一年感化令的10~15岁的未成年人进行短期更生康复的场所。感化院为10~15岁屡犯罪行的未成年人而设，以作为长期住宿院舍介入场所（1~3年）。

屯门儿童及青少年院之所以为儿童、少年及青少年违法者提供短期监护及住院训练服务，是依据以下条例：

①香港法例第213章《保护儿童及少年条例》；

②香港法例第115章《入境条例》；

③香港法例第512章《掳拐和管养儿童条例》提供收容所服务；

④香港法例第226章《少年犯条例》提供羁留院服务；

⑤香港法例第298章《罪犯感化条例》提供核准院舍（感化院舍）服务；

⑥香港法例第225章《感化院条例》提供感化院服务。

这些服务包括教育和职业培训、个案辅导及小组工作、社区服务、康乐活动、监护人探访或家庭工作或外出许可和健康护理。

（9）惩教署负责的住宿院舍介入

虽然惩教署人员不一定要成为社会工作者，但他们多具备社会工作知识，以便进行更生康复工作。若没有惩教署人员的工作和贡献，处理青少年违法者的工作便无法完成。以下将讨论三个主要的住宿院舍类别：教导所、劳教中心和更生中心。

惩教署通过一系列的教育、职业训练及辅导计划，致力于纠正违法青少年的越轨行为。这些计划的目的是，协助青少年犯养成社会接受的行为，改善他们的人际交往技巧，增强他们应对重返社会所带来的压力与困难的能力，建立信心，从而增加他们获释后找到合适工作的可能性。

表 15　教导所、劳教中心和更生中心青少年违法者人数（2011—2015 年）①

年份	教导所的人数（人）	劳教中心的人数（人）	更生中心的人数（人）
2011	186	73	127
2012	184	59	104
2013	200	53	105
2014	180	60	74
2015	136	52	52

①教导所

教导所的运作受香港法例第 280 章《教导所条例》（Training Centre Ordinance Cap. 280）所规范。惩教署的目标是为 14~21 岁的青少年犯提供感化教导。青少年犯的培训期为 6~36 个月，平均为 18 个月。教导所包含三个阶段，从初阶到高阶。教导所的青少年犯被分为 A、B 两组，他们参加不同的活动，包括职业培训及教育课程。②

为协助青少年犯重新融入社区，以及鼓励他们在释放后继续遵纪守法，教导所提供善后辅导服务。教导所提供的善后辅导服务，体现了"全面关怀"的原则。这些服务包括教导所内的活动，例如个别及小组辅导、熟悉探访、家长活动、生日庆祝，以及为属于高阶的青少年举办的融合活动。③

青少年犯获释后，需接受为期 3 年的法定监管，并设有召回机制。如果青少年犯违反监管规定，惩教署署长可发出最长 6 个月的召回令。在 2016—2018 年的监管期内，教导所重新融入社会计划的成功率分别为 74.2%、77.8% 和 79.2%。④

---

① CSD. https://www. csd. gov. hk/english/facility/facility_stat/chartdata. html visited on 18 December 2018.

② T. W. Lo,et al. Research on the Effectiveness of Rehabilitation Programmes for Young Offenders:Full Report（City University of Hong Kong,1997）.

③ T. W. Lo,et al. Research on the Effectiveness of Rehabilitation Programmes for Young Offenders:Full Report（City University of Hong Kong,1997）.

④ Correctional Services Department. "Success Rates of Reintegration Programmes within the Supervision Period" https://www. csd. gov. hk/annualreview/2018/web/en/appendices/ visited on 30 September 2019.

②劳教中心

劳教中心的运作受香港法例第 239 章《劳教中心条例》（Detention Centre Ordinance Cap. 239）所规范。香港地区唯一的劳教中心由英国引入，是专为男性设计的。它最初是为 14~20 岁的少年犯而建立的。1976 年年底，当局修订了《劳教中心条例》，把年龄不超过 24 岁的青年罪犯包括在内。该条例中的"年轻成年人"部分则在一年后才开始实施。①

劳教中心强调严格的纪律和劳动工作。它实现三个 S：短期（Short）、沉重（Sharp）和冲击（Shock）。其着重透过严格纪律及劳动工作，在短时间内为犯人带来冲击，从而提醒他们不可再犯案。在劳教中心的羁留期限不是预先确定的，何时释放取决于纪律表现。被羁留者获释后需接受为期一年的法定监管。如被羁留者在监管期内不遵从监管条件，惩教署署长可将其召回劳教中心，最长可达 3 个月之久。在 2016—2018 年的监管期内，劳教中心重新融入社会计划的成功率分别为 97.8%、94.1%和 100%。②

③更生中心

更生中心的运作受香港法例第 567 章《更生中心条例》（The Rehabilitation Centre Ordinance Cap. 567）所规范。1996 年，香港地区扑灭罪行委员会辖下的青少年罪犯问题常务委员会委托香港城市大学研究由惩教署和社会福利署为青少年犯提供的更生康复计划之成效。一年后，该研究建议采取一种短期住宿训练，时间比劳教中心长，但比教导所短。因此，在处理 14~20 岁的青少年犯时，香港地区引入"更生中心"，让法庭有更多的量刑选择。与其他由英国引入的制度不同的是，这项建议被视为针对本地的少年司法体系而衍生的做法。

培训以院所为本，总培训期为 3~9 个月。第一阶段的训练包括在惩教院进行纪律训练，半天训练基本工作技巧，半天学习教育及辅导课程。这个阶段的目的是加强自我控制和鼓励建立有规律的生活方式。第二阶段是让青少年住在中途宿舍，并参与重新融入社会项目。更生中心强调三个 R：重建（Reconstruction）、抗逆力（Resilience）和重新融入（Reintegration）。青少年一旦违反监管要求，可以将其召回，最长可达 3 个月之久。在 2016—2018 年的监管期内，更生中心

---

① T. W. Lo, et al. Research on the Effectiveness of Rehabilitation Programmes for Young Offenders: Full Report (City University of Hong Kong, 1997).

② CSD. supra note 46.

重新融入社会计划的成功率分别为 95.5%、94.2% 和 96.1%。①

（三）社工和其他利益相关方的合作

香港地区的青少年服务非常全面。社工每周 7 天为青少年提供服务，这些服务包括预防性、发展性和补救性服务。社工与其他利益相关方紧密合作，为发展优质服务提供了良好的基础。

社会福利署在保障和促进香港地区儿童和青少年的福祉方面，承担着重要角色。香港地区大部分的预防青少年服务由非政府机构提供，并由社会福利署资助及监管。非政府机构的社会工作者可以自由地与不同的持份者合作，这些合作没有法律或法例的要求。

许多政府部门都参与了对青少年犯的处理，包括警务处、律政司、惩教署、社会福利署、卫生福利署、保安局和少年法庭。社会福利署是专门负责训练社会工作者来担任处理青少年犯事务的感化主任之法定机关。感化主任是与各政府部门、非政府机构及学校合作处理青少年犯相关事务的代表。

（四）少年司法社会工作的专业资格与评估

所有社会福利署及非政府机构的社会工作者均须为注册社工。为非政府机构工作的青少年服务社工并不一定需要接受青少年司法方面的培训。为少年犯提供服务的社会工作者可进一步学习犯罪学以强化他们的工作知识，但这种培训不具有强制性。

所有感化主任均需接受社会福利署高级感化主任的培训，以处理未成年犯。他们必须参加标准课程，并通过考核，才可被刊登宪报正式被任命为感化主任。感化主任或青少年服务社工的表现，由他们的上级主管作出评核。非政府机构的青少年服务社工亦须符合资助团体所制定的要求，例如社会福利署等。

在过去 10 年（2008—2018 年）里，分别有 80%~89% 及 95%~98% 的人员圆满完成感化令及社会服务令。② 感化令或社会服务令的完成率并没有按年龄或接受感化令者的类别进行分类。完成率，是指接受感化令者圆满完成感化令的百分比。如果青少年犯在被判执行感化令或社会服务令期间没有违例或遭到进一步的指控，那么就被视为圆满执行完感化令或社会服务令。

---

① CSD. supra note 46.
② SWD. supra note 12.

在香港地区，青少年司法社会工作没有固定的期限或者方法对青少年司法社会工作进行评估。相反，如果认为适当且必要，政府可以委托大学或其他组织进行与少年司法相关的研究或调查。

1996 年 4 月，香港政府保安部（the Security Branch）委托香港城市大学进行青少年犯更生康复计划的有效性评估。① 外部评估覆盖社会福利署和惩教署推行的所有更生康复计划，包括社会福利署负责的感化令、社会服务令、感化院舍、感化院、羁留院和社区支持服务计划，以及非政府机构的青少年服务项目和惩教署负责的劳教中心、教导所、青少年监狱、中途宿舍等提供的服务。青少年犯、囚友、法官、裁判官、社区支持服务计划的案主、青少年案主的家长、感化主任、社会福利署和惩教署提供服务的人员均接受了问卷调查或深度访谈。

更生康复计划的成效得到了广泛的评价，政府接受了评估方提出的一系列建议。被采纳的建议方案包括由非政府机构拓展社区支持服务计划，以服务被警诫的青少年，以及由惩教署扩展短期住宿方案。这项研究可被视为香港地区迄今为止最全面的少年司法更生康复项目评估之一。

可能还会有一些学者、社会工作者和学生选择少年司法服务作为他们的评估项目，但是这些研究建议一般被政府认真考虑的可能性较低。

三、香港地区少年司法社会工作的经验、主要挑战和改革方向

（一）经验和成效

如前所述，香港地区少年司法制度的建立在很大程度上受到了英国模式的影响。大多数少年司法条例是由英国引入的。不过，条例的部分条文已根据本地情况和需要作出适时修订。此外，青少年服务已广泛衍化，涵盖从预防、发展领域到补救领域。在实践中，有困难的青少年会由学校、警务人员、法院、社会福利署或惩教署等转介，接受社会工作服务。

---

① Lo,et al. case,supra note 44.

香港地区还有许多与少年司法有关的国际协议，包括：《联合国儿童权利公约》《联合国少年司法最低限度标准规则》（《北京规则》）、《联合国保护被剥夺自由少年的规则》（《哈瓦那规则》）和《联合国预防少年犯罪准则》（《利雅得准则》）。所有这些规则都规定了会员国在少年司法方面应达到的标准。

在大多数情况下，香港地区的《少年犯条例》及《保护儿童及少年条例》均符合国际标准。香港地区作为国际协议的签署者，对这些标准作出了回应。联合国儿童权利委员会和联合国公民权利与政治权利国际公约委员会呼吁检视香港地区的法律，以提高刑事责任的最低年龄。

1998 年，法律改革委员会（Law Reform Commission）开始检视刑事责任的最低年龄。1999 年，委员会颁布咨询文件收集公众意见，以确定公民应在什么年龄被追究刑事责任。2001 年《少年犯条例草案》（修订）旨在落实法律改革委员会的建议，把刑事责任的最低年龄由 7 岁提升至 10 岁。立法会于 2003 年 3 月 12 日通过。刑事责任最低年龄的提高表明，政府已经遵循国际标准。此外，自 2003 年以来，政府还推出了一些针对不守法的儿童和少年的强化措施。[①]

10 岁以下的儿童如需要支持服务，可经家长同意转介至社会福利署。警方有很多既定机制，可将 10～18 岁的不守法儿童转介给有关政府部门或其他非政府机构，以提供跟进支持服务。这些机制被认为是有效和全面的，因为不应该有任何不守法的儿童或少年在没有社会工作服务的支持下被忽略。

就因犯罪而被捕的青少年人数而言，过去 10 年在香港地区的数字持续下降。2008 年有 9007 名青少年因犯罪被捕，而 2017 年只有 2732 人被捕。根据相关报告，被捕青少年总数下降了 69.6%。由于在处理越轨少年方面采取了广泛的措施，少年犯罪问题已得到某种程度的控制。

---

① Legislative Council. "Report of the Panel on Administration of Justice and Legal Services on Juvenile Justice System", Hong Kong Government, 2007a, https://www. legco. gov. hk/yr06-07/english/hc/papers/hc0706cb2-2369-e. pdf visited on 27 April 2019.

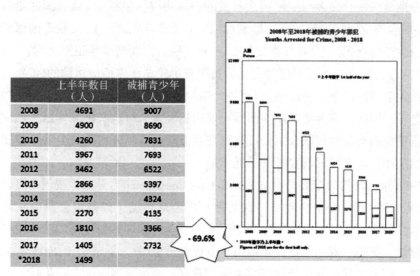

图 11　2008—2018 年因犯罪被捕的青少年（10~20 岁以下）①

资料来源：香港警务处。

（二）主要挑战

政府可能找不到需要改革青少年司法社会工作服务，或者需要额外投入预算资源的理由，因为在过去 10 年中被捕的青少年人数持续显著下降。香港城市大学 2003 年出版的《起诉违规儿童和青少年的替代措施：海外经验和香港地区的选择》（Measures Alternative to Prosecution for Handling Unruly Children and Young Persons：Overseas Experiences and Options for Hong Kong）报告，介绍了将恢复性司法原则和做法纳入处理少年犯措施的建议。然而，该提议在 2007 年被政府否决。

虽然报告指出，国际上有一种倾向于采用恢复性司法方针，以便对违法者和受害者作出更有效的应对，② 2007 年立法会文件的结论是：没有一个最佳的刑事司法制度适合所有司法管辖区。该文件提到"不同的社区和社会都有适合自身的

---

①　HK Police Website. https：//www. police. gov. hk/ppp_en/09_statistics/csd. html visited on 29 April 2019.

②　T. W. Lo，et al. Measures Alternatives to Prosecution for Handling Unruly Children and Young Persons：Overseas Experiences and Options for Hong Kong，（Hong Kong Government Printer，2003）.

方式来表达公义，以应对不法行为。在香港地区，政府认为除了现行措施外，受害人参与刑事司法制度可能带来的额外好处并不明显"。① 在青少年犯罪率下降的情况下，不难理解为什么政府不希望改变现有的青少年司法惯性的做法。

如果把犯罪率作为评估青少年司法制度的成效和影响的主要因素，在香港地区目前青少年犯罪率较低的情况下，就没有多少改善的动力了。然而，编者建议对少年司法体系和社会工作服务的有效性进行定期研究并引入外部评估，以保证社会工作服务的素质及可以与时俱进。

感化主任基于描述性数据和非经实证的经验做法，可能对社会福利署隐藏一定挑战。目前应探讨、发展及制定具有实证的评估工具和介入措施，并强烈建议成立青少年司法社工专责小组，提供服务以维持社会工作服务的素质。

虽然香港地区有丰富的青少年司法社会工作服务，但却没有一个青少年司法委员会，也没有一套全面而明确的指引用以说明青少年司法制度的目标和原则。因此，建议成立青少年司法委员会（Youth Justice Committee），并制订一套有明确目标、原则和标准的指引。委员会成员可包括少年庭法官、负责青少年案件的警务人员、律师、检控官、非政府机构和政府部门的青少年司法社会工作者。青少年司法委员会成员可以定期举行会议，并适时探究及发现青少年司法实践机制需要改善的地方。此外，一份具有明确目标和原则的指引可以帮助有关方面处理少年犯，从长远来看甚至应该被纳入青少年司法领域的立法工作。

（三）改革方向

根据"司法及法律事务"行政数据库，与青少年司法制度有关的最新文件是 2007 年的《司法及法律事务行政委员会关于青少年司法制度的报告》。② 严格地说，在过去的 10 年里，政府在青少年司法实践方面从未进行讨论或形成任何的正式改革措施。

该报告的其中一项重点是，指出在加强对违规儿童和青少年犯的支持措施方

---

① Legislative Council. "Report of the Panel on Administration of Justice and Legal Services on Juvenile Justice System", Hong Kong Government, 2007a, https://www. legco. gov. hk/yr06－07/english/hc/papers/hc0706cb2-2369-e. pdf visited on 27 April 2019. Legislative Council, "Panel on Administration of Justice and Legal Services, Restorative Justice for Juveniles Offenders － Victim Participation", Hong Kong Government, 2007b, https://www. legco. gov. hk/yr06－07/english/panels/ajls/papers/aj0423cb2-1618-2-e. pdf visited on 27 April 2019.

② Legislative Council, case, supra note 52.

面所取得的成就（由政府于 2003 年 10 月推出）。2003 年，在提高最低刑事责任年龄后，政府推出了一系列强化措施。这些措施包括以下几个方面：①

1. 青少年保护组（JPS）是警务处的一项后续服务，服务延伸至 10 岁以下违规儿童。

2. 10 岁以下需要支持服务的儿童，在得到家长同意后，会转介给社会福利署。

3. 政府建立了各种机制，由警方把 10～18 岁的违规儿童转介到有关政府部门或其他机构提供支持服务。

4. 提升警方为违规儿童及青少年提供的专业支持服务的可获得性，例如为青少年及其家长提供《青少年信息服务手册》。

5. 警司警诫计划于 2003 年 10 月针对 10～18 岁的儿童或青少年推行"家庭会议"试验项目。社会福利界普遍支持继续推行"家庭会议"。社会福利署会继续监察该项目的实施情况，并适时进行检视。社会福利署和警方会吸取过往的经验，支持把此机制延伸至 10 岁以下的儿童，并会作出相应的行政和程序安排。

所有上述措施的重点是照顾 10 岁以下的违规儿童和 10～18 岁受警诫的儿童或青少年，以及进一步加强警方、社会福利署、其他政府部门和非政府机构之间的协作和转介机制。

报告的另一个重点是提出整合恢复性司法原则和实践之后新少年司法体系未来的发展趋势。② 如前所述，政府的结论是"没有适合所有司法管辖区的单一最佳刑事司法制度"，并指出现有的少年司法实践和处理方法是有效的，且青少年犯罪率得到了控制。总的来说，香港地区的青少年司法社会工作的资源和人力是充足的，最近青少年的犯罪率一直在下降。当下是政府检视少年司法社会工作发展，及将国际标准提供的所有保护和原则纳入立法的好时机。

---

① Legislative Council. case, supra note 55.
② Legislative Council. case, supra note 52.

社会工作在少年司法中的作用：
中国台湾地区经验

一、导论

司法社会工作主要源于社会福利领域，其宗旨主要承袭原来社会工作精神协助解决社会问题的助人工作，司法社会工作主要着眼于刑事司法程序内，协助当事人双方，特别是被害人，在刑事程序当中陪伴以及协助被害人度过创伤期。需说明的是，我国台湾地区虽协助司法体系工作的社会工作人员广义上被称作"司法社会工作人员"，但实务运作上并没有司法社会工作人员的独立编制，这些人员通常是司法工作人员，亦是少年司法工作人员。

我国台湾地区少年司法社会工作根据资料主要肇始于1993年修订的"儿童福利法"。2003年"儿童福利法"与"少年福利法"合并成"儿童及少年福利法"，其中规定了社会工作者协助监护收养案件中的访视和完成调查报告，并且规定对家庭变故或其他因素导致偏差行为的少年提供转介（diversion）安置服务。此后，司法社会工作更为明确——主要运作于少年被害人的部分，例如1995年颁布的"儿童及少年性交易防制条例"规定，要有县市社会工作者在案件侦查、审判中，在讯问儿童或少年时，主管机关应指派社会工作者陪同在场，并陈述意见。①

由此，台湾地区少年司法工作主要分为两个部分：第一个部分主要是与传统司法社会工作相同，协助少年犯罪被害人，此部分主要工作为陪伴与抚慰被害人情绪以利于诉讼进行；第二个部分是当少年为案件加害人时，少年司法工作者如

---

① 曾华源，白倩如. 司法与社会工作实务 [J]. 社区发展季刊，2009（128）37.

何在台湾地区特有少年司法专法程序当中，在调查、审理、执行程序当中协助行为人。

本文主要聚焦于前述台湾地区少年司法社会工作的内涵，并以文献与实务工作分析的方法论聚焦于以下三个议题进行探讨：

其一，我国台湾地区少年司法社会工作的基本状况。此部分主要从台湾地区社会工作的发展概况以及少年司法的基本状况阐述少年司法社会工作的发展概况。

其二，我国台湾地区少年司法社会工作的实务介绍。此部分主要分为四个部分：第一个部分为少年司法社会工作的法律基础，第二个部分为少年司法社会工作的具体内容，第三个部分为社会工作者和其他利益相关方的合作，第四个部分为少年司法社会工作的专业资格与评估。本部分针对台湾地区少年司法专法的程序进行介绍，以及少年司法工作者对少年行为人于司法程序中的各种协助。

其三，我国台湾地区少年司法社会工作的经验、主要挑战和改革方向。此部分将分析目前台湾地区司法工作所存在的问题、改革建议与未来展望。

二、台湾地区少年司法社会工作的基本状况

（一）社会工作的发展概况

若论台湾地区社会工作的起源，学者黄源协、谢秀芬二人对于社会工作的历史着墨甚深，以下特针对二人所阐述学说重点进行整理：

学者黄源协在其论述中指出，台湾地区社会工作的萌芽可追溯至日本殖民台湾时期以及在大陆执政时期国民党政府的社会工作，日本殖民台湾时期由所谓台湾总督府积极推动，日本辗转将社会工作的概念移植来台，之后再自西方国家扩散而来，而早期中国的社会工作兴起于教会医院。就当代台湾地区社会工作的发展，可分为四个时期①：第一时期为萌芽期（20世纪40年代以前）②、第二时期为党政化时期（20世纪40至60年代）③、第三时期为专业化时期（20世纪60

---

① 黄源协. 社会工作概论［M］. 台北：双叶书廊有限公司，2015：56.
② 黄源协. 社会工作概论［M］. 台北：双叶书廊有限公司，2015：57~58.
③ 黄源协. 社会工作概论［M］. 台北：双叶书廊有限公司，2015：60.

年代至 21 世纪以前）①、第四时期为管理化时期（21 世纪以后）②。相对于学者黄源协，学者谢秀芬虽无明确将台湾地区社会工作分为以上四种时期，然而，却亦与学者黄源协一样指出台湾地区社会工作源自台湾地区日本殖民时期与国民党政府来台所引入美国式专业社会工作，其论述如下：由于台湾地区独特的历史背景，台湾地区的社会工作受到日本殖民时期日本文化的扩散，也混杂了国民党政府来台所带来的美式专业社会工作等；关于台湾地区社会工作的演进，分为传统慈善事业的理念与实践、日本殖民台湾时期的社会福利与社会工作、迁台后的社会政策与社会工作实践、社会工作专业制度的建立。③

从以上学者的论述归纳，可发现台湾地区社会工作起源相当早，主要是从日本殖民地时代起，为进行失业救助、避免偏差行为等提升民众社会生活质量为起始，直至 20 世纪 60 至 70 年代起才有社会工作人员的编制，从此可发现台湾地区对于社会福利与社会救助事业非常重视。

伴随 1965 年台湾地区颁布"民生主义现阶段社会政策"，以及 1973 年开始设置社会工作人员，④ 社会工作作为一门学科开始进行讲授，并正式被认定为一个职业。数据显示：1973 年因此政策，台湾大学社会系开始分社会学及社会工作二组进行教学，以便培训专业社会工作人员；1979 年，私立东海大学成立社会工作学系，此乃社会工作组自社会学系独立出来的第一所高等学校，1984 年以及 1994 年，私立东海大学成立台湾地区第一个社会工作学系硕士班及社会工作学系博士班。1997 年后，社会工作系所进入蓬勃发展阶段，因应社会需求以及社工师证照制度，各校成立社会工作系所的数量增加，招生人数扩增。

前述有提到，虽然我国台湾地区于 20 世纪 70 年代已有社会工作人员设置，然"社会工作师法"却于 1997 年才设置。社会工作相关规定制定的缘由是：在面对每一位需要协助、帮助的个案时，社会工作者应具备在该领域中专业的知识与服务，为了建构社会工作的专业服务体系，提升社会工作师专业地位，并明定社会工作师的权利义务，确保受服务对象的权益，历经 7 年不断的讨论，过程中成立"社会工作师法推动联盟"，以及社会各界不断协商调整后，最终于 1997 年

---

① 黄源协. 社会工作概论 [M]. 台北：双叶书廊有限公司，2015：59.
② 黄源协. 社会工作概论 [M]. 台北：双叶书廊有限公司，2015：62.
③ 谢秀芬. 社会工作概论 [M]. 台北：双叶书廊有限公司，2018：49~50.
④ 谢秀芬. 社会工作概论 [M]. 台北：双叶书廊有限公司，2018：59~60.

正式通过。伴随社会工作相关规定的通过，同年开始举办社会工作师考试，① 部分大学亦陆续开设社会工作相关科系，以培育社会工作优秀人才。然而需说明的是，由于社会工作人员在社会上需求甚多，目前台湾地区社工人员并非一定需要是由大学社会工作系毕业，若在其他相关科系已修毕社会工作师考试科目相关学分，即可具备资格应考社会工作师。

"社会工作师法"施行以来，社会工作人员（含司法社工人员）的任用资格、工作内容等即有其法规依据，关于此部分细节论述如下：

根据 2020 年 1 月修正的"社会工作师法"第 2 条，社会工作师的定义为：

"本法所称社会工作师，指依社会工作专业知识与技术，协助个人、家庭、团体、社区，促进、发展或恢复其社会功能，谋求其福利的专业工作者。社会工作师以促进人民及社会福祉，协助人民满足其基本人性需求，关注弱势族群，实践社会正义为使命。"

除此之外，社会工作师的任用资格主要依据"社会工作师法"第 5 条的规定：（略）

其工作内容主要依据"社会工作师法"第 12 条的规定：

"社会工作师执行下列业务：

"一、行为、社会关系、婚姻、家庭、社会适应等问题之社会暨心理评估与处置。

"二、各相关社会福利法规所定之保护性服务。

"三、对个人、家庭、团体、社区之预防性及支持性服务。

"四、社会福利服务资源之发掘、整合、运用与转介。

"五、（略）"

"六、人民社会福利权之倡导。

"七、（略）"

从以上条文可得知，社会工作者的业务范围相当广，不仅是在社会福利领域，其亦有在卫生、就业、教育等领域整合、运用及执行，其中在司法实务当中，社会工作者的工作范围包含了儿童及少年社会工作、家庭暴力防治工作、性

---

① 我国台湾地区社会工作师考试科目包含：国文（作文）、社会工作、人类行为与社会环境、社会工作直接服务、社会工作研究方法、社会工作管理、社会政策与社会立法七项科目，关于社会工作师考试参照我国台湾地区考选部资料，https://wwwc.moex.gov.tw/main/content/wHandMenuFile.ashx? menu_id＝623&strType＝，2019 年 2 月 24 日访问。

侵害犯罪防治工作、矫正社会工作、老人社会工作、身心障碍者保护以及医务社会工作等方面。而"司法社会工作"则隶属于社会工作业务范围的一环。

(二) 少年司法社会工作的发展概况

20世纪80年代后，我国台湾地区社会对人权和法制的重视，导致了少年司法领域社会工作的产生。90年代后各种规定的设置，更强调其与社会工作结合。学者陈慧女则与前述学者曾华源等人的论述较为相似，其指出1993年的"儿童福利法"修正通过与施行，社会工作者开始在儿童虐待事件中扮演调查者、协调者、辅导者等角色，提供儿童是否受虐待的相关资料以作为司法判决的参考。而后，随着诸多福利规定的制定与实施，社会工作在少年司法中的角色也愈显重要。在"儿童及少年福利法"（2011年改为"儿童及少年福利与权益保障法"）、"儿童及少年性交易防制条例"（2015年改为"儿童及少年性剥削防制条例"）、"残障福利法"（2007年改为"身心障碍者权益保障法"）、"老人福利法""少年事件处理法""性侵害犯罪防治法""家庭暴力防治法"实施后，都能看见社会工作者在司法实务中协助当事人的身影。① 此外，学者陈慈幸指出在近10年家庭暴力与"性侵害防治法"与少年事件的审理程序当中，可发现"司法社会工作"人员在诉讼程序当中的重要性，特别是台湾地区性侵害案件诉讼程序当中，社会工作人员辅佐与陪伴被害人程序，成为性侵害案件审理程序当中一个非常重要的关键，特别是被害人是少年或者是儿童时。②

最后，关于社会工作者在少年司法当中所能扮演角色与作用，主要是介入辅导与后续追踪以避免再犯。然而，我国台湾地区与其他国家、地区都有少年事件处理的专门规定，以下针对台湾地区少年司法程序进行介绍。

---

① 陈慧女. 法律社会工作 [M]. 心理出版社, 2017: 7~8.
② 陈慈幸. 台湾"家庭暴力防治法"2015年新修正与法院社工服务 [J]. 儿童保护论坛暨海峡两岸少年及家事法研讨会, 2015 (11).

（三）我国台湾地区少年司法程序

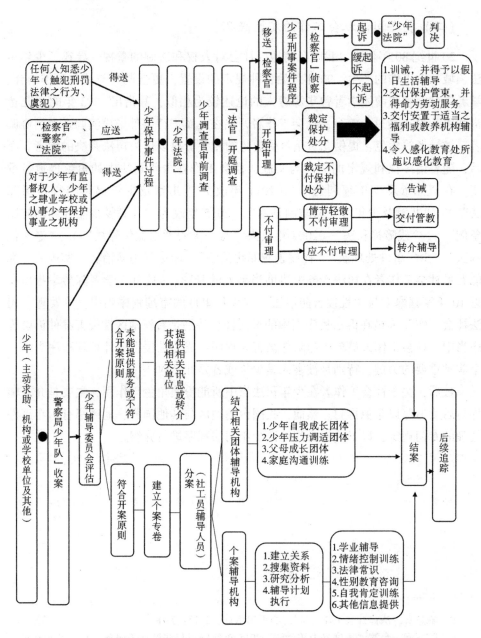

图 12　我国台湾地区少年司法程序（嘉义市少年辅导委员会提供数据）

若要提我国台湾地区的少年司法程序，首先需提及少年辅导委员会的存在。需说明的是，少年辅导委员会的宗旨并非属于少年"司法"程序机构，而是为辅导非行行为少年而设，主要附属于台湾地区各地职权部门，委员来自相关单位的主管或专家学者（见图13 少年辅导委员会组织架构），主要结合"警政机关"转介、其他单位转介并介入辅导少年，对于涉案情形尚未严重的非行行为少年进行辅导与犯罪预防工作。少年辅导委员会对防堵少年非行行为有非常大的作用，其会依少年的状况分配辅导老师进行一对一辅导，亦有少年司法社会工作人员协助针对问题，了解后协助改善非行状况。依据笔者访谈台湾地区嘉义市少年辅导委员会少年司法社会工作人员，其表示：基本上经由少年辅导委员会辅导后，少年大多都能改善，若无法配合辅导、状况不好或可能家长不愿意配合，最终可能会选择移送至少年法院，但此类情形并不多。一般来说，少年行为严重时会直接由"少年法院"受案审理，或者是少年辅导委员会辅导过程当中，该少年因为被发现尚有另案涉案情形严重需进入少年法院进行"司法"审理，少年辅导委员会即以结案处理。① 前述已说明，少年辅导委员会主要以预防和前端工作进行辅导，避免进入"司法"程序。辅导采用一对一的方式进行，了解少年的问题，必要时会与家长会谈，多方沟通、讨论来解决问题、改善问题。

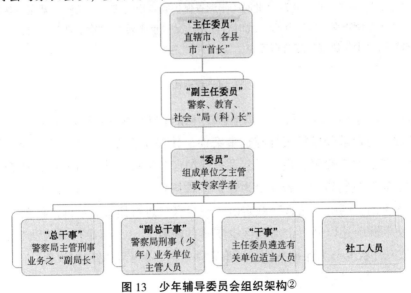

图13　少年辅导委员会组织架构②

① 本部分为笔者访谈嘉义市少年辅导委员会社工的材料整理。
② 《少年辅导委员会设置要点》第二点。

根据图 12 所示，台湾地区少年"司法"程序当中，涉案少年进入"司法"程序有两个管道，一个是"警察局少年队"，另一个即是"少年法院"。虽然台湾地区"少年事件处理法"第 17 条与第 18 条有规定任何人发现有涉案少年，"检察官"、"司法警察"或"法院"在执行案件时可直接通报"少年法院"进行处理，然而，一般来说，多数涉案少年事件仍由"警察局少年队"受案处理。其受案之后会视案件严重状况分别处理，若轻微不需辅导，将会自行结案；若轻微需要辅导，则转介"少年辅导委员会"进行辅导；案件严重时，将移送"少年法院"进行"司法"审理。台湾地区少年"司法"最大的特色除了前述"少年辅导委员会"与"警察局少年队"外，就是"少年事件处理法"的存在。受到日本殖民影响，台湾地区于第二次世界大战前已沿用类同日本少年法的相关规定，并设置与日本少年矫正机关相仿的"少年感化院"、"少年救护院"及"少年监狱"。而后，直到 1962 年又再承袭日本法制定了台湾地区目前实行的"少年事件处理法"。① 其程序除可参考图 12 外，详细程序如图 14 所示：

少年（虞犯、触犯刑法行为）→"警察局"收案→"少年法院"受案→急速辅导（有必要时）→审前调查（少年调查保护官调查并制作调查报告）→调查报告送交"少年法院"（庭）"法官"→"法官"审理（此时少年调查保护官需出庭表示意见）→裁定→保护处分交由"少年调查保护官"执行（此时若案件状况严重则转由"检察官"进行侦查，起诉后再转回"少年法院"进行审理）

图 14　程序图

从以上程序即发现，我国台湾地区少年事件与日本少年法程序几乎一致，其案件依性质与轻重分保护案件与刑事案件，其程序主要由"警察局"收案后移送至"少年法庭"受案，由"少年调查保护官"进行审前调查并制作调查报告，再由"法官"进行审理，若确定为保护案件则由"法官"进行裁定，如果是该当刑事案件的，则由"法官"裁定由"检察官"进行侦查后起诉，再至"法院"进行判决。除前述以外，台湾地区少年事件尚有"'少年事件处理法'适用年龄""依案件状况分为保护案件与刑事案件""'少年法院'先议权"及"少年

---

① 陈慈幸. 少年矫正教育现况与改革：以感化教育、"刑事"处分少年学籍转衔与复学政策为聚焦 [A]. 刑事政策与犯罪研究论文集（21）[C]. 台湾地区"法务部司法官学院"，2018：357.

调查保护官进行审前调查与协助法官进行审理"等几项重要特征，以下就针对该重要特征进行说明：①

首先，"'少年事件处理法'适用年龄"的部分。一般来说，台湾地区"少年事件处理法"受案年龄为"12 岁以上 18 岁未满之少年触犯刑法或有触犯刑法之虞者"（"少年事件处理法"第 2 条），但是例外扩充至两个年龄层，其中："7岁以上未满 12 岁，触犯刑法行为之儿童，以少年保护事件处理"（"少年事件处理法"第 85-1 条）。少年犯罪系属后 18 岁以上 20 岁未满者也适用"少年事件处理法"的规定（"少年事件处理法"第 27 条第 1 项）。故"少年事件处理法"适用的对象，原则上可从 7 岁至 20 岁为止。

其次，"依案件状况分为保护事件与刑事事件"的部分。"少年事件处理法"的宗旨，本在以健全少年的身心发展而非处罚为主（"少年事件处理法"第 1 条）。除此之外，少年事件分为两个层次，一个是保护事件，以保护处分进行裁定，此种状况比较轻微；另一个是刑事案件，以刑事处分进行判决，此部分是比较严重的状况。儿童的部分则是涉入刑案才以较为轻微的保护事件进行处理（见表 16）。

表 16　儿童及少年事件涉案案件程序种类与法条、处分内容（笔者自行整理）

案件种类	儿童保护案件	少年保护案件	少年保护案件	少年刑事案件
年龄	7 岁~12 岁（不含）	12~18 岁	12~13 岁	14~20 岁
"少年事件处理法"	第 85-1 条第 1 项	第 3 条第 1 项第 2 款	第 27 条第 2 项	第 27 条第 1 项

① 陈慈幸，蔡孟凌. "少年事件处理法"学理与实务（修订第三版）[M]. 台北：元照出版有限公司，2018：15~16.

209

续表

案件种类	儿童保护案件	少年保护案件	少年保护案件	少年刑事案件
内容	7岁以上未满12岁之人，有触犯"刑法"之行为者，由"少年法院"适用少年保护事件之规定处理之	少年有下列情形之一，依其性格及环境，而有触犯刑法之虞者：（一）经常与有犯罪习性之人交往者。（二）经常出入少年不当进入之场所者。（三）经常逃学或逃家者。（四）参加不良组织者。（五）无正当理由经常携带刀械者。（六）吸食或施打烟毒或麻醉药品以外之迷幻物品者。（七）有预备犯罪或犯罪未遂而为法所不罚之行为者	少年有触犯"刑法"之行为者。但因未满14岁，故用保护事件处理	"少年法院"依调查之结果，认少年触犯刑法，且有下列情形之一者，应以裁定移送于有管辖权之"法院检察署检察官"：一、犯最轻本刑为五年以上有期徒刑之罪者。二、事件系属后已满20岁者。除前项情形外，"少年法院"依调查之结果，认犯罪情节重大，参酌其品行、性格、经历等情状，以受刑事处分为适当者，得以裁定移送于有管辖权之"法院检察署检察官"
处分内容	儿童保护处分	少年保护处分	少年保护处分	少年刑事处分
执行单位	各地区儿童福利机关或寄养家庭	非收容性处分（训诫与假日生活辅导、保护管束）由"少年法院"进行。收容性处分（安置辅导：收容至儿少社福机关、矫正教育则收容于少年辅育院及少年矫正学校新竹诚正中学）	非收容性处分（训诫与假日生活辅导、保护管束）由"少年法院"进行。收容性处分（安置辅导：收容至儿少社福机关、矫正教育则收容于少年辅育院及少年矫正学校新竹诚正中学）	收容于矫正学校高雄明阳中学

再次，"少年法院先议权"的部分。相对于成人刑事案件以检察官先进行侦查的刑事程序，台湾地区少年事件采取专责少年法院先进行程序，亦即少年法院具有第一次管辖权优先处理少年案件，此为"少年法院先议权"。相对于成人案件的刑事诉讼程序较为重视证据调查、发现真实以实现正义为目的，少年事件则以透过调查，对于少年为何会"触法"，以及对"触法"少年的处遇何者较为合适等为重点。除此之外，基于保护少年，让少年的"触法"行为不至于未来被标签化，"少年事件处理法"特别规定审理不公开、少年事件保密、记录涂销等规定，不仅保障少年的名誉，更可以让少年有重新做人、不被"贴标签"的机会（"少年事件处理法"第34、83、83-1条）。

最后，"少年调查保护官进行审查调查与协助法官进行审理"部分。少年及少年的法定代理人必须在收到"少年调查保护官"发出的通知书后，依其规定时间前往"少年法院"（庭）接受"少年调查保护官"的审前调查（"少年事件处理法"第19条）。审查调查主要是依据少年个案相关状况（包括家庭、职业、在校表现、交友等）进行调查，最后再以各种心理量表对少年进行测验，形成裁决的处遇意见呈交法官。

少年司法社会工作人员在程序当中主要是协助"少年调查保护官"，关于此部分细节，将于后文进行说明。

三、台湾地区社会工作在少年"司法"中的作用

（一）少年司法社会工作的法律基础

由前文可清晰得知，1993年"儿童福利法"的通过与施行以及诸多福利规定的制定与实施，社会工作在"司法"中的角色也愈显重要。在"儿童及少年福利与权益保障法""儿童及少年性剥削防制条例""少年事件处理法"等少年与儿童相关规定当中，都有少年司法社会工作人员参与"少年司法"的法律基础。关于前文所述的细节，将于后文进行说明。

我国台湾地区为实施1989年联合国《儿童权利公约》（后文简称"公约"），健全儿童及少年身心发展，落实保障及促进儿童及少年权利，于2013年制定"儿童权利公约施行法"，①"适用公约规定之法规及行政措施，应参照公约

---

① 2014年6月4日制定公布，全文10条，并自2014年11月20日起施行。

意旨及联合国儿童权利委员会对公约之解释"（"儿童权利公约施行法"第3条）。"儿童权利公约施行法"第4条规定，"各级政府机关行使职权，应符合公约有关儿童及少年权利保障之规定，避免儿童及少年权利受到不法侵害，并积极促进儿童及少年权利之实现"。前述与儿童相关的法规，如"儿童及少年福利与权益保障法""儿童及少年性剥削防制条例""家庭暴力防治法"，台湾地区"刑法"有关儿童及少年的规定，以及其他相关规定需依照公约进行有无违反的解释。

至于台湾地区公约的实施状况与效能，可参考本章后的结论部分。

（二）少年司法社会工作的具体内容

在少年为涉案人的"司法"程序中，少年司法社会工作人员参与少年事件程序工作包含转介少年接受社会福利或教养机构的辅导、安置辅导及施以感化教育、协助交付观察，① 协助急速辅导、协助假日生活辅导、协助保护管束、参与审前调查的谈话等各项程序。② 以下就笔者走访高雄市相关家庭及"少年法院少年调查保护官"所得数据，就"少年司法程序"的调查、审理、执行及后续追踪阶段进行说明。③

在调查阶段，如果有规定应通报的情形（如毒品、性侵害、儿童少年保护事件等），如第一线警局遗漏未通报，会由接案"少年调查保护官"补行通报程序。通报后社会局就会指派专责的少年"司法"社会工作人员介入提供保护性

---

① 依据"少年事件处理法"第44条，少年事件审理程序开始之终结前可进行六个月少年评估与观察。

② 此部分亦可参考以下内容："……少年'司法'社会工作当中，以对于偏差或犯罪少年的矫正为主要业务，主要法令为'少年事件处理法'，其规定的转向制度对虞犯少年的处遇为转介适当之福利或教养机构，提供生活、心理、行为辅导。'法院'观护人、'少年调查官'、'少年保护官'与社会工作者的互动，包括：转介少年接受社会福利或教养机构之辅导、安置辅导及施以感化教育、协助交付观察、协助急速辅导、协助假日生活辅导、协助保护管束、参与审前调查的谈话等。若少年涉及家庭暴力、性侵害、少年事件等情事，得通知社会福利机构相关人员出庭陈述。社会工作者在'法院'及'地检署'的角色，依据'少年事件处理法''刑事诉讼法'第248-1条等负有举发犯罪、陪同在场协助当事人陈述之责。社会工作者在少年福利机构、少年辅导委员会、儿童少年安置机构中有较多机会与'司法'互动，主要有举发犯罪、陪同侦讯、出庭陈述、协助辅导等角色……"陈慧女. 法律社会工作[M]. 台北：心理出版社，2017：14~15.

③ 本部分为笔者访谈高雄市少年及"家事法院"调查保护官所得到的素材。

服务,"少年调查保护官"会和少年"司法"社会工作人员电话或当面联系询问服务的状况,或者是否需要其他的资源,但通常少年"司法"社会工作人员不会陪同少年前来法院调查,除非有特别的情况需要少年"司法"社会工作人员说明,并经少年法定代理人及"少年调查保护官"或"法官"同意(通常调查前若得知少年有社会工作人员,也会先电话询问状况)。

此部分需要附带说明的是,若涉及家庭暴力、性侵害等事件,得通知社会福利机构相关人员出庭陈述。此部分由笔者访谈我国台湾地区高雄市少年及"家事法院""少年调查保护官"得知,对于家庭暴力案件少年是加害人时,一般家属多半会担心少年有前科记录,便会消极地包容或原谅,同时会认为少年的偏差行为是因为外在因素(如学校、同侪)所致,一般不会思考或反省自己的教养态度或技巧,此种状况的家庭暴力案件多半会仅止于"警察机关"或审前调查程序,不会进入如申请保护令或提起伤害告诉等"司法"程序,此时该程序中的少年"司法"社会工作人员角色比较局限在说明"司法"权益,重心比较局限在"司法"程序以外的情绪支持与陪伴。

在审理阶段,若少年单独前来,通常不会开庭,会再行通知法定代理人陪同前来,若确无法定代理人或是机构安置的少年或"法官"认为有必要的情形,则会在经过"法官"同意后,由社会工作人员陪同开庭。关于少年被发现同时有性侵害被害的状况,则会由第一线"警局"或是医疗院所通报,由当地指定的社会工作人员陪同开庭。

在审理结束后执行处分阶段,若是不交付审理转介福利机构的案件,则会定日期请少年"司法"社会工作人员与少年一同到"法院"执行。若是保护管束案件,在有社会工作人员的状况下,"少年调查保护官"并不要求和少年一同前往报到,若有事情需要商讨,会个别与该社会工作人员联系,在特别情况下才会考虑由社会工作人员陪同少年一同来"法院"(但"少年调查保护官"始终都会与社工密切联系了解少年状况)。

需要说明的是,若是安置机构、感化教育及毒品案件,执行结束后当地相关机构都会指派后续追踪的"少年司法"社会工作人员。

除此之外,在少年、儿童为被害人的状况中,"少年司法"社会工作人员也发挥了重要作用。以下将对"少年司法"社会工作人员参与较多的性侵害案件、性剥削案件进行说明。需说明的是,除性剥削案件外,性侵害案件一般与"成人司法"社会工作是相同的。

根据台湾地区资料,性侵害案件为保障被害人的自由及完整的陈述,依"性侵害犯罪防治法"第15条规定，不仅家属得陪同被害人开庭，被害人的心理医师、辅导人员及"司法"社会工作人员或"少年司法"社会工作人员等专业人员也得陪同，但实务上大部分陪同人为家属或"司法"社会工作人员或"少年司法"社会工作人员，检察官为避免家属影响被害人的陈述，通常会避免让家属在场，而由"司法"社会工作人员或"少年司法"社会工作人员陪同。若被害人为儿童及少年的情形，开侦查庭或审判庭时，依"性侵害犯罪防治法"的规定，主管机关家庭暴力暨性侵害防治中心应依职权指派"司法"社会工作人员或"少年司法"社会工作人员陪同在场，以保障儿童及少年的利益。[①] 据此，依据笔者自身实务经验，参与性侵害案件的"司法"社会工作人员或"少年司法"社会工作人员在陪同被害人出庭时，除了陪伴与安慰的话语以外，不得发表任何言论，以防被法官、检察官与律师认为妨害诉讼进行。

此外，在性剥削案件上，需特别说明的是，依据台湾地区"儿童及少年性剥削防制条例"，所谓构成性剥削者，其实就是从事性交易的儿童及少年。至于为何性交易行为的儿童及少年会成为性剥削的被害人，此原因为"儿童及少年性剥削防制条例"原名为"儿童及少年性交易防制条例"，于2015年时参考联合国《儿童权利公约》第34条及"儿童权利公约关于买卖儿童、儿童卖淫和儿童色情制品问题的任择议定书"，透过利益（如现金、物品或劳务）交换而侵犯儿童、少年与其权利，即是对儿童、少年之"性剥削"，因此将本法原称"性交易"改为"性剥削"。[②] 2015年修正前，"儿童及少年性交易防制条例"规定在案件侦查、审判中，在讯问儿童或少年时，主管机关应指派少年"司法"社会工作人员陪同在场，并陈述意见；以及"国民小学"及"国民中学"发现学生有未经请假、不明原因未到校上课达3天以上的，或转学生未向转入学校报到的，应立即通知"主管机关"及"教育主管机关"，"主管机关"应立即指派少年"司法"社会工作人员调查及采取必要措施。但是2015年修正后，将"性交易"改为"性剥削"，并定义规定中所称的"被害人"系指遭受性剥削或疑似遭受性剥削的儿童或少年，因此在现行规定当中，凡与儿童或少年进行有对价的性

---

① 黄显凯. 性侵害被害人权益及办案经验分享［EB/OL］. https：//www. laf. org. tw/index. php？action = media _ detail&p = 1&id = 207&fbclid = IwAR0nSTyyP3mTx99Bx5in5WJqh TEgSErjU4u32Wen2NER8zW8S-GRpMYlRb4，2019-2-1.

② 台湾地区"立法"机构法律系统［EB/OL］. https：//lis. ly. gov. tw/lglawc/lawsingle？001D058EA83E0000 00000000000014000000004000000^012341040012300^0009F003001，2019-2-18.

交或猥亵行为，利用儿童或少年为性交、猥亵的行为，以供人观览、拍摄、制造儿童或少年为性交或猥亵行为的图画、照片、影片、影带、光盘、电子信号或其他物品，利用儿童或少年从事坐台陪酒或涉及色情之伴游、伴唱、伴舞等侍应工作的，皆为加害人，受利用的儿童及少年为被害人。社会工作人员在"警察"及"司法人员"调查、侦查或审判、询（讯）问被害人时，应由直辖市、县（市）主管机关指派陪同在场，并陈述意见；经法院依第19条第1项第1款前段、第3款裁定的被害人，直辖市、县（市）"主管机关"应指派少年"司法"社会工作人员前往访视辅导，其间至少一年或至其年满十八岁止；经法院依第16条第2项或第19条第1项裁定的受交付者，应协助直辖市、县（市）主管机关指派的少年"司法"社会工作人员对被害人进行辅导。①

少年"司法"不同阶段的社会工作人员隶属管辖的单位可以分为官方机构或者是一般私人机构。只有台湾地区参与少年"司法"的"司法"社会工作人员大部分隶属官方机构。若社工没有履行其法律规定的职责，一般来说，社会工作师公会"全国联合会"依据"社会工作师法"第17条规定，在2008年通过"社会工作伦理守则"，②该守则的适用对象为社会工作师，社会工作师的服务机构及负有督导、考核、监督、协助社会工作职权者，均应尊重社会工作伦理守则。若社会工作师违反规定、社会工作师公会章程或本守则，除法令另有处罚规定的外，由所属的社会工作师公会审议、处置。

（三）社会工作人员和其他利益相关方的合作

社会工作人员在少年"司法"中的不同作用和职责，只有在各利益相关方（"警察"、"检察官"、"法官"等）紧密合作的情况下才能够实现。经笔者访谈的结果，只要少年（个案）有需要或有重叠服务，一般少年"司法"社工除主要会与社会处、教育处的社工联系外，亦会与学校的辅导教师、其他社福单位（例如，圣母基金会、生命线）联系合作，甚至会讨论合作的机制，但这些合作仅基于对个案最大利益来做服务，以提供更多元、更适切的服务，并没有相关的

---

① 台湾地区"立法"机构法律系统［EB/OL］. https://lis. ly. gov. tw/lglawc/lawsingle? 001D058EA83E0000 00000000000001400000000004000000ˆ01234104012300ˆ0009F003001，2019-2-18.

② 社会工作伦理守则［EB/OL］. https://dep. mohw. gov. tw/DOSAASW/dl-22659-5b6417e0-ed27-4bfd-aa9c-325a2e321f6e. html，2019-3-10.

"法律"规定，单位之间亦未签署协议或契约，仅会在个案记录中注记。①

（四）"少年司法"社会工作的专业资格与评估

台湾地区从事少年"司法"社会工作的社会工作者须具备一般社会工作专业的背景，并且接受辅导工作的进修及培训。以嘉义市"政府警察局少年队"为例，目前有一位嘉义市"政府社会局"指派的社工，另有数名辅导员（志工身份），针对辅导员（志工）每年有要求 20 小时的在职专业训练，且除社工外，辅导员均具备辅导专业的训练。该名社工会跟着辅导员一同进修，对目前的时事及法规等再精进自我的辅导知能。② 除此之外，关于少年"司法"社会工作的评估机制与基本标准，以及外部评估上，除前述"社会工作伦理守则"外，以嘉义市少年辅导委员会为例，每年 3~4 月少年辅导委员会均受"警政署刑事局"的书面评鉴，评鉴标准包含接受辅导的少年人数、少年是否有需要转介以及后续处遇情形如何，是否有按照规定召开会议，以及如何与其他单位合作等标准，评鉴结果会依照成绩给予奖励，若成绩未达标准，即会惩处承办人与"警察局"相关人员，惩处会影响到人员的考核。③ 除此之外，对于少年"司法"社会工作人员对少年或儿童为被害人的协助，亦与前述少年为涉案人的少年"司法"社会工作人员相同，需经过严格书面评鉴等相关评估标准。

四、台湾地区"少年司法"社会工作的经验、主要挑战和改革方向

（一）经验和成效

从以上归纳相信读者已经发现，台湾地区早已颁布相关规定确立社会工作人员的任用资格及少年"司法"制度，并规定少年辅导委员会社会工作人员的参与辅导与协助，以及少年"司法"程序当中少年"司法"社会工作人员与少年调查保护官对于少年涉案人的协助。除此之外，在少年与儿童为被害人时陪伴被害人参与诉讼等相关规定，以及从 2014 年实施"儿童权利公约施行法"后，所有与儿童、少年相关的规定，皆要严格遵守《儿童权利公约》等论述来看，台湾地区"司法社会工作"暨少年"司法"社会工作为海峡两岸中，具有一定的

---

① 本部分为笔者访谈嘉义市少年辅导委员会社会工作人员的材料整理。
② 本部分为笔者访谈嘉义市少年辅导委员会社会工作人员的材料整理。
③ 本部分为笔者访谈嘉义市少年辅导委员会社会工作人员的材料整理。

经验与规模的。社会工作进入少年"司法"开展服务最大的成效是，减少少年提早进入"司法"的机会，并透过辅导来改善问题。笔者认为，此乃台湾地区"少年司法"社会工作非常独特的特色，并收到非常大的成效。

（二）主要挑战

虽然台湾地区对于少年"司法"社会工作已有上述相关经验，却也面临以下主要挑战：

首先，台湾地区并无独立"司法"社会工作人员（含少年"司法"社会工作人员独立编制），所以司法社会工作人员除从事救助性工作外，也必须因工作编排协助"司法性工作"，根据笔者访谈社会工作人员，所得到的结果是，目前台湾地区社会工作因有数十年历史发展已非常成熟，少年"司法"社会工作人员所急需的，仍是在更精进法律素养以及在协助家庭成员间的互动、沟通方面进行改善。①

其次，性侵害案件少年为涉案人时在少年"司法"程序上有以下问题亟待解决：②

其一，加害人、被害人双方都是未成年人的状况，依据台湾地区相关规定，未满16岁的少男少女发生合意性行为，双方互为被害与加害身份，均可依法提出"告诉"。少年"司法"社工人员服务个案时发现，通常被害人不愿"提告"或拒绝陈述案情但家长坚持"提告"，双方僵持不下时会造成亲子关系紧张，社会工作人员需协调亲子关系。另家属执意"提告"，有可能是希望双方分手或利用和解制度向对方收取和解金的行为，社工人员明知如此仍需提供相关服务。

其二，依据台湾地区"卫生福利事务主管部门"于2013年10月制定的各直辖市、县（市）政府性侵害防治中心"无意愿进入司法程序之非告诉乃论性侵害案件"处理流程，防治中心受理尚未进入司法程序的侵害案件，即便被害人无进入"司法"流程意愿，倘符合案情明确或台湾地区"刑法"第228条案件或家内乱伦案件，主责社会工作人员皆需立即以函文告知案情等相关资料给予警察人员。然而在少年"司法"社会工作服务的许多案件中，未成年被害人根本不想"提告"，坚称是自愿与对方发生性行为，只因被害人为未成年人，加害人为成年人，即便双方是合意性行为，仍是触犯相关规定，少年"司法"社会工作

---

① 本部分为笔者访谈嘉义市少年辅导委员会社会工作人员的材料整理。
② 此部分经由笔者访谈台湾地区相关机构社工师的材料整理。

人员仍须以函文告发，此种少年"司法"社会工作人员的告发行为可能会影响到与被害人的关系建立。

其三，加害人是成年人的合意性交案件，被害人害怕被责骂而向家长说明遭受性侵害，经了解才得知是合意性行为，家长明知道是合意性交案件，被害人根本不想"提告"，却被家长逼着上法庭，且在法庭上陈述不实的证言，加害人因为是成年人可能会被重判，少年"司法"社会工作人员陪同出庭时面临伦理两难。

其四，少年"司法"社会工作人员或"司法"社会工作人员无论是陪同成年还是未成年被害人在"法院"隔离室接受讯问时，有时会被律师质疑少年"司法"社会工作人员或司法社会工作人员在引导被害人陈述。

（三）改革方向

我国台湾地区为进一步完善少年"司法"社会工作，目前正在商讨和进行的一些重要改革方向如下：

从以上论述可得知，台湾地区部门对于社会工作、"司法"社会工作与少年"司法"社会工作有一定的重视并形成一定的规模。台湾地区政府近年继续加强重视社会工作，2018年除增设"强化社会安全网"政策，再增加3021名社会工作人员外，并增编新台币27亿（约8684万美元）加强社会工作项目。[①] 并因应强化社会安全网的工作，以社会福利服务中心人力、脱贫方案家庭服务人力、整合保护性及因应高度风险个案新增保护社工人力、儿少保护医疗整合中心人力、加害人合并精神疾病（含自杀企图）服务人力、加害人处遇协调服务人力、少年偏差行为及虞犯辅导人力、充实地方社工人力配置及进用计划人力为对象，进行社会工作人员分级训练工作，加强社会工作人员知能。[②] 由此可查知台湾地区相关部门对于社会工作、"司法"社会工作与少年"司法"社会工作有着改革的决心。

---

① 参照我国台湾地区"卫生福利事务主管部门"《强化社会安全网》资料。我国台湾地区"卫生福利事务主管部门" [EB/OL]. https://webcache. googleusercontent. com/search? q = cache:TA3a5ioY8_kJ: https://www. mohw. gov. tw/dl - 44382 - 01fcbb1f - f393 - 4b89 - 9b83 - b8d615adf2c7. html+&cd=4&hl=zh-TW&ct=clnk&gl=tw&client=firefox-b-d, 2019-2-15.

② 台湾地区"卫生福利事务主管部门"强化社会安全网计划社工人员分级（Level 1）训练简章 [EB/OL]. https://www. mohw. gov. tw/dl - 47365 - 59564baa - c015 - 42a4 - ac29 - f7980abd7e90. html, 2019-2-25.

　　虽然少年"司法"社会工作仍有前述部分司法程序上的问题，台湾地区相关部门于2018年起推行"强化社会安全网"政策，并开展强化社会工作、"司法"社会工作、以及少年"司法"社会工作人员知能的工作。笔者亦多次参与"司法"社会工作与少年"司法"社会工作人员训练与学术研讨。社会工作相关规定的制定与修正及人员训练等各种改革，可使台湾"司法"社会工作暨少年"司法"社会工作面临的挑战正逐步解决。相信未来台湾地区"司法"社会工作暨少年"司法"社会工作可成为本领域的一大特色，让我们拭目以待。